Les BOUQUETS *du jardin*

Les BOUQUETS du jardin

une année de fleurs à couper

Sarah Raven

Traduction de
Philippe Bonduel
et Philippe Ferret

BORDAS

Edition originale

The Cutting Garden
Copyright © Frances Lincoln Limited 1996
Texte copyright © Sarah Raven 1996
Photographies copyright © Frances Lincoln Limited 1996
(excepté les pages 22, 26-7, 31 copyright © Andrew Lawson)
Frances Lincoln Limited : 4 Torriano Mews
Torriano Avenue
London NW5 2RZ

Photographies de l'intérieur et de la couverture : Pia Tryde
(excepté celles des pages 22, 26-7, 31 : Andrew Lawson)

Edition française

Traduction et adaptation de Philippe Bonduel et Philippe Ferret (avec la collaboration de Claudie Mangold)

Responsable d'édition : Catherine Delprat
Coordination éditoriale : Catherine Maillet
Lecture-Correction : Monique Bagaïni et Madeleine Biaujeaud
Couverture : Véronique Laporte
Fabrication : Claudine Vanlathem
Composition : Empreintes

ISBN 2-04-027194-5
Dépôt légal : octobre 1997
Imprimé à Hong Kong par Kwong Fat Offset Printing Co. Ltd

ZONES DE RUSTICITÉ (indiquées par *zone* au début de chaque article du catalogue des plantes, *Fleurs et feuillages au fil des saisons*)

Les normes des zones de rusticité sont un simple guide des températures minimales supportées par un végétal. Mais sa résistance dépend également de la profondeur de l'enracinement, de sa teneur en eau à l'arrivée du froid, de la durée de celui-ci, du vent, de la longueur de l'été précédent et de sa chaleur. Ces données sont appliquées aux plantes en fonction de leur résistance aux hivers en Europe de l'Ouest.

TEMPÉRATURES MOYENNES HIVERNALES (en degrés celsius)	ZONES
en dessous de -45	1
-45 à -40	2
-40 à -34	3
-34 à -29	4
-29 à -23	5
-23 à -18	6
-18 à -12	7
-12 à -7	8
-7 à -1	9
-1 à 4	10
au-dessus de 4	11

Page de faux-titre : Les fleurs doubles, vert chartreuse, du zinnia 'Envy', sont parfaites pour composer des bouquets.

Page de titre : Au tout début de l'automne, le jardin se pare de couleurs chaudes, de textures et de formes variées. Des seaux, remplis de branches de pommier d'ornement et de phlox blancs, sont posés parmi des zinnias roses, des rudbeckias, des panicules d'amarantes queues-de-renard et des cosmos blancs.

Sommaire : Tithonia rotundifolia *'Torch' et* Viburnum opulus.

Avant-propos : Un ou deux joyaux de la fin de l'hiver ou du début du printemps, tels les éranthis et les primevères à ourlets dorés, quelques brindilles de cerisier en fleurs et des branches d'hamamélis couvertes de lichens apportent un éclat tout particulier à ce bureau baigné par la lumière pâle d'un matin froid.

Sommaire

Avant-propos

Les Bouquets du jardin est un livre magnifique, mais c'est aussi un ouvrage pratique. En effet, si Sarah Raven explique très clairement sa méthode pour cultiver fleurs et feuillages, elle nous montre aussi comment un jardin de fleurs devient, en lui-même, un décor. Elle a dessiné un jardin attrayant en toute saison, produisant des fleurs à disposer dans des vases aussi simplement qu'elles se marient dans les massifs. Après avoir expliqué au lecteur comment les faire prospérer facilement, elle suggère la façon de les cueillir, de les préparer et de les associer. Chaque cueillette, quotidienne ou hebdomadaire, est le reflet de la saison en cours. Parfois ses compositions sont luxuriantes, et offrent des couleurs contrastées ou de subtiles harmonies ; parfois, une seule fleur et une branche lui permettent de s'exprimer. C'est la raison pour laquelle son sens artistique est si apprécié.

Les fleuristes professionnels seront peut-être surpris. Bien souvent ils demeurent influencés par un ensemble de règles concernant aussi bien le choix des fleurs que les méthodes de composition des bouquets. Sarah Raven, quant à elle, est une artiste florale innovante et talentueuse, qui utilise de vraies fleurs de jardin le plus simplement et le plus naturellement possible. Elle encourage à s'écarter de la composition banale (et souvent exotique, d'ailleurs) des fleurs proposées habituellement par les fleuristes, arrivées par avion des quatre coins du monde et ne reflétant aucunement la saison. Pour Sarah Raven, les branches d'un cerisier familier, les rameaux d'une viorne parfumée ou d'un daphné, le vert acide des euphorbes et des alchémilles, les plantes vivaces aux tons grenat et les fleurs annuelles estivales, dont certaines sont peu communes, doivent être préférés aux plantes tropicales d'aspect artificiel ou aux trop banals chrysanthèmes éternels. Des plantes telles que la clématite sauvage, les cardères et les massettes élargissent, pour elle, la gamme des plantes habituellement cultivées dans les jardins. Pour les bouquets contemporains, elle préconise une large palette de compositions, du style jardin de grand-mère aux boules somptueusement colorées qui ne dépareraient pas l'arrière-plan d'un tableau de Titien. Par une approche simple, en s'éloignant des règles définies et élaborées dans les expositions florales, Sarah Raven arrive à atteindre des harmonies de couleurs et des contrastes assortis aux tons et nuances de la nature elle-même.

Ce livre n'est toutefois pas simplement « romantique » : il est aussi très pratique. L'organisation du jardin de fleurs à couper, la culture des plantes par semis, le choix des contenants, la préparation des tiges et des fleurs, tout cela est méticuleusement expliqué.

Sarah Raven est compétente et inspirée. Son écriture est vivante et moderne. Un des charmes particuliers de son livre tient en ses recommandations évocatrices qui, par leur simplicité, semblent surannées. Mais il traduit une grande vitalité qui le place loin devant ce qui a été fait auparavant. Voilà de l'art floral pour ceux qui savent que les fleurs sont des êtres vivants, les gloires couronnées de la nature. Sarah Raven jardine et écrit pour l'artiste, dans une interprétation où les fleurs véritables, dont parfois de superbes variétés que l'on croyait perdues, cultivées et présentées avec talent et sensibilité, mariées avec du feuillage prélevé au jardin, remplacent les produits nés du forçage industriel auxquels nous ne sommes que trop habitués.

Penelope Hobhouse

Introduction

Il n'est rien de plus gratifiant que de descendre au jardin et de cueillir des fleurs pour décorer la maison. C'est l'équivalent de la collecte des œufs tout frais pondus dans le poulailler. Il s'agit de votre propre récolte, de bons produits que vous avez vous-même surveillés, chouchoutés. Le jardinage, pour qui sait ce que mettre les mains dans la terre veut dire, ne consiste pas seulement à créer des effets charmants. Que d'organisation, de préparation, de patience et de véritable travail physique nécessaires pour atteindre le moment final de la récolte ! Mais vous connaissez ainsi toute l'histoire de la fleur que vous êtes en train de cueillir. Point culminant d'un long effort qui peut avoir duré toute une année, la cueillette permet d'appréhender la nature bien plus intensément que l'observation d'une fleur dans un jardin.

Beaucoup découvrent ce plaisir et cette fierté en cultivant leur potager, mais, à mon sens, cultiver des fleurs à couper est une expérience bien plus riche. Lorsque vous rapportez vos légumes à la maison, vous les épluchez, les cuisinez, en appréciez la saveur, mais c'est tout. En revanche, une fois coupées, vos fleurs seront installées dans toute la maison et, lorsque vous vous déplacerez d'une pièce à l'autre, vous pourrez vous imprégner de la beauté et du parfum de votre récolte.

Cultiver ses propres fleurs offre bien des avantages, à commencer par la possibilité de faire quelques économies. Si, bien sûr, certains frais sont à envisager, soyez persuadé qu'ils seront sans commune mesure avec ce que vous auriez dépensé chez un fleuriste pour le même effet. De plus vous pourrez contrôler ces dépenses aisément : peut-être, pour commencer, choisirez-vous de cultiver, sur une ou deux lignes de votre potager, quelques plantes réputées faciles.

Le plaisir augmentera ensuite avec la pratique. Une année, en prévision d'un mariage ou d'une réception, ou encore si vous souhaitez tout simplement plus de fleurs à la maison, vous étendrez votre champ d'action. Et puis, un beau jour, vous constaterez que vous êtes gagné par cette passion !

Vous saurez toujours distinguer les fleurs provenant d'un jardin de celles qui, achetées chez un commerçant, sont issues de culture intensive. Il n'y a aucune comparaison entre les deux. La différence est aussi grande qu'entre une personne dans son bureau, en complet-veston, et la même, en vacances, rayonnante et détendue.

Les fleurs du commerce sont sélectionnées pour leur aspect standardisé et non pour leur abondante floraison, leur naturel, leur exubérance, leur parfum ou leur caractère propre. Un bouquet de pois de senteur acheté peut présenter des tiges plus raides et une couleur plus uniforme, mais il ne distillera pas son parfum dans toute une pièce. Une rose exubérante, aux effluves capiteux, double et rouge magenta, telle que *Rosa* 'Nuits de Young' ou *R.* 'Souvenir du Docteur Jamain', n'a pas d'équivalent parmi ses cousines à la tige raide, dont les têtes se tiennent droites comme à la parade lorsque vous les achetez, mais qui, une fois libérées de leur papier d'emballage, fanent toutes avec la même désolante régularité.

Cultiver soi-même ses fleurs vous donne aussi l'avantage de ne pas être prisonnier du carcan qui bride l'imagination de nombreux fleuristes, dont le choix se limite souvent aux giroflées, aux alstromères, aux chrysanthèmes et aux œillets. Ces fleurs solides aux boutons denses durent longtemps et ne déçoivent généralement pas : elles sont, en fait, les seules fleurs dont les fleuristes puissent espérer qu'elles ne faneront pas avant d'être vendues.

Autre limite chez le fleuriste : la taille des fleurs. Généralement, un commerçant propose des plantes « moyennes », de hauteur « moyenne », destinées aux bouquets de taille « moyenne ». Et l'un des grands avantages de votre propre production est d'obtenir des végétaux de toute taille : des branches d'arbustes, gardées entières, décorant une pièce à elles seules avec leurs courbes irrégulières, leurs voûtes de feuillage et le parfum intense de la sève, au flamboiement d'une cascade de lis ou d'agapanthes jusqu'à la beauté précieuse, sophistiquée, d'une unique fleur de zinnia ou la simplicité de quelques anémones des bois flottant dans une coupe. Les bottes de fleurs sont plus gaies si elles sont arrangées de manière naturelle, plus attachantes, en un certain sens, si elles sont miniatures. Ce que les fleuristes proposent habituellement demeure résolument fixé sur le banal. En général, ils ne vendent pas de branches de marronnier ou de plantes pittoresques comme les acanthes, les cardères ou les massettes, inestimables pour des compositions spectaculaires. Ils ne proposent pas non plus des plantes petites et délicates qui peuvent composer des bouquets à elles seules, telles que *Pulsatilla vulgaris*, un rameau de *Magnolia stellata*, ou la fleur automnale couleur chocolat de *Cosmos atrosanguineus*. Vous ne pourrez compter que sur vous-même pour vous les procurer.

Votre jardin tel qu'il est, pensez-vous, peut déjà vous donner tout cela ; d'ailleurs, les pages 28 à 31 montrent comment intégrer un jardin de fleurs à couper parmi les simples, les fruits et les salades, dans le cadre d'un jardin familial. Alors, pourquoi faudrait-il avoir un jardin spécial, destiné aux fleurs à couper ? Si vous prenez la décision de conserver votre jardin tel qu'il est comme source de fleurs pour la maison, vous devrez inévitablement faire des compromis. Vous ne cueillerez pas de fritillaires pour ne pas dénuder votre verger à l'aspect sauvage. Plus tard dans la saison, vous vous abstiendrez de couper ces fleurs royales que sont les grands iris, les lis, les agapanthes et les érémurus, si splendides et majestueuses dans leur massif que les en extraire représenterait un acte de vandalisme perpétré dans votre propre jardin. Aussi y resteront-elles et vous n'aurez pas le plaisir d'en profiter dans la maison.

En effet, c'est un double privilège que de bénéficier des fleurs à la fois à la maison et au jardin. Et avec un jardin – ou même simplement un coin – de fleurs à couper, organisé de façon à vous permettre de considérer les fleurs comme des cultures ordinaires, vos scrupules à les cueillir s'évanouiront. Vous pourrez en effet récolter, sans aucun sentiment de culpabilité, les fleurs que vous estimiez intouchables dans le jardin.

Un jardin de fleurs à couper est un endroit destiné à la récolte, une partie du jardin réservée au service de la maison. Bien plus même : un tel jardin permet d'unir maison et jardin, d'harmoniser l'intérieur avec l'extérieur. C'est en quelque sorte une pièce supplémentaire, où tout contribue à embellir la maison. Vous verrez votre production disposée ici ou là, comme si le jardin entrait dans la maison. Un logis décoré de fleurs semble revivre, comme un visage qui s'orne d'un sourire.

Les avantages ne s'arrêtent pas là. Le fait de récolter des fleurs vous permet de les apprécier différemment. Une fleur coupée s'offre plus longtemps à votre vue que celle qui pousse et meurt dans un massif. Il y a tant à voir dans un jardin que vous ne pouvez regarder les fleurs une par une, mais, lorsque celles-ci sont isolées, dans une autre ambiance, leurs détails les plus infimes vous apparaissent pour la première fois. Vous découvrez alors avec étonnement les formidables tulipes jaunes appelées 'Jewel of Spring', dont les pétales géants, minces mais de forme parfaite, sont surlignés d'un trait d'eye-liner rouge, appliqué avec une précision à rendre jaloux un mannequin..., ou bien la beauté pure et plantureuse d'une pivoine... ou encore le sombre damier d'écailles dont se parent les corolles pendantes de la fritillaire des prairies. Toutes ces fleurs, entraperçues ou balayées du regard dans le jardin, deviennent à elles seules un centre d'intérêt d'une beauté éclatante lorsqu'elles se retrouvent dans un vase sur votre bureau. La cueillette des fleurs permet de les apprécier différemment et plus intensément.

Tel est le but d'un jardin de fleurs à couper : introduire la nature dans la maison grâce à une profusion de fleurs, que vous couperez sans retenue, des fleurs avec leurs défauts et leur perfection, des fleurs témoins des caprices de la réalité.

En récoltant les fleurs que vous aurez fait pousser vous-même, vous établirez avec la nature une des plus fortes complicités qui soient. Sincèrement, je ne sais pas quelle serait ma vie aujourd'hui si je n'avais pas ce jardin de fleurs à couper, qui m'est devenu, j'en suis encore tout étonnée, indispensable.

Allium sph
Sunflower

Organiser et garnir le jardin

Si vous êtes tenté par la culture de vos propres fleurs à couper, vous devez décider de la surface que vous allez leur consacrer, ce qui dépendra avant tout de la taille de votre jardin.

Si vous avez un grand jardin avec plusieurs endroits peu exploités, le choix est vaste : vous pouvez opter pour une petite parcelle et la noyer sous les annuelles (voir p. 24-27), ou pousser l'audace jusqu'à transformer votre terrain tout entier en un jardin de fleurs à couper (voir p. 14-23). Si, au contraire, votre jardin n'est pas très grand et si vous souhaitez y ajouter un potager, une balançoire et un toboggan, une pelouse et de belles plates-bandes de vivaces en même temps que des fleurs à couper, le choix sera plus limité : il faudra sacrifier un endroit pour y réaliser un coin de fleurs, ou encore intégrer des fleurs pour bouquets dans les différentes parties de votre jardin (voir p. 28-31).

Ensuite, vous penserez probablement à votre budget mais la gestion du temps est tout aussi importante : la taille de votre parcelle doit être adaptée aux instants que vous êtes prêt à lui consacrer. Garnir et entretenir un jardin ne se fait pas en un tournemain ! Dès que les jours commencent à rallonger, vous passerez beaucoup de temps à pailler, tailler, semer, diviser, désherber et arroser. Le chapitre « *La culture des plantes : les recettes du succès* » (voir p. 32-43) vous aidera à gérer vos efforts ; il faut savoir cependant que même un petit coin de jardin demande qu'on s'y investisse un minimum.

A la fin de l'été, le jardin croule sous les fleurs annuelles tardives telles que les tabacs d'ornement et les cosmos, sous les bulbeuses ou les plantes vivaces comme les dahlias, crocosmias, phlox, Echinacea *et la grande* Verbena bonariensis. *J'utilise volontiers l'orange des crocosmias pour accompagner dans des bouquets des dahlias bordeaux sombre et des rudbeckias.*

Organiser un jardin de fleurs à couper

Avant de commencer à dessiner un coin ou un jardin de fleurs à couper, vous devrez évaluer sa taille et son emplacement. Avec d'autres paramètres – notamment les structures et plantations situées à proximité –, cela déterminera sa forme et les plantes que vous pourrez y faire pousser.

Choisir le lieu

Essayez de délimiter un emplacement de choix, au soleil et pourvu d'un sol de bonne qualité. Assurez-vous qu'il ne présente aucun inconvénient fondamental, comme une propension à retenir l'air froid, qui réduirait d'autant la saison de pousse, ou un bâtiment attenant formant écran à la pluie, ce qui impliquerait un surcroît d'arrosage. Prévoyez une arrivée d'eau efficace et, mieux encore, un système d'arrosage. Un simple tuyau perforé, branché sur un tonneau de récupération des eaux de pluie et longeant les massifs constituerait une aide précieuse.

Faire un relevé du terrain et dessiner un plan

Lorsque vous aurez décidé de l'emplacement, vous devrez dessiner un plan aussi précis que possible et à l'échelle. Il vous faudra faire un relevé détaillé de la parcelle, en prenant en compte son articulation avec les autres coins du jardin et les structures adjacentes. Pour bien faire, il faudrait matérialiser sur ce plan les parties particulièrement sèches ou particulièrement humides. N'oubliez pas que les haies et les arbres ont tendance à accaparer les fertilisants et l'eau sur une grande surface. Rappelez-vous que les arbres se développent autant sous terre que dans les airs. Indiquez les zones ombragées, ainsi que les zones au soleil. Essayez d'indiquer les ombres portées des bâtiments proches, des arbres et arbustes à différents moments de la journée. Idéalement, vous devriez vous accorder suffisamment de délai pour observer cet emplacement au fil des saisons, en prenant des mesures de pluviométrie en différents points et en notant comment le froid et les vents dominants affectent les plantations existantes. Enfin, creusez à la profondeur d'une bêche afin de vérifier la structure de votre sol et prélevez un échantillon pour procéder à une analyse de pH. Toutes ces opérations détermineront ce que vous planterez et l'endroit où vous le planterez.

Une fois que vous aurez intégré ces premières informations sur votre plan du terrain, vous pourrez projeter sur le papier vos massifs et les plantations permanentes comme les haies et les arbres, ainsi que les structures fixes telles qu'allées et clôtures.

Les massifs et les allées

Les lignes droites et les formes géométriques nettes permettent, contrairement aux courbes, un travail plus facile ; de plus, elles se divisent plus naturellement en petites parcelles. Il vous faudra prévoir des allées pour accéder aisément à tous les massifs. Ces passages devront être assez larges pour faciliter le jardinage intensif et l'accès d'une brouette jusque dans chaque recoin. Pour la même raison, mieux vaut éviter les marches. Les allées recouvertes de briques, de gravillon ou de dalles se révéleront un très bon investissement à long terme, car le gazon demande bien plus d'entretien.

Les murs, haies et clôtures

Prévoir un brise-vent est un bon investissement. Les plantes poussent mieux et plus vite dans un endroit abrité. Pour un effet durable, projetez de construire un mur ou bien, ce qui est moins onéreux, d'installer une haie afin de protéger tout le jardin. Comme protection temporaire, vous pouvez utiliser des claies en noisetier ou des clôtures en lattes de châtaignier. Pour les emplacements destinés à une forte concentration de plantes annuelles, vous pourriez envisager de clore le périmètre de chaque carré pour ne pas avoir à vous préoccuper en permanence du tuteurage et du palissage, autant de tâches réclamant du temps.

Choisir un schéma de plantation

A partir du moment où vous avez déterminé la structure, il est temps de commencer à établir le style de plantation. Posez-vous la question, en fait fondamentale, de savoir si vous désirez associer des arbustes, des plantes vivaces et des annuelles ou si vous préférez vous concentrer sur un seul de ces groupes. Si votre emplacement et votre budget sont limités, envisagez de n'utiliser que des plantes annuelles, qui nécessitent plus de travail mais un investissement minimal. Elles vous fourniront des fleurs d'été jusqu'en automne seulement, mais vous pourrez toujours compléter la saison de coupe avec des bulbes de printemps. Souvenez-vous cependant que, si votre jardin est principalement planté de fleurs annuelles, il est important de récolter celles-ci régulièrement, faute de quoi elles cesseraient de fleurir pour produire des graines. Si vous êtes habitué à partir pour de longues vacances chaque été, il vaut mieux choisir des plantes vivaces et des arbustes, mieux adaptés, car la plupart d'entre eux continuent à fleurir même si on ne les cueille pas ou si on ne coupe pas leurs fleurs fanées.

Une autre méthode pour étaler le coût de réalisation de votre jardin de fleurs à couper consiste à consacrer la plus grande partie de votre budget de plantation aux arbustes durant la première et la deuxième année, puis à garnir de façon temporaire par des annuelles l'emplacement dévolu aux plantes vivaces. Ensuite, vous ajouterez les vivaces quand vous en aurez les moyens. Celles-ci ne reviennent pas très cher, d'ailleurs, si vous les semez vous-même.

Une des meilleures raisons de cultiver vos propres fleurs à couper réside dans le grand choix des variétés qui s'offrent à vous. Mes favorites sont décrites dans le chapitre *Fleurs et feuillages au fil des saisons* (voir p. 94 à 163). Mais, bien sûr, vous n'avez aucune raison de vous limiter à mon propre choix. Si vous voyez une plante qui vous séduit, renseignez-vous sur ses exigences en matière de sol et d'exposition et, si cela correspond à votre jardin, essayez-la.

Donnez-vous la peine de noter le nom des plantes que vous aimez tout particulièrement, mais aussi de celles que vous n'aimez pas lorsque vous les découvrez dans un autre jardin ou une jardinerie. Une des grandes joies de posséder un coin consacré aux bouquets est de pouvoir cultiver des plantes telles que les tulipes perroquet empanachées de rouge framboise, les fleurs de cactus multicolores de certains zinnias, ou encore des dahlias à la teinte éclatante, fantastiques en vases.

Adoptez aussi bien des plantes à feuillage que des fleurs, car de beaux feuillages apportent beaucoup à la finition des compositions florales. De la même manière, les plantes architecturales devraient figurer dans tous les jardins de fleurs à couper. Les acanthes, les chardons, les cardères, les massettes, les artichauts et, en hiver, les tiges des cornouillers et les branches garnies de chatons donneront à vos bouquets une tout autre dimension.

Assurez-vous que les plantes choisies survivront dans votre jardin. La qualité du sol, l'ensoleillement, l'amplitude des températures doivent conditionner votre choix. Mieux vaut ne pas trop compter sur l'effet, par exemple, d'une armoise à feuillage argenté, qui aime le soleil et résiste bien à la sécheresse, pour garnir un terrain ombragé et détrempé. Pour la même raison, il est utile de faire une liste de toutes les plantes choisies en fonction de chaque type de terrain, en distinguant celles qui prospèrent au soleil ou à l'ombre, en terre humide ou en terre sèche.

Vous pouvez maintenant commencer à positionner les plantes sur le croquis de votre futur jardin de fleurs à couper.

L'équilibre entre les plantes et les couleurs

Si vous avez décidé d'avoir dans votre jardin une large gamme de couleurs, disposez-les avec soin afin qu'elles se mettent en valeur mutuellement. Regroupez les couleurs les plus fortes en avant-plan, le blanc et les couleurs pâles en dégradé vers le fond. Ne tentez pas d'obtenir plusieurs effets dans un seul enclos. Affinez votre projet en coloriant le plan afin de vous rendre compte de l'effet produit chaque mois. Vous réaliserez peut-être ainsi que, à certaines périodes, il y aura de grandes zones vides dans vos plantations ou bien qu'une touffe de fleurs d'un rose violent se trouvera à proximité d'une masse écarlate. Au besoin, remaniez votre plan et attachez-vous à obtenir un bon équilibre entre feuillages et fleurs quelle que soit la période de l'année.

Vérifiez sans cesse en vous rendant sur place, faute de quoi vous risqueriez de surestimer, ou sous-estimer, les proportions réelles de votre jardin et de planter trop dense ou trop espacé.

Mettre en place des plantations durables

Installez toujours les plantes par groupes, à l'exception des arbustes les plus grands. Du point de vue esthétique, cela donnera un effet plus uniforme et moins pointilliste. Dans la pratique, la cueillette ne créera ainsi aucun vide apparent. Achetez les grandes plantes vivaces par trois unités, les plus petites par cinq ou sept.

En règle générale, plantez plus serré que vous ne le feriez dans un jardin traditionnel. Pour les arbustes, vous pourrez choisir des espèces que vous auriez trouvées trop imposantes pour votre jardin, puisqu'elles seront toujours bien taillées, à condition que vous les cueilliez régulièrement, en faisant attention à la forme et à l'allure de la plante. Pour les petits espaces, il est même possible d'envisager d'implanter côte à côte par exemple un *Viburnum opulus* 'Roseum' et un arbre à perruques. Tenez compte des hauteurs et des encombrements lorsque vous faites votre choix et puis, tout simplement, espacez les plants d'un peu moins que leur largeur estimée. L'erreur la plus répandue chez la plupart des nouveaux jardiniers consiste à sous-estimer la taille adulte des plantes. Une autre erreur fréquente se manifeste par l'implantation de plantes hautes et vigoureuses trop près de plantes plus petites, plus délicates, qui sont étouffées puis disparaissent au bout d'une année ou deux. Aussi vaut-il mieux s'enquérir des hauteurs des sujets et les grouper par taille.

Les plantes de pépinière

Ne vous laissez pas tenter par l'achat de gros arbustes en conteneur, très onéreux, dans l'espoir qu'ils produiront un effet immédiat au jardin et que vous pourrez, dans la foulée, commencer à y prélever des rameaux. En fait, une plante âgée a tendance à souffrir des transplantations et peut bouder une ou deux années. Pendant ce temps, une plante plus petite – et moins chère – aurait rattrapé ce handicap. Il en est de même pour les plantes vivaces : une plante chère, haute de 60 cm, n'a souvent qu'un an de plus qu'un pied plus petit – et plus économique. Pendant quelques mois, la grande plante paraîtra plus imposante, mais la plus petite rattrapera bien vite son retard.

Le jardin à bouquets

Si vous décidez de consacrer une partie de votre jardin à la production de fleurs à couper, l'idéal serait d'envisager une surface suffisamment grande pour accueillir à la fois arbres à fleurs, arbustes, plantes grimpantes, vivaces, annuelles et bulbes. Vous aurez ainsi quelque chose à récolter tout au long de l'année. Mon propre jardin de fleurs à couper, illustré sur les pages suivantes, mesure 12 mètres sur 24 mètres.

Le dessin

Le terrain rectangulaire est divisé en huit par de petites allées de briques : quatre massifs au centre et quatre bordures en forme de L à la périphérie. Le tout est délimité par des haies persistantes sur deux côtés, des plessis de noisetier sur un autre côté puis, dans la partie la plus ensoleillée, par un mur qui a l'avantage d'emmagasiner la chaleur et d'accueillir divers arbustes palissés et plantes grimpantes. Les massifs du centre sont de bonnes proportions : vous devrez juste laisser assez de place entre les plantes afin de vous frayer un passage pour la cueillette. Les plantations persistantes sont constituées par quatre ifs au croisement des allées ; des bordures de lavande soulignent les axes principaux. Les cerisiers à fleurs, un pommier à fruits et un pommier d'ornement produisent une belle floraison et des fruits décoratifs ; un amélanchier nous gratifie de sa floraison comme de ses belles couleurs d'automne et un sorbier offre un feuillage lumineux, argenté.

Les plantations

Les massifs du centre sont réservés aux plantes saisonnières. Les bulbeuses sont suivies par des annuelles et des bisannuelles simplement plantées entre les rangées de bulbes agencés en masses à contours flous. L'alignement des étiquettes au bout de chaque ligne indique où se trouvent les bulbes, qui deviennent invisibles à la fanaison de leur feuillage.

Les massifs en L sont constitués de plantations plus permanentes. Ils comportent des arbustes à floraison hivernale avec des lignes intercalaires de bulbes qui fleurissent au début du printemps et quelques plantes persistantes destinées à la production de feuillage pour les bouquets d'hiver.

L'entretien

L'entretien est réduit au minimum par l'application d'un paillis à base de compost ou de fumier bien décomposé dès que les températures commencent à s'élever, au printemps, lorsque les mauvaises herbes annuelles se préparent à germer (voir aussi p. 37). Le paillis permet de réduire les arrosages. Les plates-bandes sont sarclées régulièrement afin de les désherber et de les maintenir en parfait état.

Le jardin au printemps

En haut et au centre : Ces deux tulipes à fleur de lys, Tulipa *'Dyanito' écarlate (en haut) et* T. *'West Point' (au centre), ont des pétales pointus et incurvés qui leur confèrent la silhouette caractéristique de ce groupe de tulipes. Chacune est haute, svelte et élégante, comme un mince mannequin des années 50. Cette forme de fleur donne de la classe au jardin, elle est précieuse pour dynamiser les compositions printanières trop arrondies.*

En bas : Le narcisse à large coupe, Narcissus *'Professor Einstein', est une bonne variété pour composer des bouquets unis ou, avec leur tige coupée court, mélangés avec des jacinthes des bois.*

Page de droite : Le jardin au printemps de sa première année. Les massifs du centre sont en train de s'orner de rangées colorées de tulipes, narcisses et anémones accompagnés d'euphorbes jaunes. Ces plantes sont prêtes pour la coupe.

Les bulbes les plus hauts, comme les lis, sont plantés au centre de chaque massif ; ils apporteront plus tard de la hauteur à l'ensemble. Des giroflées et des myosotis soulignent la bordure extérieure et se marient avec n'importe quelle variété de bulbes.

Dans le massif à l'ombre, contre la haie du fond, les hellébores, les pulmonaires et les primevères hâtives ont été plantés pour l'hiver et le printemps ; plus tard dans la saison, les sceaux-de-Salomon et les scilles vont garnir chaque emplacement entre les buissons de rosiers et les plantes vivaces récemment plantées.

Plantations d'hiver et de printemps

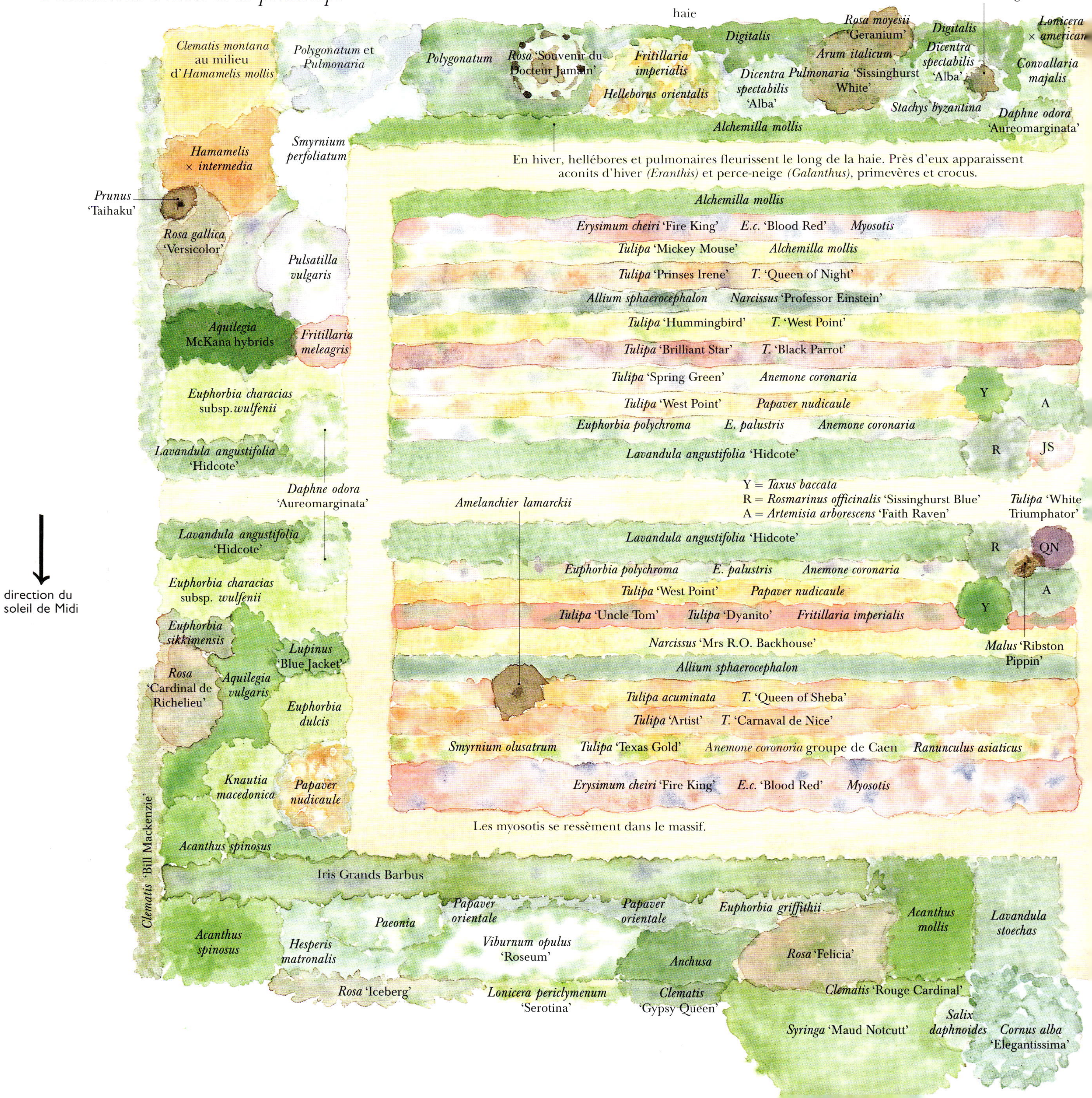

Rosa 'Iceberg'
Convallaria majalis
Rosa glauca
Sarcococca hookeriana var. *humilis*
Rosa 'New Dawn'
Cyclamen
Polygonatum
Muscari azureum 'Album'
Digitalis
Polyanthus
Viburnum tinus 'Eve Price'
Helleborus orientalis hybrides
Smyrnium perfoliatum
Arum italicum
Daphne odora 'Aureomarginata'
Alchemilla mollis
Euphorbia amygdaloides var. *robbiae*
Au printemps, les scilles, les anémones et les narcisses miniature forment un tapis pour les rosiers et les arbustes, avec des violettes *(Viola)*, des cardamines, des jacinthes des bois *(Hyacynthoides)*, des primevères, du mimosa et du muscari.
Alchemilla mollis
Malus 'John Downie'
Erysimum cheiri 'Cloth of Gold'
E.c. 'White Dame'
Myosotis
Hyacinthus 'Ostara'
Myrrhis odorata
Viburnum × *bodnantense*
Narcissus poeticus
N. 'Trevithian'
N. 'Mrs R.O. Backhouse'
Tulipa 'Pimpernel'
Tulipa 'Gudoshnik'
Tulipa clusiana 'Cynthia'
T. 'Estella Rijnveld'
Tulipa 'Rococo'
T. 'Queen of Night'
Y
Tulipa 'Carnaval de Nice'
T. 'Flaming Parrot'
A
Tulipa 'Spring Green'
T. 'Pimpernel'
Euphorbia characias subsp. *wulfenii*
Euphorbia cyparissias
E. polychroma
E. schillingii
E. seguieriana
Eryngium
QN
R
Lavandula angustifolia 'Hidcote'
Lavandula angustifolia 'Hidcote'
JS = *Tulipa* 'Jewel of Spring'
QN = *Tulipa* 'Queen of Night'
OF = *Tulipa* 'Orange Favourite'
OF
R
Lavandula angustifolia 'Hidcote'
Lavandula angustifolia 'Hidcote'
Euphorbia cyparissias
E. polychroma
E. schillingii
E. seguieriana
Eryngium
A
Tulipa 'Spring Green'
T. 'Hummingbird'
Euphorbia characias subsp. *wulfenii*
Y
Tulipa 'Mount Tacoma'
Hyacinthus orientalis 'L' Innocence'
Tulipa acuminata
T. 'Angélique'
Tulipa 'Orange Favourite'
T. 'Ballerina'
Rosa 'Nuits de Young'
Tulipa 'Queen of Night'
Narcissus poeticus
Helleborus foetidus
Myrrhis odorata
haie
Tulipa turkestanica
Narcissus 'Thalia'
N. 'Canaliculatus'
Muscari armeniacum
Smyrnium olusatrum
Anemone coronoria (groupe de Caen) 'The Bride'
Erysimum cheiri 'Fire King'
E.c. 'Blood Red'
Myosotis
Leucojum aestivum
Elaeagnus angustifolia
Prunus avium
Sorbus aria 'Lutescens'
Iris Grands Barbus
Lavandula stoechas
Acanthus mollis
Rosa 'Felicia'
Hesperis matronalis
Philadelphus 'Belle Etoile'
Lonicera × *purpusii*
Euphorbia griffithii
Ceanothus
Rosa banksiae var. *banksiae*
Cornus alba 'Elegantissima'
Salix daphnoides
Syringa 'Maud Notcutt'

Plantations d'été et d'automne

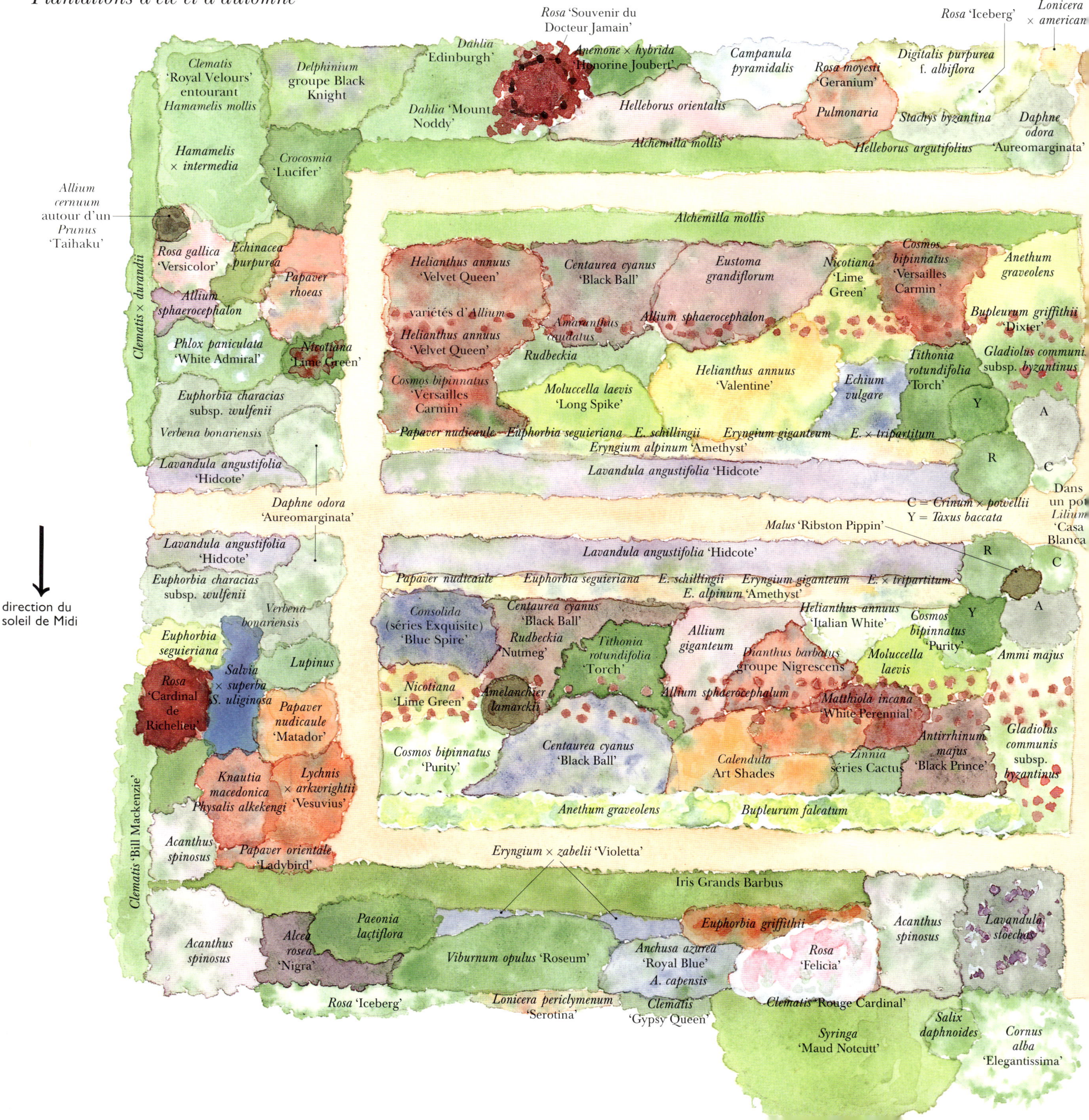

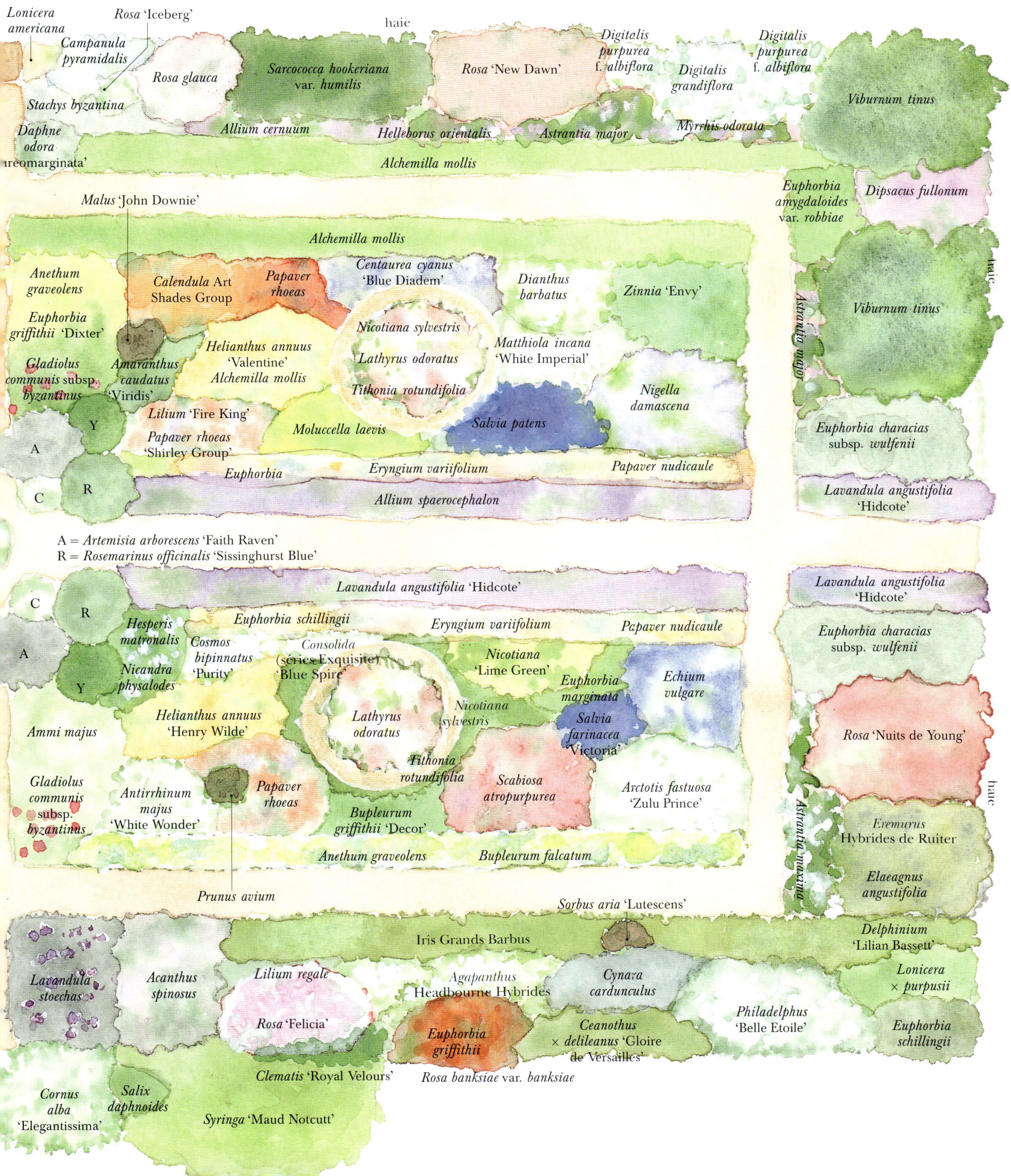
Lonicera americana
Rosa 'Iceberg'
haie
Campanula pyramidalis
Rosa glauca
Sarcococca hookeriana var. humilis
Rosa 'New Dawn'
Digitalis purpurea f. albiflora
Digitalis grandiflora
Digitalis purpurea f. albiflora
Viburnum tinus
Stachys byzantina
Daphne odora
ıreomarginata'
Allium cernuum
Helleborus orientalis
Astrantia major
Myrrhis odorata
Alchemilla mollis
Euphorbia amygdaloides var. robbiae
Dipsacus fullonum
Malus 'John Downie'
Alchemilla mollis
haie
Anethum graveolens
Calendula Art Shades Group
Papaver rhoeas
Centaurea cyanus 'Blue Diadem'
Dianthus barbatus
Zinnia 'Envy'
Astrantia major
Viburnum tinus
Euphorbia griffithii 'Dixter'
Nicotiana sylvestris
Helianthus annuus 'Valentine'
Alchemilla mollis
Lathyrus odoratus
Matthiola incana 'White Imperial'
Gladiolus communis subsp. byzantinus
Amaranthus caudatus 'Viridis'
Tithonia rotundifolia
Nigella damascena
Lilium 'Fire King'
Y
Moluccella laevis
Salvia patens
Euphorbia characias subsp. wulfenii
A
Papaver rhoeas 'Shirley Group'
Euphorbia
Eryngium variifolium
Papaver nudicaule
R
C
Allium spaerocephalon
Lavandula angustifolia 'Hidcote'
A = Artemisia arborescens 'Faith Raven'
R = Rosemarinus officinalis 'Sissinghurst Blue'
Lavandula angustifolia 'Hidcote'
Lavandula angustifolia 'Hidcote'
C
R
Hesperis matronalis
Euphorbia schillingii
Eryngium variifolium
Papaver nudicaule
Euphorbia characias subsp. wulfenii
A
Cosmos bipinnatus 'Purity'
Consolida (séries Exquisite) 'Blue Spire'
Nicotiana 'Lime Green'
Echium vulgare
Nicandra physalodes
Y
Euphorbia marginata
Helianthus annuus 'Henry Wilde'
Lathyrus odoratus
Nicotiana sylvestris
Salvia farinacea 'Victoria'
Ammi majus
Rosa 'Nuits de Young'
Tithonia rotundifolia
Gladiolus communis subsp. byzantinus
Antirrhinum majus 'White Wonder'
Papaver rhoeas
Scabiosa atropurpurea
Arctotis fastuosa 'Zulu Prince'
haie
Bupleurum griffithii 'Decor'
Astrantia maxima
Eremurus Hybrides de Ruiter
Anethum graveolens
Bupleurum falcatum
Elaeagnus angustifolia
Prunus avium
Sorbus aria 'Lutescens'
Iris Grands Barbus
Delphinium 'Lilian Bassett'
Lavandula stoechas
Acanthus spinosus
Lilium regale
Agapanthus Headbourne Hybrides
Cynara cardunculus
Lonicera × purpusii
Philadelphus 'Belle Etoile'
Rosa 'Felicia'
Euphorbia griffithii
Ceanothus × delileanus 'Gloire de Versailles'
Euphorbia schillingii
Clematis 'Royal Velours'
Rosa banksiae var. banksiae
Cornus alba 'Elegantissima'
Salix daphnoides
Syringa 'Maud Notcutt'

Le jardin en été

Voici une vue du jardin qui montre la trame de plantation expliquée p. 18-19. En plein été, le jardin n'est qu'une masse de fleurs colorées. Les banquettes de plantes vivaces permettent une récolte estivale somptueuse ; les massifs du centre débordent également d'annuelles. Une opulence de feuillages fournit en contrepoint la verdure indispensable aux floraisons.

Des feuillages pour structurer

Les grands arbustes plantés pour leur feuillage architectural et servant de toile de fond durant l'été comprennent *Eaeagnus angustifolia* et *Sorbus aria* 'Lutescens' à feuillage argenté, *Cornus alba* 'Elegantissima', vert maculé de blanc avec ses branches rougeâtres, et enfin les feuilles argentées et pointues du cardon, *Cynara cardunculus*.

Des garnitures de feuillages et de fleurs

Le massif au soleil, en premier plan, fournit les pompons gris-vert de la boule-de-neige (*Viburnum opulus* 'Roseum') et un feuillage splendide en début d'été. Tout près, on trouve des épis d'acanthe (*Acanthus spinosus*). Le massif ombragé de l'autre bout du jardin accueille une bordure d'alchémilles (*Alchemilla mollis*).

Partout dans le jardin, les euphorbes offrent une brillante succession de jaune et de vert, ou dans le cas de *E. griffithii*, de rouge, à mélanger avec des feuillages verts, rouge orangé ou noirs. Parmi les eryngiums se distinguent le 'fantôme de Miss Willmott' (*E. giganteum*), d'un acier argenté, et *E.* x *zabelii* 'Violetta', d'un riche bleu indigo. Alors que la saison avance, les cloches d'Irlande (*Moluccella laevis*), annuelles, l'aneth (*Anethum graveolens*) et un buplèvre semé tardivement (*Bupleurum griffithii*) fournissent des brassées de joli feuillage vert pomme jusqu'à l'automne.

Les massifs ombragés de plantes vivaces

Les grands épis des delphiniums et des Campanula pyramidalis *fleurissent entre les rosiers 'Souvenir du Docteur Jamain' et* Rosa moyesii *'Geranium', qui tolèrent tous deux la mi-ombre.*

Les massifs garnis d'annuelles

*Ces deux massifs contiennent nombre de mes annuelles favorites : le bleuet noir (*Centaurea cyanus *'Black Ball'), les mufliers (*Antirrhinum*), le tabac d'ornement vert (*Nicotiana *'Lime Green'), les pieds-d'alouette (*Consolida *'Exquisite') et les soleils (*Helianthus annuus*). Les panicules somptueuses de l'amarante queue-de-renard verte (*Amaranthus caudatus *'Viridis'), les zinnias,* Tithonia rotundifolia *et* Eustoma grandiflorum *grandissent et s'épanouissent en plein été et en automne, permettant une récolte alors que les vivaces sont moins productives.*

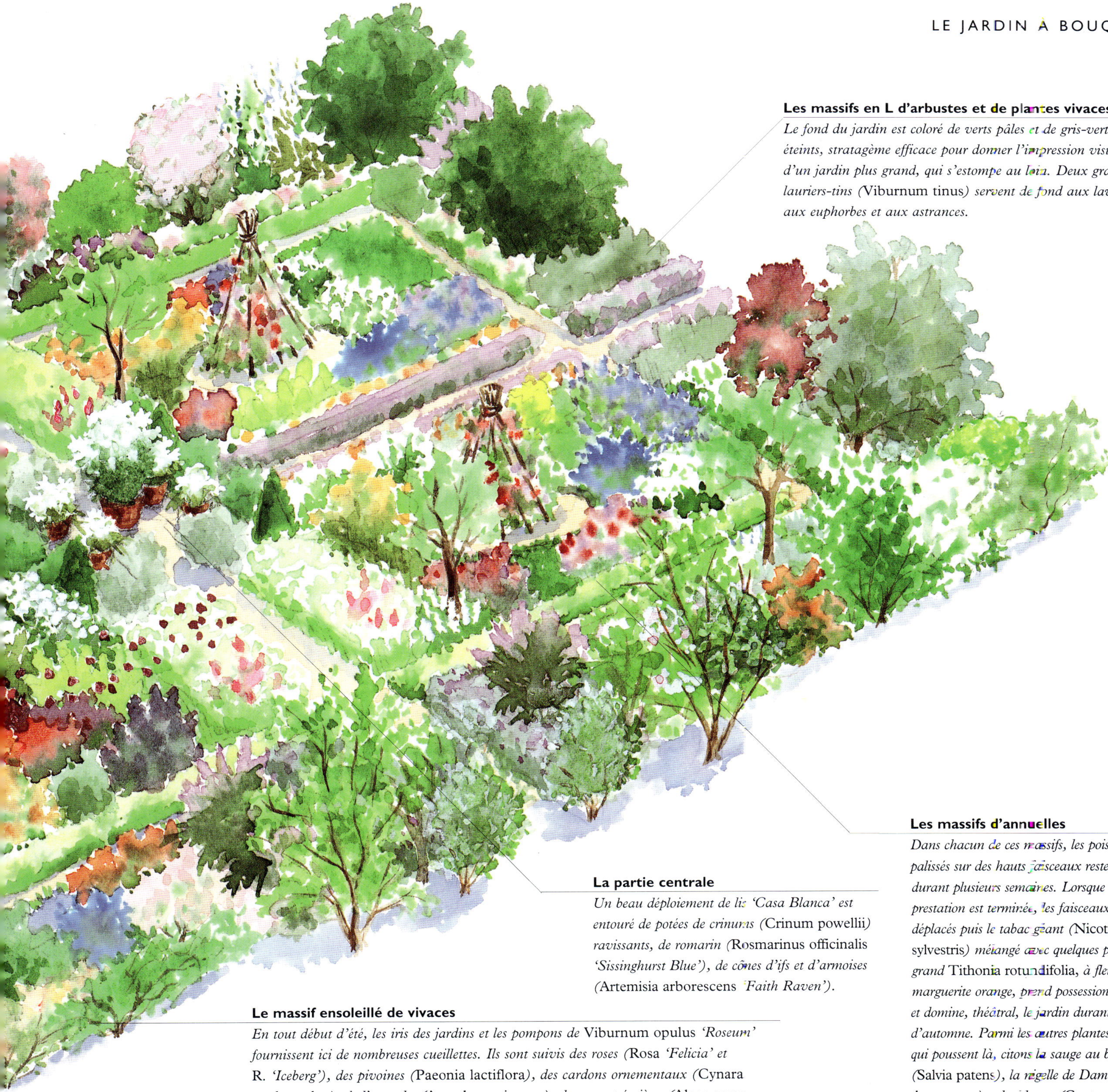

Les massifs en L d'arbustes et de plantes vivaces

*Le fond du jardin est coloré de verts pâles et de gris-vert un peu éteints, stratagème efficace pour donner l'impression visuelle d'un jardin plus grand, qui s'estompe au loin. Deux grands lauriers-tins (*Viburnum tinus*) servent de fond aux lavandes, aux euphorbes et aux astrances.*

Les massifs d'annuelles

*Dans chacun de ces massifs, les pois de senteur palissés sur des hauts faisceaux restent en fleurs durant plusieurs semaines. Lorsque leur prestation est terminée, les faisceaux sont déplacés puis le tabac géant (*Nicotiana sylvestris*) mélangé avec quelques pieds du grand* Tithonia rotundifolia*, à fleurs de marguerite orange, prend possession de la place et domine, théâtral, le jardin durant les mois d'automne. Parmi les autres plantes annuelles qui poussent là, citons la sauge au bleu profond (*Salvia patens*), la nigelle de Damas (*Nigella damascena*) et les bleuets (*Centaurea cyanus *'Blue Diadem'), alors que les pavots (*Papaver rhoeas *et* P. nudicaule*) ajoutent des touches de rouge, de rose et de blanc.*

La partie centrale

*Un beau déploiement de lis 'Casa Blanca' est entouré de potées de crinums (*Crinum powellii*) ravissants, de romarin (*Rosmarinus officinalis *'Sissinghurst Blue'), de cônes d'ifs et d'armoises (*Artemisia arborescens *'Faith Raven').*

Le massif ensoleillé de vivaces

En tout début d'été, les iris des jardins et les pompons de Viburnum opulus *'Roseum' fournissent ici de nombreuses cueillettes. Ils sont suivis des roses (*Rosa *'Felicia' et* R. *'Iceberg'), des pivoines (*Paeonia lactiflora*), des cardons ornementaux (*Cynara cardunculus*), de l'acanthe (*Acanthus spinosus*), des roses trémières (*Alcea rosea *'Nigra'*) *et des euphorbes (*Euphorbia griffithii*) à glaner jusqu'au cœur des massifs.*

Le jardin au début de l'automne

A gauche : Bien que la saison soit tardive, il y a encore de nombreuses fleurs à couper. Lilium *'Fire King' orange et* Allium sphaerocephalon *avec ses grosses têtes pourpres finissent de fleurir. Plus loin, parmi des cosmos blancs (*C. bipinnatus *'Purity'), des pois de senteur (*Lathyrus odoratus*) semés tard habillent encore de couleur leur support en noisetier tressé. Le grand* Tithonia rotundifolia *'Torch', dans sa riche robe automnale, est à son apogée.*

Ci-dessus : Les somptueux rudbeckias veloutés et les amarantes à panicules, rouges, comme ici, ou vertes, sont bienvenus pour les cueillettes d'automne. Les rudbeckias ne durent guère plus de trois ou quatre jours en vase mais cette annuelle est si florifère que vous pouvez remplacer régulièrement les fleurs fanées.

Le jardin en hiver

*A gauche : Des perce-neige (*Galanthus*) nimbés de rosée.*
*Ci-contre : Des aconits d'hiver (*Eranthis hiemalis*) sous le givre.*

Ci-dessous : En cette saison, la structure du jardin se distingue clairement. Les étiquettes bleu vif marquant les rangées de bulbes ainsi que les grands piquets peints apportent une note de couleur à la place des floraisons. Dans les plates-bandes périphériques d'arbustes et de vivaces, les aconits d'hiver et les perce-neige fleuriront les premiers.

Le coin de fleurs à couper

Cette parcelle de 3 m x 4,50 m est située dans une partie ensoleillée du jardin. Elle est plantée d'annuelles et de quelques bisannuelles. Les couleurs et les textures de ces plantes garantissent des compositions harmonieuses.

Le dessin

Son plan est très structuré : une série de rectangles avec un massif au centre en forme de diamant et un « tipi » de pois de senteur au milieu. Des plessis de 45 cm de haut entourent les massifs et servent de support aux plantes. A défaut, les massifs pourraient se délimiter à l'aide de clôtures basses en lattes de bois. Toutes les parties de chaque massif sont facilement accessibles à partir des allées centrales ou du pourtour.

Les plantes

Aussi longtemps que vous les récolterez et les taillerez, les plantes produiront continuellement du feuillage et des fleurs à partir de la fin du printemps et jusqu'aux premières gelées. Elles sont faciles à obtenir par semis, mais la plupart d'entre elles sont également disponibles en jeunes plants. Toutes sont replantées à 20 ou 25 cm de distance. Les bleuets et les scabieuses supportent mal les repiquages et doivent être semés directement en place, puis éclaircis.

La préparation et l'entretien

Préparez la parcelle à l'automne. Les plants seront mis en place aussitôt que les températures l'autorisent, après les dernières gelées. Les plantations denses en carrés donnent un effet de mosaïque et permettent un meilleur contrôle des mauvaises herbes. Lorsque les plantes sont encore petites, épandez un paillis de compost ou du fumier bien décomposé au pied des plantes pour empêcher la pousse des mauvaises herbes et conserver la fraîcheur. Taillez souvent les plantes pour les empêcher de monter à graines.

Allonger la saison de coupe

A l'automne, après avoir nettoyé le terrain, plantez-le de bulbes pour la récolte du début du printemps au début de l'été. Choisissez des jacinthes, des scilles, des tulipes et des narcisses que vous trouverez dans le chapitre *Fleurs et feuillages au fil des saisons* (voir p. 96-113 et 148-159) et, après la cueillette, déterrez les bulbes. Utilisez efficacement le terrain en doublant les plantations. Par exemple, remplacez les fleurs hâtives – comme les œillets de poète, qui sont défleuris en été – par des dahlias et des penstemons, préparés en pot à l'écart. Ils vous apporteront des fleurs richement colorées sans interruption jusqu'aux premières gelées.

Le buplèvre et **les cloches d'Irlande** (*Bupleurum griffithii* et *Moluccella laevis*).
Repiquez en alternance des carrés de buplèvre et de cloches d'Irlande. Ces deux plantes fournissent un feuillage vert chartreuse qui contraste avec les fleurs aux couleurs vives et les bouquets blancs, roses ou bleus.

Les cosmos et **mufliers** (*C. bipinnatus* 'Purity' et *Antirrhinum majus* 'White Wonder')
Repiquez un mélange de cosmos et de mufliers. Le cosmos pousse jusqu'à une hauteur de 90 cm-1,20 m, et offre un beau spectacle à la fois au jardin et en vase. Ses fleurs blanches, jolies seules, sont précieuses dans les bouquets multicolores.

La fleur d'évêque (*Ammi majus*)
Repiquez-la tous les 25 cm sur un rang. Semée en annuelle au printemps, c'est une plante magnifique avec ses ombelles vaporeuses ; si vous la semez en automne, vous obtiendrez des plantes énormes, atteignant 90 cm à 1,20 m. Ses fleurs fanent avant le milieu de l'été; vous pouvez alors les remplacer par une plantation de zinnias pour une récolte automnale.

La scabieuse annuelle
(*Scabiosa atropurpurea*)
Semez ses graines en lignes espacées de 25 cm, directement en place, puis éclaircissez à 20-25 cm. Ces pompons roses, mauves, rouge foncé, bleus et blancs sont superbes en mélange. Vous pouvez aussi les semer en ne mélangeant pas les couleurs et les associer avec d'autres fleurs du massif. Les teintes pâles côtoyant la nigelle, les pois de senteur, le buplèvre et l'ammi composent des bouquets très frais.

Les œillets de poète et **le tabac d'ornement**
(*Dianthus barbatus* et *Nicotiana* 'Lime Green')
Repiquez les œillets de poète au début du printemps en les espaçant de 20 cm, en quinconce. Une fois les dernières gelées passées, placez de chaque côté de ces lignes des plants de tabac, qui fleuriront jusqu'en fin d'automne. Les œillets de poète peuvent être remplacés par des dahlias 'Arabian Night' et des penstemons 'Blackbird'.

Le cosmos et l'aneth (*C. bipinnatus* 'Versailles Carmin', et *Anethum graveolens*)
*Repiquez les cosmos tous les 25 cm en quinconce ou en lignes sinueuses. Remplissez les espaces libres de part et d'autre avec des plants d'aneth espacés de 20 cm ou bien semez directement en place puis éclaircissez. Avec ses ombelles vert chartreuse, l'aneth est une excellente plante de contraste avec les cosmos rose carmin. Le fenouil (*Foeniculum vulgare*) peut remplacer l'aneth, mais ne les cultivez pas ensemble car ils peuvent se féconder mutuellement.*

Le muflier et **l'arctotis**
(*Antirrhinum majus* 'Black Prince' et *Arctotis fastucsa*)
Repiquez les mufliers tous les 20 cm sur une ligne en forme de U. Remplissez l'espace intérieur avec des arctotis. Quand ces derniers auront cessé de fleurir, vous pourrez les remplacer par des rudbeckias 'Nutmeg', dont les riches bruns et orangés se marient à merveille avec les mufliers.

Le bleuet noir et le souci
(*Centaurea cyanus* 'Black Ball' et *Calendula* 'Art Shades')
Semez ces deux plantes directement en place puis éclaircissez à 10-15 cm. Les soucis et l'aneth constituent également un bon duo et se marient tout aussi bien avec Salvia patens. *Lorsque les bleuets sont défleuris, enlevez-les et mettez à la place* Euphorbia marginata.

L'euphorbe et **le pavot d'Islande**
(*Euphorbia palustris* et *Papaver nudicaule*)
Plantez du pavot d'Islande en formant un V puis remplissez le centre avec des plants d'euphorbe. Lorsque vous supprimerez les annuelles épuisées en fin d'automne, transplantez les euphorbes dans un autre coin du jardin.

Le bleuet (*Centaurea cyanus* 'Blue Diadem')
Semez ces bleuets au printemps et éclaircissez à 10-15 cm sur le rang. Mélangez-les avec des soucis orange ou des coquelicots ou utilisez-les tout seuls. Après leur floraison, vous pouvez les remplacer par des plants de Salvia patens *ou toute autre annuelle à fleurs.*

Les pois de senteur (*Lathyrus odoratus*)
Plantez deux pois de senteur à chaque pied du tipi. Un simple bouquet de pois de senteur, renouvelé chaque jour, dégage un délicieux parfum, qui aide à se réveiller de bonne humeur.

Les coquelicots et la nigelle
(*Papaver rhoeas* 'Shirley' et *Nigella*)
Semez les coquelicots sur une ligne dessinant un U et la nigelle en trois taches triangulaires, une à l'intérieur et deux de chaque côté. Eclaircissez tous les 10 à 12 cm. Les fleurs et les capsules de la nigelle remplacent avantageusement du feuillage dans des bouquets de n'importe quelle couleur ; les capsules de pavot somnifère sont également jolies dans les compositions de fin d'été et d'automne.

Le pied-d'alouette (*Consolida* 'Exquisite')
Repiquez tous les 20 à 30 cm ou semez directement en place et éclaircissez. Le bleu royal de ses épis élancés, aériens, est superbe aux côtés du carmin des cosmos. Il donne des fleurs jusqu'aux premières gelées.

Le coin de fleurs à couper en été

*A gauche : Composition riche et intense de tabac d'ornement (*Nicotiana *'Lime Green'), de pied-d'alouette bleu foncé (*Consolida *'Exquisite Blue Spire') et du somptueux* Cosmos bipinnatus *'Versailles Carmin'. Parfait dans le jardin de fleurs à couper, ce cosmos fleurit depuis la fin du printemps jusqu'à la fin de l'automne. Associez-le avec l'aneth vert, au jardin et dans les vases.*

*Page de droite, en haut : Lorsque vous plantez une parcelle pour fleurs annuelles à couper, pensez aux associations de couleurs que vous réaliserez dans vos bouquets. Ici, les pois de senteur, les bleuets et les coquelicots se révèlent d'excellents partenaires pour la scabieuse à fleurs pourpres (*Scabiosa atropurpurea*), alors que le bleuet à fleurs noires (*Centaurea cyanus *'Black Ball') provoque un vibrant contraste avec le souci (*Calendula *'Art Shades').*

*Page de droite, en bas : Au premier plan, des mufliers d'un riche cramoisi (*Antirrhinum majus *'Black Prince') se mêlent à* Arctotis fastuosa *à peine ouvert, orange.* Antirrhinum majus *'White Wonder' peut se mélanger avec n'importe quoi, aussi bien au jardin qu'en bouquets. Les buplèvres,* Euphorbia palustris, *les cloches d'Irlande (*Moluccella laevis*) et les cardons (*Cynara cardunculus*) donnent de beaux feuillages.*

Le jardin de curé

Si vous n'avez pas d'emplacement séparé à consacrer aux fleurs coupées, réservez des espaces dans différentes parties du jardin. Vous aurez besoin de plusieurs endroits en plein soleil, de quelques-uns à mi-ombre, d'un emplacement pour les plantes grimpantes et de quelques espaces où cultiver des grandes ou des petites variétés. Que vous vous attaquiez à un jardin formant un rectangle de bonne taille ou à un petit jardin de banlieue, voici un projet à la fois utilitaire et esthétique. Ce jardin mesure 9 m x 12 m ; il comporte une terrasse dallée où donnent des portes-fenêtres et la porte de la cuisine. Les plantations consistent en une composition à base de salades, d'herbes aromatiques et de quelques légumes, accompagnés de fleurs et de feuillages pour réaliser des bouquets.

Le dessin

Ce plan peut s'adapter à de nombreuses exigences. Par exemple, si vous désirez faire pousser du gazon, le massif du centre peut être transformé en pelouse. Les allées sont assez larges pour laisser passer la brouette ou le tricycle des enfants ; les dimensions des massifs et bordures permettent aisément la coupe des fleurs. Ordre et cohérence sont apportés par des bordures basses de buis taillé court.

Les plantes au fil des saisons

Le jardin est représenté ici en plein été, mais il accueille de nombreuses fleurs printanières parmi les arbustes et les plantes vivaces : jacinthes, tulipes et anémones regroupées en taches le long des allées, en compagnie de myosotis bisannuel et de giroflées, de scilles et de narcisses miniatures sous le pommier ; des couronnes impériales et des sceaux-de-Salomon se mélangent dans la plate-bande à l'ombre.

Les annuelles peuvent être mélangées avec les euphorbes, le buplèvre, les cloches d'Irlande et l'aneth pour fournir des feuillages. Des roses cramoisi sombre, roses comme 'New Dawn' ou blanches comme 'Iceberg' font partie du décor. Parmi les vivaces, des lupins, buglosses, pivoines et cardons échinops, ainsi que des digitales sont regroupés le long de la haie.

Les légumes d'été sont sélectionnés pour leur petite taille et leur aspect esthétique, pour une bonne intégration parmi les fleurs. Ainsi, avec les fèves naines sont plantées des laitues vertes et rouges, de la roquette, des aubergines, des tomates, des haricots grimpants (en compagnie des pois de senteur et des capucines) ainsi que des fleurs de pensées, pour en parsemer les salades.

Les massifs d'arbustes et de vivaces

Des clématites très colorées, parmi lesquelles 'Etoile Violette' et 'Royal Velours', s'agrippent tout le long de la clôture en noisetier tressé. Les autres grimpantes sont Akebia quinata *à fleurs pourpres, placé au fond d'un groupe de* Rosa *'Tuscany Superb' au beau cramoisi sombre, alors que* Lonicera x brownii *et* Solanum crispum *'Glasnevin' poussent derrière un céanothe, près de la terrasse. Le chèvrefeuille très parfumé* Lonicera periclymenum *'Serotina' enlace* Salix daphnoides *dans le coin le plus éloigné de la maison.*

Les massifs ensoleillés devant la terrasse

Les magnifiques fleurs bleu pourpré foncé des agapanthes qui prospèrent ici, alignées dans ce massif, donneront plus tard d'élégantes capsules de graines. Des aubergines pourpre-noir sont cultivées contre le petit muret en compagnie des tomates cerises au rouge vibrant. Cette couleur pourpre-bleu se décline en été avec les ails d'ornement et des sauges variées, puis en hiver avec Iris reticulata *et* I. unguicularis. *Des laitues vertes et rouges s'adossent à une grande touffe d'alchémille qui longe l'allée, avec un rappel d'alchémilles de part et d'autre des marches du premier plan. Ce petit massif dévoile la rose au teint carné* Rosa *'New Dawn' en association avec* Allium sphaerocephalon.

Les massifs à l'ombre le long de la haie

*Le sarcococca est cultivé de chaque côté du banc avec du muguet (*Convallaria majalis*) à ses pieds. Dans le coin se remarquent les hauts épis des digitales blanches (*Digitalis purpurea *f.* albiflora*), avec du sceau-de-Salomon (*Polygonatum*), une pulmonaire (*P. officinalis *'Sissinghurst White'), des hostas et le cœur-de-Marie blanc qui se plaît à l'ombre du pommier. Au-delà de l'arbre, des grands delphiniums bleus et blancs accompagnent des rosiers bordeaux. Entre les boules de buis et devant les pivoines (*Paeonia *'Shirley Temple') sont plantées des fines herbes et des laitues.*

Les massifs de vivaces

*Un pied de houblon (*Humulus lupulus*) escalade une structure cylindrique en branches de noisetier aux côtés d'épis de pied-d'alouette* Consolida *'Blue Spire' et des inflorescences duveteuses d'*Anchusa azurea *'Loddon Royalist', placées de part et d'autre. Le long de l'allée sont alignées des touffes de liserons arbustifs (*C. cneorum*) et d'arctotis blanc (*A. fastuosa *'Zulu Prince'). Du népéta rose accompagne les grands épis rouge vif du* Lobelia *'Queen Victoria' sous une boule de laurier-sauce sur tige. Dans le massif de droite, les rouge-orangé se diluent avec les ancolies rouges et jaunes puis le cœur-de-Marie rouge-rosé (*Dicentra *'Bacchanal').*

Les massifs du centre

Le tipi est habillé de plusieurs variétés de pois dont Lathyrus odoratus *'Matucana', associées avec une délicieuse forme de haricot à rames pourpre sombre. Une fois les pois de senteur épuisés, je plante des capucines et d'autres annuelles grimpantes comme l'ipomée (*Convolvulus *'Star of Yelta'), d'un pourpre profond. Pour souligner les allées du massif du centre, le persil et le thym, les soucis, le basilic à feuilles pourpres et les laitues sont mis en place. Plus au centre, on note des lupins bleus et des buglosses, la matricaire, les ails pourpres, des eryngiums pourpre-gris ou argentés, le cosmos chocolat (*C. atrosanguineus*) et le rosier cramoisi foncé 'Cardinal de Richelieu'.*

Le jardin de curé en été

A l'extrême gauche : Les fleurs bleues, pimpantes, du delphinium 'Black Knight' s'épanouissent en fin de printemps puis en automne. Couper la tige principale favorise les pousses secondaires qui fleuriront à leur tour.

En haut à gauche : Les annuelles pour la coupe, comme ces tournesols, sont semées dans les espaces laissés libres entre les vivaces et les plantes condimentaires.

En bas à gauche : De grosses touffes de liseron (Convolvulus cneorum) *accompagnées de népéta font écho aux boules de buis placées dans les coins. Alentour, les fleurs sont particulièrement adaptées à la coupe répétée durant une longue période :* Arctotis fastuosa *'Zulu Prince', muflier 'Black Prince' puis pensée rouge-bordeaux à cœur jaune.*

Page de droite : Ce jardin réunit des légumes, des plantes condimentaires et des feuillages à couper, parsemés dans les massifs. Le massif rectangulaire, le tipi central de pois de senteur, les treillis en noisetier le long de la clôture séparative et les paires de lauriers-sauce sur tige apportent à cette jungle productive un peu d'ordre et de régularité. Je ne supprime pas mes laitues feuilles-de-chêne montées à graines car j'adore leurs épis vert acide ondulés : elles offrent ainsi le feuillage le plus original du jardin. Les pots au premier plan contiennent du tabac rouge cramoisi et un Pelargonium zonale *rose puis un abutilon à fleurs rouges dans un grand pot, plus loin à droite.*

La culture des plantes : les clés du succès

Elaborer et entretenir un jardin de fleurs à couper à la fois beau et productif implique d'y travailler peu mais souvent : mieux vaut y consacrer une heure de temps à autre, avec une certaine régularité, qu'un week-end entier tous les deux ou trois mois. Essayez d'adapter la taille de votre jardin au temps que vous pouvez lui accorder. Rien n'est plus déprimant que des massifs et des plates-bandes regorgeant de plantes et riches de promesses au printemps, mais qui, l'été venu, prennent l'apparence d'un dépotoir ou d'une jungle de mauvaises herbes parce que vous ne l'avez pas arrosé et désherbé régulièrement. Je sais de quoi je parle, car j'ai moi-même commis cette erreur !

Cultiver ses propres plantes à partir du semis, de boutures ou par division des souches requiert du temps, mais cela ouvre des horizons insoupçonnés pour ceux qui ne jardinent qu'après avoir visité une pépinière ou une jardinerie. Si vous faites pousser vos propres plantes, non seulement vous disposerez d'un vaste choix dans les catalogues de graines, mais vous dépenserez beaucoup moins d'argent que pour des plantes de pépinière. Vous constaterez qu'il s'agit là d'un des passe-temps les plus gratifiants qui soient ; probablement obtiendrez-vous aussi des plantes en excédent que vous destinerez à vos amis.

Si vous le pouvez, offrez-vous une miniserre : posée sur un appui de fenêtre, elle vous permettra d'effectuer des semis et des boutures à l'abri. Mieux encore, investissez dans une vraie serre et installez une petite surface de multiplication munie de câbles de chauffage.

Au printemps

C'est l'époque la plus active de l'année pour le jardin de fleurs à couper. Si le temps est clair et l'air vif, vous épandrez du paillis, vous taillerez et nettoierez. S'il pleut ou s'il gèle, vous pourrez trouver refuge dans le cabanon ou la serre et effectuer à l'abri les semis, les repiquages et rempotages. Au fil de la saison, la coupe des fleurs va s'amplifier. Mais, contrairement aux annuelles d'été, les bulbeuses de printemps et les vivaces ne se portent pas mieux si on en coupe les fleurs. Vous pouvez donc, à votre gré, soit les cueillir, soit laisser leurs fleurs embellir votre jardin.

Quelques conseils pour bien semer

• Triez vos graines : celles qui doivent être semées à l'abri ou celles à mettre directement en place, selon le mois de semis, la température nécessaire à la germination ou tout autre critère (couleur...).

• Suivez toujours les recommandations inscrites sur les paquets, comme, par exemple, pour les lupins ou les pois de senteur, dont les graines, coriaces, germent mieux après avoir trempé dans l'eau une nuit avant le semis. Semez à l'époque préconisée. Avec l'enthousiasme du débutant, la première année, je me suis mise à semer au cœur de l'hiver, et mes graines à l'abri ont produit des plantules étiolées qui n'ont jamais rien donné de bon en pleine terre, la plupart ayant simplement pourri avant même de germer. A quelques exceptions près (voir p. 43), mieux vaut attendre que les jours rallongent afin que les plantules bénéficient de plus de lumière.

• Marquez tous vos semis à l'aide d'étiquettes solides en indiquant le nom de la plante et la date du semis.

• Utilisez une pomme d'arrosoir très fine ou brumisez pour l'arrosage des semis. Les grosses gouttes d'eau dérangent le terreau : les graines risquent ainsi de se retrouver agglutinées ou exposées à la lumière.

• Ne semez pas toujours le paquet entier. Utilisez seulement ce qui est nécessaire pour l'année en cours et stockez le reste. Le taux de germination sera peut-être plus faible, mais restera suffisant. Refermez bien le sachet intérieur, vérifiez l'étiquetage et stockez dans un endroit sec et frais.

• Détruisez les escargots, limaces ou chenilles avec des granulés ou récoltez-les à la main si vous n'aimez pas utiliser les produits chimiques. Ces hôtes indésirables seraient capables de dévorer votre culture en quelques jours.

Semer sous abri

• Organisez-vous pour arroser, surveiller le chauffage, repiquer et empoter, en vous facilitant la tâche autant que possible, afin de travailler avec régularité. Par exemple, si vous possédez une serre, conservez un tuyau d'arrosage muni d'un jet en brouillard le plus près possible de vos semis.

• Les terrines de semis en plastique de bonne qualité sont plus faciles à nettoyer que celles en bois et ne se vrillent ni se cassent si vous les tenez par une extrémité lorsqu'elles sont remplies de substrat. Lavez-les bien à la fin de la saison et stockez-les à l'abri de la lumière jusqu'à l'année suivante, faute de quoi elles deviendraient rapidement friables.

• Afin de semer et de rempoter, employez le substrat pour semis le meilleur possible : un mélange de terre végétale riche, de tourbe, de sable et d'engrais à libération lente. N'achetez pas de tourbes pures, qui deviennent vite détrempées ; assurez-vous que la marque que vous utilisez est bonne et friable, ou ajoutez du sable grossier. Prenez un tamis en métal et une spatule de bois pour écraser les mottes, qui risqueraient d'empêcher les plantules de se développer.

• Avant de semer, tassez le terreau doucement avec une planchette de

Semer sous abri

1 *Rassemblez l'équipement nécessaire : vos graines triées, du substrat de semis, des terrines, des plaques de godets, des godets individuels, une batte pour tasser la terre, des étiquettes, un crayon, un tamis grossier et une spatule de bois, ainsi que du sable fin.*

2 *Remplissez votre terrine avec le terreau jusqu'à 1 cm du bord. Tassez le sol doucement avec une taloche faite d'une planchette de bois de la même surface que la terrine.*

3 *Afin d'humidifier le terreau, laissez flotter la terrine dans un récipient rempli d'un peu d'eau et attendez qu'il n'y ait plus de bulles d'air. Sortez la terrine et laissez-la s'égoutter : le terreau doit être humide mais pas détrempé.*

4 *Les graines fines, comme celles des coquelicots, sont difficiles à semer correctement : mélangez-les à du sable fin dans une proportion de 1 à 6 pour vous aider à les disperser plus régulièrement.*

5 *Dispersez régulièrement les graines fines sur la surface de la terrine. Les grosses graines sont semées en ligne, et espacées pour qu'elles poussent sans se gêner.*

6 *Recouvrez les graines d'une couche de terreau tamisé de l'épaisseur indiquée sur le sachet. Certaines graines, comme celles du tabac, ne doivent pas être recouvertes. Pensez à étiqueter.*

7 *Placez les terrines ou les pots sur le rebord d'une fenêtre, dans une miniserre ou le coin à multiplication de votre serre. Arrosez d'un léger brouillard et recouvrez pour maintenir l'ombre.*

bois pour supprimer les poches d'air. Si elles poussent dans une poche d'air, les radicelles sont privées d'eau et de minéraux.

• Que ce soit sur le rebord de fenêtre, en miniserre ou dans le coin à multiplication de votre serre, vous exploiterez l'espace au mieux en utilisant des pots carrés plutôt que des pots ronds.

• Vous prendrez des plaques de godets pour semer des grosses graines, comme celles des roses trémières, ou celles qui ne supportent pas le repiquage, telles celles des lupins, de *Salvia patens* et du persil des fous, mais aussi pour faire repiquages et rempotages. Les plaques de godets permettent de replanter directement les plantules issues de semis. Les pots en tourbe sont également très pratiques.

• Semez toujours sur un terreau humidifié au préalable. Si vous arrosiez après le semis, vous pourriez entraîner les graines sur le bord ou dans les coins des terrines, où elles germeraient en paquets et, par conséquent, s'étioleraient.

• Ne laissez jamais vos terrines sécher, sous peine de détruire le réseau de fines racines.

• Recouvrez les graines avec une plaque de polystyrène ou une vitre doublée de papier journal afin de maintenir l'ombre, ce qui aide de nombreuses graines à germer (à l'exception de celles du tabac). Vous réduirez ainsi l'évaporation, l'insolation et la déperdition de la chaleur produite par les câbles chauffants.

• Vérifiez chaque jour les germinations. Aussitôt que vous décelez des signes de vie, ôtez le polystyrène ou la vitre puis déplacez la terrine vers un endroit bien éclairé.

Le repiquage

• Au début, les graines, en germant, développent une paire de feuilles atypiques. Une fois qu'elles ont produit une ou deux paires de vraies feuilles (versions miniatures de celles de la plante adulte), il est temps de repiquer les plantules dans un compost riche, dans une plaque de godets. Prélevez-les en tirant toujours sur les feuilles et non la tige, car, si vous meurtrissez celle-ci, la plantule mourra.

• A l'aide d'un thermomètre minima-maxima accroché sur le mur surveillez les températures basses la nuit, élevées le jour. Vous ne devez jamais laisser la température descendre au-dessous de zéro ni laisser les plantes griller au soleil printanier, bien qu'il faille leur dispenser le maximum de luminosité. Evitez si possible les températures extrêmes dans la serre en utilisant un thermostat sur votre source de chaleur et des auvents à sonde calorifique qui s'ouvrent et aèrent la serre dès que la température commence à monter. Tout du moins, placez un thermomètre de couche dans le sable de votre tablette ou surveillez régulièrement votre miniserre ou le rebord de fenêtre.

• Acclimatez progressivement les plantules à l'extérieur. Si vous utilisez des coffres non chauffés, augmentez petit à petit la durée d'ouverture des châssis durant la journée et laissez-les ouverts durant les nuits nuageuses, lorsque le temps n'est pas à la gelée. Si vous ne possédez pas de coffres froids, sortez les plants quotidiennement dans un coin protégé, en les rentrant pour la nuit. Prenez soin de ne pas laisser le vent les abîmer, car la brûlure du vent est aussi néfaste que le froid ; prêtez attention également à la chaleur de la mi-journée. Ensuite, laissez-les dehors toute la nuit s'il n'y a pas de risque de gelée.

La mise en place

• Ratissez le terrain en l'émiettant et épandez un engrais à libération lente quelques jours avant la mise en place.

• Lorsque tout risque de gelée est écarté, trempez les contenants dans de l'eau, puis retirez les plantes avec leur motte de terreau avant de planter et d'étiqueter.

• Espacez vos plantes un peu moins que la distance préconisée. La compétition favorise des tiges allongées et droites qui sont parfaites dans les bouquets et vous pourrez ainsi cueillir les fleurs à votre gré sans créer de trou dans les plates-bandes.

Semer directement en place

• De nombreuses annuelles rustiques peuvent être semées directement au jardin. Certaines, comme la plupart des coquelicots et des lupins, qui ne supportent guère la transplantation, sont de préférence semés directement en place. D'autres comme l'aneth, l'ammi, le pied-d'alouette, les soucis, la scabieuse annuelle, le bleuet, les tournesols et le buplèvre annuel, peuvent aussi prospérer à partir d'un semis direct qui demande moins de soins et de temps.

• Si possible, commencez à préparer le sol plusieurs semaines avant de procéder au semis. Bêchez en enfouissant les mauvaises herbes, de la matière et de l'engrais organiques. Evitez de pailler cette parcelle, car vous auriez à retirer ce paillis pour procéder au semis. Lorsque vous êtes prêt à semer, préparez un bon lit aux semences en émiettant bien la surface avec le dos d'un râteau ou une serfouette.

• Semez en lignes droites, ondulées ou en zigzag. (Les plantules alignées sont plus faciles à distinguer des mauvaises herbes.)

• Conservez la parcelle propre en permanence, sans mauvaises herbes qui priveraient les plantules d'une partie de leur air, de leur humidité et de leur fumure.

• Eclaircissez les plantules à une distance inférieure à celle préconisée sur le sachet. Les plantes seront un peu serrées et en concurrence avec leurs voisines, mais vous pourrez ainsi cueillir les fleurs sans inconvénient.

Le repiquage

1 *Avec un crayon ou un petit plantoir déterrez une touffe de plantules de la terrine. Divisez-la avec précaution en plantules individuelles, en essayant de conserver un maximum de terreau attaché aux radicelles. Avec votre crayon, faites un trou dans le terreau d'un godet et disposez-y les racines de la plantule.*

2 *Tassez le terreau autour de la plantule et arrosez pour éliminer les poches d'air. Etiquetez. Replacez les repiquages sur la tablette de la serre durant une à deux semaines pour leur bonne reprise, car les racines sont fragilisées après le repiquage.*

3 *Ces repiquages sont alors prêts à être entreposés dans un endroit protégé du froid mais peu chauffé. Si vous possédez un châssis froid, placez-les dedans. Sinon, alignez-les chaque jour dans un coin protégé du jardin et rentrez-les la nuit.*

La plantation

Creusez un trou ample avec un transplantoir, mélangez au fond de la matière organique et placez la plante dans le trou. Tassez la terre doucement autour avec vos doigts et arrosez abondamment.

Le semis direct

1 *Matérialisez les lignes ou les emplacements à semer avec du sable d'une couleur claire, contrastant avec votre terrain. A l'aide d'un transplantoir, du dos d'un râteau ou d'une serfouette, tracez un sillon de la profondeur indiquée au dos du sachet de graines. Epandez un peu de sable au fond du sillon afin d'augmenter le drainage. Semez dans le sillon.*

2 *Ramenez de la terre sur le sillon, mais ne tassez pas; recouvrez avec du sable clair afin de vous souvenir de l'emplacement des graines et aussi pour faciliter le désherbage et l'arrosage. Arrosez, en utilisant une pomme d'arrosoir fine. N'oubliez pas d'étiqueter en inscrivant le nom et la date du semis.*

Prélever des boutures à la base des plantes

• Prélever une jeune pousse latérale sur un pied mère est une manière facile de se constituer un stock. C'est au printemps qu'il faut détacher des boutures sur les plantes vivaces comme les campanules, les delphiniums et les phlox...

Employez une lame propre et bien aiguisée afin de prélever des pousses vigoureuses à la base des plantes. Par la suite, la méthode à suivre est la même que pour les boutures aoûtées (voir p. 39).

• L'atmosphère doit être chaude et humide, lumineuse mais sans soleil direct, pour que les boutures ne pourrissent pas. Laissez-leur deux à trois semaines pour s'enraciner convenablement.

La mise en végétation des tubercules et les boutures à talon

• Si vous achetez des tubercules, ne les laissez jamais dans leur emballage en plastique. Même si les sacs sont percés de trous d'aération, les tubercules risquent de pourrir.

• Détectez la moindre trace de maladie sur les tubercules, en particulier autour de la tige, et vérifiez bien l'absence de pourriture ou de gale. Si les dégâts sont limités, supprimez les parties atteintes ; sinon, débarrassez-vous des tubercules.

• Pour une floraison hâtive, mettez en végétation sous abri les bulbes peu rustiques comme les dahlias et *Cosmos atrosanguineus,* six semaines environ avant les derniers froids. Placez les tubercules dans des pots et recouvrez de 10 à 15 cm de compost humide. Plantez-les dehors lorsque les dernières gelées sont passées.

• Si vous souhaitez prélever des boutures à talon, placez les tubercules dans une caissette peu profonde et recouvrez-les d'une fine couche de compost humide; ainsi, vous pourrez voir, lorsque les nouvelles pousses atteindront 5 cm, les feuilles se développer. Si vous les enterrez plus profondément, les pousses, lorsqu'elles apparaîtront, seront trop longues pour être bouturées.

• Prélevez sur chaque tubercule les plus petites pousses : elles s'enracineront plus rapidement que celles qui sont plus développées. Otez les feuilles de la base et placez la bouture dans un pot rempli de compost humide. Placez dans une miniserre et recouvrez d'un film plastique jusqu'à l'enracinement. Alors, les nouvelles plantes peuvent être rempotées.

Les plantations de printemps

• Commencez à planter les bulbes et cormes à floraison estivale, les nouvelles plantes vivaces et les arbustes peu rustiques.

• Plantez les colchiques et les nérines dès le milieu du printemps (voir p. 41). Plus tôt ils sont plantés, mieux se formeront des racines capables d'offrir une belle floraison pour les cueillettes d'automne.

• Plantez les cormes de glaïeuls par vagues successives, toutes les deux semaines, afin d'obtenir des récoltes échelonnées de l'été jusqu'à l'automne.

• Les perce-neige et les aconits d'hiver s'installeront et se propageront plus rapidement si ces bulbes sont plantés juste après leur floraison.

• Plantez les vivaces avant le printemps pour leur permettre de développer leurs racines avant la mise à fleur.

• Plantez les arbustes qui craignent le froid, tels que le romarin et les camélias, en fin d'hiver, ils seront ainsi bien acclimatés pour résister à l'hiver suivant. Vous pourriez en effet perdre ces plantes si vous les mettez en place trop tôt dans l'année ou juste avant l'hiver (voir également p. 40).

La taille et l'entretien des clématites, des arbustes et des rosiers

• Reformez par une taille soignée les plantes qui sont devenues difformes, qui ont été mal coupées ou trop mises à contribution pour les bouquets.

• Taillez toutes les branches mortes, endommagées ou malades, qui nuisent à la santé de la plante. En coupant branches et rameaux à un tiers de leur longueur, on permet à la plante de produire de nouvelles pousses plus vigoureuses.

• Utilisez une scie à élaguer pour les grosses branches et un sécateur bien affûté pour le reste. Les sécateurs mal entretenus meurtrissent les tiges.

• Rabattez les clématites à floraison tardive au milieu de l'hiver. Taillez au-dessus du deuxième bourgeon. Si vous attendez pour agir, vous décalerez la floraison.

• Taillez sévèrement les arbustes qui ont tendance à former du bois et à se dégarnir à la base. Les armoises arbustives et le romarin, par exemple, préfèrent une taille de printemps. Ils produisent presque immédiatement de nouvelles pousses sur le vieux bois dur et forment ainsi un arbuste de plus belle allure. Beaucoup taillent les lavandes en même temps, mais il est préférable de nettoyer ces plantes en cueillant leurs fleurs, ou encore juste après leur floraison.

• Coupez, à deux ou trois yeux, les branches latérales des arbustes à floraison hivernale ou de début de printemps comme les cognassiers du Japon.

• Lorsque vous taillez des rosiers à grosses fleurs ou à fleurs en bouquets, commencez par supprimer les branches abîmées par le froid. Vous aurez à en ôter encore au début du printemps s'il y a des froids tardifs. Enlevez les gourmands à la même époque en les coupant aussi près que possible de la racine.

• Taillez toujours les branches de rosiers en biais. La pluie s'écoule ainsi immédiatement et ne séjourne pas sur la coupe, ce qui encouragerait maladies et parasites.

• Taillez juste au-dessus d'un œil dirigé vers l'extérieur afin d'inciter la nouvelle pousse à grandir loin du centre. Choisissez un bourgeon avec deux ou trois autres bourgeons en dessous : s'il se révèle peu vigoureux, les autres pourront prendre le relais.

• Malheureusement pour les personnes qui apprécient le jardinage biologique, il est souvent nécessaire de traiter les rosiers et les autres plantes sensibles aux pucerons, au marsonia et à l'oïdium comme les dahlias et *Euphorbia characias,* et ce toutes les deux ou trois semaines à partir du printemps.

Diviser les plantes vivaces

Après deux ou trois ans d'existence, la plupart des plantes vivaces ont suffisamment prospéré pour qu'il soit possible de diviser leur souche en autant de sujets viables. C'est d'ailleurs souvent une opération plus que nécessaire. Lorsque les touffes deviennent trop grosses, la lumière a bien du mal à éclairer les feuilles les plus centrales ou bien, dans le cas des iris, les rhizomes du milieu des souches ne sont plus cuits au soleil (pour les iris des jardins, voir *Planter les bulbes et les rhizomes d'iris,* p. 38). La floraison des vivaces jamais divisées est moins abondante : les vieux tissus végétaux situés au centre peuvent mourir, ce qui nécessite leur suppression pour régénérer la plante.

- Déterrez la touffe entièrement – et pas seulement les parties extérieures – avec une fourche-bêche. Prélevez suffisamment de terre alentour pour ne pas meurtrir les racines.
- Divisez les couronnes les plus denses avec une pelle-bêche aiguisée. Récupérez les parties saines situées en périphérie de la touffe, choisissez quelques belles racines et débarrassez-vous de la partie centrale de la couronne.
- Insérez deux fourches-bêches dos à dos au centre des touffes à racines fibreuses afin de les diviser ; avec un effet de levier vous viendrez à bout des espèces les plus coriaces.
- Faites en sorte que les trous de plantation soient préparés à l'avance pour livrer rapidement à la terre ces racines divisées. Replantez-les en utilisant une bonne terre de jardin enrichie d'engrais à libération lente. Vous provoquerez peu d'arrêt dans leur végétation si vous les laissez à l'air le moins longtemps possible (voir aussi *En automne,* p. 41).

Pailler, tuteurer et nettoyer

Lorsque le temps s'adoucit et que vous voyez vos plantes repousser de la base, le moment est venu d'épandre le paillis annuel, de préparer le tuteurage des plantes les plus instables et d'effectuer un nettoyage général du jardin.

- Etalez un paillis de matière organique dès que la terre commence à se réchauffer. Ne paillez pas juste après les grands froids car cela ne ferait que piéger le gel installé dans le sol. Vous pouvez utiliser des écorces de pin, du fumier bien décomposé ou votre compost. Etalez ces matériaux en un tapis de 5 cm d'épaisseur. Votre jardin paraîtra, d'un coup, propre et net. Le paillage améliore la structure du sol et lui apporte des éléments fertilisants indispensables. L'évaporation de l'eau est également limitée, ce qui est fondamental en pleine chaleur, l'été, lorsque les annuelles à végétation rapide ont besoin de beaucoup d'eau. Le paillage permet aussi de lutter contre les mauvaises herbes. Les graines des adventices annuelles de l'année précédente ont à se frayer un passage à travers ce matelas supplémentaire et meurent d'épuisement. De même, les graines de mauvaises herbes arrivant sur le paillis grossier ont bien du mal à y germer. Evitez de pailler les plantes qui prospèrent dans les sols pauvres comme l'aneth et les iris d'Alger, au risque de les faire pousser en feuilles au détriment de la floraison.
- Tuteurez les plantes hautes comme les delphiniums et les érémurus à l'aide de cercles que vous placerez à mi-hauteur avec des branches de noisetier autour de chaque touffe. Lorsque les épis les plus grands s'élèvent trop, maintenez-les avec des tuteurs plus hauts. Nouez des ficelles ou des fils de Nylon, de tuteur en tuteur, afin de former un maillage de maintien invisible.
- Les plantes à tête lourde comme les pivoines, les alstromères et les phlox sont plus facilement maintenues par un entrelacs de branches de noisetier. Enfoncez ces dernières dans le sol pour former une armature consolidant la moitié de la hauteur des plantes adultes. Celles-ci pousseront rapidement en cachant ce corset.
- Coupez toutes les tiges conservées comme décor hivernal ou les parties mortes, laissées en place par souci de protection contre le froid, lorsque les fortes gelées ne sont plus à craindre.

En été

Vous pouvez maintenant vous asseoir et apprécier votre jardin. La plupart du temps, durant l'été, les travaux se limitent à un entretien de tous les jours. Vous devrez veiller à arroser régulièrement, à tuteurer, désherber, nourrir et cueillir. N'attendez pas pour effectuer ces petits travaux tout d'un coup, essayez plutôt de vous y mettre dès que vous en voyez la nécessité.

Arroser et nourrir

- Des arrosages et apports d'engrais réguliers et généreux sont indispensables pour un jardin dense et productif.
- Arrosez en début ou en fin de journée pour éviter de perdre trop d'eau par évaporation.
- Arrosez de préférence le matin les plantes sensibles à l'oïdium comme les delphiniums, les asters, les phlox et les rosiers : si vous les arrosiez dans la soirée, leur feuillage resterait humide toute la nuit, ce qui favoriserait l'oïdium.
- Un bon apport d'eau trois fois par semaine est préférable à un petit

arrosage quotidien. Lorsque l'arrosage est léger, la plus grande partie de l'eau s'évapore rapidement. Ce qu'il reste d'eau ne permet alors que le développement en surface de fines racines vulnérables. Avec un arrosage abondant et régulier, l'eau pénétrera mieux et les racines pousseront profondément en terre pour y chercher l'humidité. Ces racines, plus longues et plus vigoureuses, aideront les plantes à supporter la sécheresse.

• Aidez les plantes annuelles à se développer grâce à des fertilisations régulières en surface. Je laisse toujours un sac de toile rempli de fumier tremper dans un tonneau récupérateur d'eau de pluie. J'obtiens ainsi un engrais organique riche, à utiliser en surface.

Désherber

• Désherbez souvent : en fin d'hiver, lorsque tout repousse, les mauvaises herbes livrées à elles-mêmes, ne serait-ce qu'une semaine ou deux, peuvent envahir un jardin entier.

• Débarrassez-vous des mauvaises herbes vivaces comme le chiendent, le liseron et l'herbe-aux-goutteux par un traitement localisé. Choisissez un jour calme, sans vent, et traitez chaque adventice individuellement avec un désherbant à base de glyphosate. Masquez les végétaux poussant à proximité des plantes à traiter grâce à des panneaux légers de bois, de plastique ou de métal. Attendez six heures avant d'arroser pour que se fasse l'absorption du produit chimique. Après une semaine ou deux, vous vérifierez s'il y a de nouvelles pousses. Dans ce cas, répétez l'opération.

• Si vous constatez dans un massif une prolifération importante de mauvaises herbes pérennes, déterrez chaque plante précieuse poussant dans cette zone sensible. Lavez les souches afin d'ôter le moindre brin de mauvaise herbe et replantez ailleurs. Ensuite, traitez toute la surface contaminée. Cette solution est drastique mais justifiée par l'importance du problème.

• Eradiquez les adventices annuelles, comme le séneçon, le mouron des oiseaux, la véronique, le chénopode et le gratteron, dès qu'elles apparaissent. Ne les laissez pas pousser en pensant vous en occuper plus tard : elles auraient déjà fleuri, produit et dispersé leurs graines. Rappelez-vous qu'un seul pied de chénopode peut produire 70 000 graines en une année !

Tuteurer

• Tuteurez les grandes annuelles et bisannuelles comme les plantes vivaces lorsque vous ne l'avez pas fait dès la fin du printemps. Les tournesols, le tithonia, l'onopordon, l'aneth, la molucelle et l'ammi font partie de ces plantes qui ont besoin de corsets de branchages ou de tuteurs reliés par des ficelles.

Cueillir et ôter les fleurs fanées

• Continuez à cueillir, à ôter les fleurs fanées et les graines afin de prolonger les floraisons. Les delphiniums, les digitales et les autres vivaces formeront des tiges florales secondaires si vous supprimez la tige principale; les violas fleuriront durant plusieurs mois si leurs capsules de graines sont supprimées. Les rosiers remontants comme 'New Dawn', 'Felicia' et 'Iceberg' produiront des nouvelles pousses si vous rabattez leurs tiges au-dessus d'un bourgeon vigoureux.

Prélever des boutures aoûtées

Si vous souhaitez implanter une grosse population d'une de vos plantes favorites, ou souligner une allée du jardin avec des lavandes ou des romarins, l'été est le moment idéal pour prélever des boutures aoûtées.

• Choisissez une plante vigoureuse et saine dont vous vous servirez comme pied mère. Soignez-la par un traitement spécial d'arrosages et d'engrais pour qu'elle soit prête – c'est-à-dire garnie de nombreuses nouvelles pousses – au moment d'y prélever les boutures.

• Prélevez l'intégralité de chaque pousse, en la coupant ou en la détachant soigneusement avec un talon, et stockez-la immédiatement dans un sac en plastique fermé pour limiter la perte d'eau. Placez les boutures en pot dès que possible.

• Etiquetez chaque pot avec mention du nom de la plante et la date.

• Vous pouvez placer plus d'une bouture par pot, pourvu qu'elles ne se touchent pas.

• Encapuchonnez chaque pot avec un film plastique afin de retenir l'humidité. Mais attention, les boutures ne doivent pas toucher le plastique, cela pourrait provoquer des pourritures.

• Surveillez les boutures et arrosez régulièrement. Evacuez toute bouture présentant des signes de flétrissement, de maladie ou de pourriture, car elle pourrait infecter ses voisines.

Semer et planter les bisannuelles

• Les plantes bisannuelles comme la julienne des jardins, les giroflées et les pavots d'Islande apprécient les semis effectués directement en place, en été (voir p. 34 et 35).

• Plantez les bisannuelles semées plus tôt comme les œillets de poète et les digitales blanches, en lignes, sur un terrain bien préparé ; elles grossiront ainsi durant l'été.

Planter les bulbes et les rhizomes d'iris

• Vous pouvez encore planter les bulbes à floraison automnale au tout début de l'été.

• Plantez les bulbes à floraison printanière comme les narcisses, les cyclamens, les érythroniums, les scilles et les chionodoxas ; ils profiteront

Faire des boutures aoûtées

1 *Réunissez le matériel : des pots de 8 à 10 cm de côté, de la poudre d'hormone d'enracinement, un bol d'eau, des sécateurs, un couteau, un plantoir, des sachets en plastique, des petits tuteurs, du ruban adhésif, un arrosoir et des étiquettes. Préparez une bassine de substrat (terreau, tourbe et sable mélangés à un engrais à libération lente) et un seau de vermiculite ou de sable grossier. Dans un troisième contenant, mélangez un tiers de vermiculite et deux tiers de substrat. Remplissez les pots avec ces mélanges.*

2 *Détachez délicatement des pousses latérales non fleuries de 8 à 10 cm sur le pied mère. Rassemblez les boutures dans un sac en plastique. Sur une table, ôtez les feuilles et les pousses sur les deux tiers inférieurs de chaque bouture. Pincez son extrémité, trop tendre. Coupez proprement, en biais, juste en dessous de la pousse de l'année. Trempez la base dans de l'eau puis dans l'hormone de bouturage; secouez pour éliminer l'excès de poudre. Avec un fin plantoir faites un trou dans chaque pot et placez la bouture en enterrant son tiers inférieur. Tassez le substrat et arrosez copieusement.*

3 *Afin de maintenir l'humidité, placez un petit tuteur à chaque coin du pot et recouvrez d'un sachet en plastique maintenu grâce au ruban adhésif. Déposez dans la serre ou sur un appui de fenêtre, au chaud mais pas au soleil.*

4 *Au bout de deux semaines à un mois, dépotez pour juger du bon enracinement. Si les racines sont vigoureuses, il est temps de rempoter individuellement dans un mélange frais de vermiculite et de substrat. Faites un trou avec le doigt, plantez puis tassez autour. Arrosez afin de supprimer les poches d'air.*

5 *Replacez les plantes dans la serre ou sur le rebord de fenêtre durant deux à trois semaines, sans couvrir du sac plastique. Ensuite, déplacez dans un châssis froid ou un endroit plus frais jusqu'à la plantation, au printemps.*

ainsi de deux ou trois mois supplémentaires en place. Ils formeront ainsi un système racinaire plus important et fleuriront plus abondamment. (Pour la technique de plantation, voir p. 40 et 41.)

• Divisez et replantez les iris des jardins (*Iris germanica* hybrides). Cette plante est particulière car elle préfère être divisée en été. Après sa floraison, déterrez ses rhizomes et supprimez le centre des touffes, dépourvu de feuilles. Récupérez les rhizomes terminaux, taillez racines et feuilles et replantez à la surface du sol, face au soleil, en pleine chaleur, pour une floraison l'année suivante (voir également p. 159).

Planter les annuelles à floraison tardive

• Alors que les giroflées, les pavots d'Islande, les œillets de poète et les pois de senteur finissent leur cycle, remplacez-les par des fleurs tardives préparées dans un coffre froid : *Nicotiana sylvestris,* rudbeckias, zinnias, tithonia, amarantes et *Euphorbia marginata.* Supprimez pour cela les plantes défleuries, enrichissez le sol et replantez (voir p. 34 et 35).

En automne

L'automne, comme le printemps, est une période très active. Il y a de nombreux bulbes à planter et de nouvelles mises en place à effectuer ; le jardin doit être préparé pour affronter l'hiver. Il faudra également réaliser nombre d'autres petits travaux si vous avez quelques heures à y consacrer de temps à autre ; ce sera par exemple transplanter un lot de bisannuelles ou planter un sachet de bulbes. Effectuez le maximum de ces travaux tant qu'il est agréable de rester au grand air.

Les plantations d'automne

Pour de nombreuses plantes, la dépense d'énergie pour fleurir est amoindrie à cette époque, mais elles ne sont pas encore au repos. Cela veut dire que les vivaces, arbustes et arbres justes plantés vont émettre des racines avant d'être ralentis par l'hiver. Les plantations d'automne sont faites pour les végétaux parfaitement rustiques comme les alchémilles, les épiaires et les astrances qui, même jeunes, survivent au grand froid.

• Plantez bien avant que le froid ne s'installe, car il fragilise les minuscules racines, si importantes pour l'approvisionnement en eau.

• Humidifiez bien les mottes avant toute plantation en immergeant les pots dans une brouette remplie d'eau. Lorsque les bulles d'air se font rares, tout le compost est bien humide. Juste après la plantation, arrosez généreusement pour tasser la terre.

• Creusez toujours des trous de plantation de bonne taille afin d'étaler correctement les racines de chaque plante. Ne les comprimez pas dans un trou trop étroit, ce qui risquerait de retarder la végétation, ou même de perdre la plante. Mélangez un engrais organique dans le fond du trou et mêlez-le à la terre de remblai autour des racines.

• Pour un grand sujet, tassez le sol avec votre talon pour éviter les poches d'air néfastes. Pour les petites plantes, utilisez vos mains.

• Déplacez dans leur massif définitif, en début d'automne, les bisannuelles semées durant l'été. Elles pourront ainsi s'installer et pousser quelque peu avant les grands froids. Déterrez-les individuellement, en essayant de leur conserver une motte intacte pour ne pas perturber les fragiles radicelles. Arrosez et conservez humide.

Planter et soigner les bulbes

Les bulbes permettent une succession de floraisons et constituent l'attrait principal du jardin de l'hiver au printemps. Certains jardiniers déplantent leurs bulbes tous les ans et les font mûrir hors terre tandis que d'autres les traitent comme des plantes saisonnières et les jettent après leur floraison. Ils se donnent beaucoup de travail et dépensent de l'argent, inutilement à mon sens : en ce qui me concerne, je laisse mes bulbes en terre et me réapprovisionne tous les deux ans pour en planter de nouveaux de part et d'autre du rang originel.

• Ayez en tête la date de floraison de vos bulbes au moment du choix et de la plantation. Vous pourrez ainsi composer un décor sans cesse renouvelé de fleurs dès le début de l'année et durant plusieurs mois.

• Préparez soigneusement le terrain avant de planter. Les bulbes, en règle générale, aiment les sols riches en humus et très bien drainés. Apportez de la matière organique et du gravillon, ou bien du sable grossier, en fonction de la nature de votre sol. Le mien est lourd et argileux ; je répands donc du sable grossier puis du fumier bien décomposé sur la surface à préparer ; ensuite, je bêche pour enfouir.

• Enfoncez aux extrémités des rangs et avant plantation des grandes étiquettes en bois, colorées d'une peinture brillante. Placez-en une à chaque extrémité de ligne de plantation pour matérialiser celle-ci d'un bout de l'année à l'autre.

• Essayez de mettre en place vos bulbes dès qu'ils sont en votre possession. A l'exception des tulipes (voir p. 41), le plus tôt est le mieux. Si vous ne pouvez planter immédiatement, sortez les bulbes de leur sac pour éviter toute pourriture ; conservez-les dans un endroit sombre et froid. Traitez-les avec une poudre fongicide si vous devez les conserver un certain temps.

• Repérez les traces des vieilles racines sur les cormes de cyclamens. Elles vous indiqueront le sens de plantation.

• Plantez les pattes d'anémones en plaçant leur partie plate à l'horizontale, mais ce n'est pas capital. Si vous disposez de place, installez-les par groupes pour un effet coloré et spectaculaire au lieu de les disperser par petites touches. Creusez un trou large et placez trois ou quatres pattes côte à côte.

• Attendez les premiers grands froids pour planter les tulipes, afin d'éviter les problèmes de pourriture bactérienne. Plantez-les la pointe dirigée vers le haut.
• Tassez avec votre paume après la plantation. Si le temps est sec ou que la terre s'assèche dans les deux semaines suivant la plantation, arrosez copieusement. Ne piétinez pas le sol par la suite sous peine de casser le bourgeon des bulbes en végétation.
• Si vous désirez naturaliser des bulbes dans l'herbe, tondez puis décapez un cercle de pelouse et utilisez un plantoir à bulbes pour former une carotte de 5 à 8 cm de profondeur dans le sol. Placez le bulbe dans le trou, rebouchez et replaquez l'herbe. Si vous souhaitez implanter les bulbes de façon plus naturelle, prenez une poignée de cailloux clairs ou des éclats de marbre. Jetez-les sur toute la surface de la pelouse, et plantez un bulbe à l'emplacement de chaque pierre.

Forcer les bulbes

Quel bonheur d'apprécier la beauté de divers bulbes, disposés dans toute la maison afin d'ensoleiller un sombre jour d'hiver ! Pour obtenir un tel effet, vous devrez forcer ces bulbes à fleurir plus tôt. Nombre de bulbes de printemps comme les somptueux *Iris reticulata,* pourpres, et *Iris danfordiae,* jaune bouton-d'or, les narcisses 'Paper White' et 'Soleil d'Or', merveilleusement parfumés, mais également les différentes jacinthes, les tulipes, les scilles, si délicates, et les muscaris, se prêtent bien au forçage. Commencez des plantations successives en début d'automne et vous obtiendrez des fleurs tout l'hiver et jusqu'au printemps.
• Placez les bulbes dans des pots en plastique qui peuvent s'insérer dans des contenants en céramique ou en terre cuite. Lorsqu'une potée devient inesthétique, remplacez-la par une potée fraîche.
• Après la mise en pot, maintenez le substrat frais, et placez le tout dans un endroit frais et sombre. Traditionnellement, les bulbes étaient enterrés au pied d'un mur ne recevant jamais les rayons du soleil, mais un châssis froid et obscur suffit. Il faut encourager un bon enracinement avant l'apparition des feuilles et des fleurs. Les narcisses font exception, car il leur faut du froid mais pas d'obscurité pour démarrer.

La plantation des bulbes

1 *Préparez les bulbes, des piquets-étiquettes, de la ficelle tendue entre ces piquets, un transplantoir, une binette, du sable grossier, de l'engrais, un arrosoir et, si vous plantez dans l'herbe, un plantoir à bulbes.*

2 *Avec le transplantoir ou la binette, tracez le long de la ficelle un sillon profond de trois fois la hauteur des bulbes. Déposez-y une couche de sable épaisse, de la hauteur d'un bulbe, afin d'améliorer le drainage, et éparpillez des granulés d'engrais organique à libération lente.*

3 *Placez les bulbes à un écartement plus faible que ce qui est habituellement préconisé ; vous obtiendrez ainsi une bonne densité de fleurs à couper permettant d'en laisser pour le décor. Rebouchez le sillon et tassez doucement avec la paume de la main. Si le sol est sec, arrosez abondamment.*

• Rempotez vos bulbes en plusieurs vagues afin de prolonger la saison de floraison. Vous pouvez demander des livraisons échelonnées ; ou bien stockez les bulbes à l'abri du froid mais sans chaleur, au sec et à l'obscurité, en les étalant sans qu'ils se touchent, comme on le fait pour des pommes dans un fruitier.

Déplanter et diviser les vivaces

• Vous pouvez diviser les plantes vivaces avec succès en automne ou au printemps. Les plus rustiques seront mises en place directement. Pour les plus fragiles, il est prudent de chouchouter les nouveaux éclats de souche en les rempotant et les plaçant dans un châssis froid, protégés ainsi jusqu'au printemps (voir *En été,* p. 37, pour des conseils sur la division).

• Le sol peut se révéler plus sec en automne, aussi, afin de confectionner une belle motte bien compacte, arrosez bien la touffe avant de procéder à son extraction. Si les racines sont bien enrobées de terre, vous abîmerez peu les délicates radicelles et augmenterez les chances de reprise des éclats de souches.

Récolter et faire pousser graines et plantules

• La récolte des graines commence en été, mais elle est plus gratifiante en automne. Afin d'économiser chaque année sur l'achat des graines, vous pouvez en effet récolter les graines d'annuelles, sauf celles des hybrides F1 qui ne seraient pas fidèles au semis.

• Recueillez les capsules de graines lorsqu'elles deviennent brunes et sèches. Récoltez-les entières et stockez-les dans une enveloppe en papier marquée à leur nom. En hiver, lorsque vous avez du temps libre, ressortez-les. Les graines, bien sèches, seront aisément séparées des capsules. Eliminez le reste. Replacez-les dans les enveloppes et faites une liste par nom et quantité. Stockez à nouveau dans un local sec et froid jusqu'au moment de semer en terrines ou directement en place (voir p. 33 et 35).

• Déterrez les plantules d'annuelles rustiques qui se sont ressemées et replantez-les en lignes ou en taches. Les plantules de vivaces telles qu'alchémilles, lupins, euphorbes, astrances, *Eryngium giganteum,* buglosse et violas seront replantées de la même façon ou laissées en place.

• Livrez directement à la terre les graines de plantes annuelles rustiques comme les bleuets et les nigelles. Quelques-unes ne germeront peut-être pas, mais vous en obtiendrez certainement en suffisance. Ces plantes parviendront à maturité avant celles de semis de fin d'hiver et prolongeront la floraison.

Marcotter les arbustes

• Multipliez par marcottage les plantes comme l'hamamélis et le seringat qui forment des branches basses. Arquez tout simplement des branches vigoureuses et saines pour leur faire toucher le sol. Creusez une tranchée de 5 cm de profondeur sur 25 cm de long à partir du bout de la branche. Supprimez les feuilles et les pousses axillaires à l'exception de l'extrémité du rameau, puis fixez celui-ci dans la tranchée à l'aide d'un crochet improvisé en fil de fer. Recouvrez de terre et attendez la formation des racines. Au printemps suivant, sevrez la branche du pied mère : vous obtiendrez un rejeton indépendant. Un mois après, déterrez-le et replantez-le.

Prélever des boutures

• Lorsque vous déplanterez vos plantes vivaces peu rustiques pour les hiverner, prélevez également des boutures. Traitez-les comme les boutures aoûtées (voir p. 38 et 39). Vous devriez pouvoir ainsi compter sur nombre de plantes vigoureuses pour le printemps de l'année suivante.

• Prenez des boutures à talon sur les œillets vivaces en détachant délicatement une pousse latérale et une portion de la tige principale. Trempez-les dans de la poudre d'hormone, secouez l'excès puis placez dans un pot de compost sableux. Conservez ces boutures tout l'hiver dans un châssis clair et hors gel, puis rempotez au printemps avant la mise en place définitive.

Préparer le jardin pour l'hiver

• Supprimez les feuillages morts, taillez et paillez ou même déterrez les plantes fragiles pour les conserver à l'abri.

• Certaines plantes brunissent et se fanent ; taillez-les à ras de terre. Elles émergeront, bien vertes et fraîches, au printemps suivant, sans être gênées par les feuilles pourrissantes. Des plantes comme le *Stachys byzantina* et la plupart des euphorbes peuvent se transformer en bouillie informe dès que le froid les surprend. Ce sont celles qu'il convient de rabattre. Un jardin réduit ainsi à sa plus simple expression est parfois magnifique de propreté.

• Laissez certaines plantes pour que leur feuillage mort, leurs fleurs ou leurs graines sèches servent de décoration au jardin pendant tout l'hiver. Les chardons, acanthes et ails d'ornement notamment restent superbes toute la mauvaise saison.

• Raccourcissez les branches des rosiers arbustifs afin d'éviter les méfaits du vent (voir p. 36 pour la taille).

• Mettez en place des protections contre les froids les plus vifs. Certaines plantes semi-rustiques, arbustes, plantes vivaces, bulbes et tubercules demandent une couverture faite d'un matelas de feuilles, de paille ou bien d'une couche de compost pour protéger leur collet. Cela s'applique principalement aux plantes de climat méditerranéen ou californien, comme les artichauts, les agapanthes, les jeunes *Arum italicum* et *Helleborus argutifolius,* et aux arbustes persistants tels que céanothes, abutilons et jeunes magnolias ; assurez-vous de leur survie en utilisant des sacs de toile ou des tissus molletonnés. Faites en sorte de les emmitoufler dès le milieu de l'automne.

• Déterrez les tubercules fragiles comme ceux de *Cosmos atrosanguineus,* des dahlias et des agapanthes gélives, puis hivernez-les dans un local froid, mais hors gel, et sec. Ils ne doivent pas se toucher. Faites de même avec les penstemons et les sauges peu rustiques, en rabattant leur feuillage.

• Epandez une couche de fumier ou de compost « maison » sur la totalité du jardin et incorporez-le. Si votre terrain est lourd, laissez toutes les grosses mottes intactes ; elles seront émiettées par l'action du froid et vous n'aurez pas à vous acharner dessus. Allégez votre sol en dispersant du gravillon fin ou du sable grossier. Ne marchez jamais sur un sol fraîchement labouré sous peine d'annihiler tous vos efforts pour améliorer sa structure. Posez une planche et marchez dessus.

En hiver

En hiver, les travaux sont réduits. Un des plaisirs de cette saison consiste à effectuer son choix dans les catalogues de graines. Essayez de commander au plus tôt pour être sûr de la disponibilité de toutes les références. Mais prenez garde, si vous êtes séduit à l'idée de cultiver tant de belles plantes dans votre jardin, de ne pas commander en excès. Songez au temps que vous devrez leur consacrer ainsi qu'à la place dont vous disposez dans la serre ou sur le rebord de votre fenêtre.

Faire des boutures à bois sec

• Vous pourrez multiplier beaucoup d'arbres et d'arbustes en prélevant des boutures de bois. Commencez avec les lierres et les saules dont toutes les boutures ne manqueront pas de s'enraciner. Ensuite, attaquez-vous à des essences plus difficiles, comme les cornouillers et les camélias, qui ont de moins bonnes prédispositions. Coupez des branches ligneuses, qui peuvent atteindre 1,20 m à 1,50 m de long dans le cas des saules. Plantez-les dans un terrain bien ameubli et amélioré avec du sable grossier. Pour les lierres, coupez une branche traînante en portions comportant trois à quatre feuilles chacune. Insérez ces boutures dans un bon compost sableux et placez-les dans un châssis froid pour l'hiver. Si aucune racine ne s'est développée au printemps, rentrez-les dans la serre pour les doper. Procédez de même pour les plantes récalcitrantes.

Faire des boutures de racines

• Prélevez des boutures de racines lorsque les plantes sont au repos en hiver ; ainsi, les plantes mères et les rejetons bénéficient de quelques mois pour se refaire une santé avant de prospérer la saison suivante. C'est la meilleure méthode pour propager les anémones du Japon (*A.* x *hybrida* et *A. hupehensis*), la pulsatille, la plupart des eryngiums, les acanthes et les variétés de pavots d'Orient. Signalez par une étiquette l'emplacement de la souche à multiplier dès l'automne, car ses feuilles seront invisibles l'hiver venu : ainsi vous la localiserez aisément. Déterrez entièrement la souche avec précaution : en utilisant un couteau bien affûté, découpez des tronçons de racines de 8 cm de long, ten tranchant un bout à 45° afin de repérer haut et bas.

• Ayez des pots remplis de substrat à portée de la main, car les boutures ne doivent pas sécher. Rassemblez un petit fagot de boutures et plantez-le dans le substrat en vous assurant de bien placer chaque élément dans le bon sens. Recouvrez de 2,5 cm de substrat et placez dans un châssis froid ou un endroit lumineux, à l'abri du gel. Replacez la plante mère.

• Au printemps, des pousses apparaissent sur les boutures. Vérifiez le bon enracinement et rempotez individuellement. Laissez-les ainsi jusqu'en automne, époque à laquelle vous les mettrez en place au jardin.

Semer

• Livrez à la terre les graines à germination longue. Le superbe *Lisianthus* pourpre foncé, par exemple, doit être semé en milieu d'hiver avec des graines fraîches si l'on désire le voir fleurir la même année.

• Si vous avez oublié de semer vos œillets de poète, lupins et roses trémières, faites-le maintenant sous châssis. Vous n'obtiendrez pas des plantes aussi robustes que celles plantées en fin d'été ou en automne, mais elles fleuriront tout de même cette année.

• Si vous n'avez pas semé vos pois de senteur cet automne en les maintenant sous châssis froid tout l'hiver, semez-les dès à présent pour qu'ils soient prêts à être plantés dehors au printemps. Pincez l'extrémité de leur tige pour obtenir des plantes robustes et ramifiées.

Tailler

• Voici venu le temps de tailler, de rééquilibrer et de nettoyer les arbustes caducs ainsi que les rosiers grimpants et arbustifs, en profitant de ce que leur silhouette est bien apparente. La plupart de ces grands arbustes, *Elaeagnus angustifolia,* seringats et l'imposante *Rosa moyesii,* apprécieront une taille d'hiver, tout comme les grimpantes exubérantes.

• Commencez par supprimer les rameaux morts, malades ou abîmés en les taillant à leur base. Ensuite, concentrez-vous sur les branches grêles et effilées. Supprimez également les gourmands, qui détournent l'énergie de la plante greffée au profit du porte-greffe.

• De temps à autre, reculez et jaugez la forme générale. Prenez soin de ne pas détruire le port élégant de certains arbustes, comme les rosiers botaniques, en supprimant plus d'un tiers de leurs tiges. Cependant, des arbustes vigoureux comme les lilas peuvent être rabattus sévèrement.

Composer ses bouquets

N'ayez aucune crainte, cette manière de procéder est accessible à chacun d'entre nous. Nul besoin d'équipement sophistiqué ou de techniques compliquées. Tout ce dont vous avez besoin est le sens des couleurs et de la mise en scène. Gardez à l'esprit quelques règles de base concernant la structure, les proportions et les couleurs ; suivez les conseils que je vous donne pour la coupe et le conditionnement des végétaux.

Essayez de recréer dans vos bouquets l'harmonie du jardin, toute de sérénité et de beauté : évitez la symétrie à tout prix ou l'excès de lignes dominantes verticales ou horizontales. Et n'oubliez pas qu'une composition florale ne doit pas nécessairement être placée dans un vase traditionnel ; vous pouvez créer des bouquets romantiques dans des vases-boules en mariant des vagues de fleurs et des feuillages, ou confectionner de grandes guirlandes, des médaillons à suspendre aussi bien à l'intérieur qu'à l'extérieur de la maison.

Vous pouvez élaborer des bouquets de taille moyenne, mais pourquoi ne pas oser des compositions gigantesques ou, au contraire, miniatures ? Un énorme vase de chatons de saule, de digitales ou de persil des fous offre un spectacle impressionnant. À l'opposé, avec une auricule veloutée – qui ressemble au visage d'un artiste de mime –, seule dans un vase, vous êtes assuré d'engendrer la bonne humeur. N'écartez aucune possibilité.

Les bleus, les verts, les blancs et les jaunes forment de magnifiques combinaisons apaisantes, mais songez aussi à mélanger des couleurs riches et vibrantes – les oranges, les pourpres presque noirs ou les cramoisis, les dorés ou le bleu-roi. Compensez leur intensité par du vert acide ou du gris. Ne vous arrêtez pas en si bon chemin. Créez des combinaisons éblouissantes en utilisant des contenants très colorés, afin d'associer des teintes heurtées telles que le rose fluorescent et le turquoise ou bien l'orange et le vert chartreuse. Avant tout, osez et laissez-vous porter par votre imagination.

Si vous limitez les genres de fleurs dans un même bouquet, vous pouvez sans hésiter multiplier les couleurs : des rouges, des jaunes, des pourpres, des bleus et des verts mélangés donneront des compositions étonnantes.

La coupe

La récolte offre la plus grande joie que puisse procurer un jardin de fleurs à couper. Ainsi, je remplis mes seaux de combinaisons colorées, variables à l'infini, rassemblant toutes les formes et tailles possibles. Vous pouvez aussi flâner parmi vos plantations, baigné d'odeurs, de textures et de couleurs que vous aurez fait croître et embellir, puis faire votre choix afin de décorer la maison selon votre humeur. Lorsque vous cueillerez vos fleurs, toutes vos inquiétudes se transformeront en fierté et en plaisir.

Si vous suivez quelques règles fondées sur le bon sens lors de la cueillette, vous profiterez longtemps des bouquets prélevés dans votre jardin.

Cueillez lorsque le temps est frais

Essayez de cueillir vos fleurs en début de matinée ou en soirée : ce sont les plus beaux moments de la journée, avant que les gouttes de rosée ne soient complètement évaporées ou lorsque les derniers rayons de soleil embellissent les couleurs du jardin. Dans la journée, en particulier pendant les mois d'été, les plantes perdent beaucoup de leur humidité à cause de la chaleur. Par conséquent, elles manquent probablement d'eau et risquent de faner après la coupe. Des plantes qui ont bénéficié d'une nuit entière pour réhydrater leurs tissus, en revanche, sont prêtes à supporter le choc de la cueillette. De la même manière, les plantes profitent de la fraîcheur du soir pour se revigorer.

Investissez dans un matériel bien choisi

Investir dans des ciseaux et des sécateurs de bonne qualité se révélera rentable au bout de quelques années de bons et loyaux services. Ils devront être très soigneusement aiguisés pour ne pas se bloquer en écrasant les tiges, ce qui endommagerait la plante. Si vous cueillez en abondance, investissez dans un chariot. Vous pourrez ainsi transporter facilement vos seaux dans tout le jardin.

Ne détruisez pas vos plantes

Si vous cueillez vos fleurs avec discernement, vous obtiendrez d'abondantes récoltes sans compromettre l'aspect esthétique du jardin. Essayez toujours de couper à l'arrière des arbustes et des grandes plantes vivaces. Ainsi, aucun trou disgracieux ne sera visible depuis l'allée. Pensez, en cueillant, à la forme générale de la plante et essayez de l'enjoliver au lieu de la défigurer. Avec les plantes cultivées en quantité, prélevez une ou deux tiges sur chacune des touffes au lieu de scalper une touffe entière.

Cueillez les fleurs en bouton

Mieux vaut cueillir des fleurs en bouton. Idéalement, elles doivent juste montrer leur couleur mais ne pas être complètement épanouies. Cherchez les tiges des plantes dont la plupart des fleurs sont à ce stade. Vous trouverez peut-être une ou deux fleurs plus avancées mais vous pourrez toujours les supprimer lors de la préparation.

Les dahlias, les zinnias et les roses constituent une exception à cette règle car leurs fleurs ne s'épanouissent pas à partir d'un bouton très fermé. Elles seront donc cueillies dès leur complet épanouissement (voir p. 96-163). A contrario, certaines fleurs, les camélias par exemple, s'épanouissent bien, même à partir des boutons les plus fermés.

Cueillez avec des longues tiges

Dans l'ensemble, plus longues seront les tiges, plus vous aurez de facilité à utiliser les fleurs. Coupez chaque tige au plus près du sol ou à l'aisselle d'une branche principale afin de mettre à profit la hauteur naturelle des plantes. Pour une composition très en relief, choisissez aussi bien des rameaux tordus que des tiges très droites.

Laissez du feuillage aux plantes bulbeuses

Les bulbes constituent une exception à la règle. Ne coupez pas leurs tiges le plus long possible : en effet, ces plantes ont besoin de conserver du feuillage, afin d'emmagasiner par photosynthèse des réserves indispensables pour que le bulbe puisse passer la future saison en état de dormance. Si vous coupez les lis et les couronnes impériales au ras du sol, il ne leur restera plus de feuilles. Essayez donc de conserver un tiers du feuillage sur pied. Vous pourrez enlever tout le feuillage restant lorsqu'il aura fané et bruni.

Ne laissez pas les fleurs coupées sans eau

Une fois les végétaux cueillis, évitez de les laisser sans eau, en particulier pendant les fortes chaleurs. Certaines plantes, comme les pivoines, ne s'en remettraient pas et leurs boutons ne tarderaient pas à s'affaisser. D'autres plantes semblent ne pas souffrir du manque d'eau, mais leur durée en bouquet en est affectée. Conservez donc toujours un ou deux seaux remplis d'eau à portée de main lors des cueillettes.

Triez votre cueillette par taille

Si vous prélevez à la fois des tiges courtes et des tiges hautes, placez-les dans des seaux de taille différente, faute de quoi les fleurs les plus lourdes pourraient bien écraser les plus courtes et délicates. Si leurs pétales étaient abîmés ou trempaient dans l'eau, les fleurs ne vous seraient plus d'aucune utilité dans vos bouquets.

Supprimez tout de suite les feuilles de la base des tiges

Détachez les feuilles inférieures et les rameaux secondaires de chaque tige, puis jetez-les dans un récipient pendant votre cueillette. Vous diminuerez ainsi la surface d'évapotranspiration, donc le stress et les besoins en eau des fleurs fraîchement coupées. De toute façon, ces feuilles auraient été supprimées lors de la préparation du bouquet.

Pensez à vos compositions durant la cueillette

Lorsque vous faites votre cueillette, essayez de constituer des bouquets lâches en veillant aux équilibres de fleurs et de feuillages, de couleurs et de textures. Si vous avez de nombreux bouquets à composer, vous gagnerez ainsi beaucoup de temps en évitant les répétitions.

Ne vous en tenez pas à la cueillette classique

Faites appel à votre imagination. Vous pouvez, bien sûr, cueillir des fleurs et des feuillages courants pour composer de beaux bouquets. Mais recherchez aussi des éléments moins classiques. Mettez à profit les haies ou n'importe quelle partie plus sauvage du jardin où vous n'auriez pas tendance à aller. Cherchez les bourgeons intéressants, les capsules de graines, les rameaux vrillés ou de couleur inhabituelle, les baies et les cynorhodons pour accompagner, dans les bouquets, fleurs et feuillages. Soyez ouvert et expérimentez. Si une plante ne se conserve pas bien la première fois, essayez par la suite de cautériser sa tige (voir p. 48). En faisant vos propres expériences et découvertes, vous obtiendrez encore plus de satisfactions.

L'équipement pour la cueillette

Un seau profond, rempli d'eau au tiers, pour les tiges longues. Un seau peu profond, rempli d'eau au tiers, pour les tiges courtes. Un récipient vide pour les déchets de coupe. Un baquet ou un panier plat pour transporter les fleurs jusqu'aux seaux. Une paire de gants renforcés contre les épines des roses et des ronces. Des gants en caoutchouc pour couper les euphorbes et la rue. Un sécateur pour les tiges ligneuses. Une paire de ciseaux de fleuriste pour les tiges plus souples. Un couteau pliant ou un greffoir pour fendre les tiges et supprimer les épines.

La préparation des tiges

Préparez la base des tiges en supprimant les feuilles, les rameaux secondaires et les épines sur leur tiers inférieur. Jetez les déchets dans un récipient puis sur le compost. Triez vos fleurs par hauteur et disposez-les dans des seaux différents afin que les plus grandes et solides n'écrasent pas les plus petites et délicates.

Le traitement des tiges des roses

Supprimez les épines sur le tiers inférieur des tiges afin de ne pas vous piquer pendant la préparation et la composition du bouquet. Recoupez la tige en biais, puis entaillez-la verticalement sur 2,5 cm, ce qui augmente la surface d'absorption de l'eau et évite l'apparition d'un bouchon naturel sur la coupe fraîche. Vous sectionnerez de préférence en maintenant la tige sous l'eau pour empêcher la formation de bulles d'air.

La préparation

Une fois votre récolte rassemblée, placez-la dans un endroit frais, loin du soleil direct, près d'un évier ou d'une table. Laissez vos fleurs tremper toute une nuit ou toute une journée dans beaucoup d'eau : étant fraîchement coupées, elles s'abreuveront ainsi complètement. L'eau tiède est mieux absorbée que l'eau glacée. Vous pouvez y ajouter un conservateur pour fleurs coupées du commerce, qui contient des éléments nutritifs et des agents bactéricides. Cette préparation permet aux fleurs de mieux supporter la chaleur et la lumière excessives. Si vous recoupiez et composiez immédiatement votre bouquet, sa durée en serait réduite de plusieurs jours. Pour toutes les plantes, il y a des règles de base à suivre.

Supprimez les feuilles au-dessous du niveau de l'eau

Le niveau d'eau doit toujours être maintenu juste en dessous du bord du vase et toutes les feuilles situées sous ce niveau sont à éliminer. Toute feuille en contact avec l'eau pourrit rapidement, des bactéries se répandent et obstruent les tiges, réduisant ainsi la durée de vie des fleurs. L'abondance de feuillage affaiblit d'ailleurs les tiges : veillez donc à limiter le nombre de feuilles sans dénaturer l'esthétique générale. Mais ne les supprimez pas jusqu'en haut, car elles forment un écrin de verdure autour des fleurs. Cela n'est pas de mise pour la molucelle et le lilas, dont il convient d'ôter toutes les feuilles.

Recoupez toutes les tiges

Avant de laisser vos fleurs s'abreuver, vous devez recouper leurs tiges. Mieux vaut le faire en maintenant celles-ci sous l'eau afin d'éviter la formation de bulles d'air dans les fins vaisseaux des tiges. Coupez-les en formant un angle approprié : pour les tiges souples, biaisez légèrement les coupes afin qu'elles ne reposent pas au fond du vase sur toute leur surface ; pour les tiges ligneuses, coupez à 45° afin d'obtenir plus de surface d'absorption de l'eau.

Cautérisez les tiges aqueuses ou frêles

Lorsqu'une plante que vous affectionnez tout particulièrement semble s'étioler, même si vous l'avez mise à tremper aussitôt après la cueillette, il est bon d'essayer de cautériser le bout de ses tiges à l'eau bouillante. Cette technique est salutaire pour de nombreuses fleurs coupées sujettes à la pourriture, en particulier pour les fleurs aux tiges grêles ou débordant de sève (par exemple les euphorbes, le Smyrnium, les acanthes, les coquelicots, les hellébores, la vipérine et les roses trémières). Même les fleurs à tige épaisse mais non ligneuse

Cautériser les tiges grêles ou aqueuses
La vie en vase des fleurs à tige grêle ou à tige exsudant beaucoup de sève ou de latex peut être prolongée par une cautérisation à l'eau bouillante. Tout en protégeant les fleurs de la vapeur chaude, trempez les tiges récemment coupées dans l'eau bouillante durant 20 secondes. Puis plongez-les dans de l'eau tiède.

apprécient ce traitement. Dans le cas de l'euphorbe, cela permet aussi d'arrêter l'écoulement du lait, hautement allergisant, de ses tiges coupées (voir p. 96). Coupez les tiges, de préférence à l'aide d'un canif bien affûté, en formant un angle de 45°. Assurez-vous que les fleurs sont assez éloignées de la chaleur ainsi produite, soit en les courbant sur le côté du récipient, soit en les enveloppant dans une feuille de papier épais. Trempez les tiges dans 2,5 cm d'eau bouillante pendant environ 20 secondes. (Ne vous étonnez pas de voir des bulles se former à la surface de l'eau.) Ensuite, plongez immédiatement les tiges dans de l'eau tiède.

Si des fleurs fraîchement coupées montrent déjà des signes de flétrissement, ce qui arrive si souvent avec les roses du commerce, essayez de cautériser leurs tiges au plus vite, et elles se revigoreront presque toujours au bout de quelques heures.

Ecrasez les tiges ligneuses

L'extrémité des tiges ligneuses des arbres et arbustes (par exemple des lilas, des viornes, des cotinus, des seringats) doit être refendue. Ecraser à l'aide d'un marteau les derniers centimètres (de 2,5 à 5) de chaque tige permet d'augmenter la surface d'absorption de l'eau et évite la formation d'un bouchon empêchant la plante de s'abreuver. Une fois la base de la tige écrasée, celle-ci doit être plongée immédiatement dans un vase profond rempli d'eau tiède.

Ecraser les tiges ligneuses
Afin d'empêcher la formation d'un bouchon naturel et pour augmenter la surface d'absorption de l'eau, écrasez sur 2,5 à 5 cm l'extrémité de chaque tige avec un marteau ou un maillet. Ensuite, plongez-les dans de l'eau tiède.

Botteler les longues tiges grêles comme celles des tulipes
Si vous souhaitez obtenir des tiges bien droites, celles-ci doivent être soutenues durant la préparation. Enroulez une ficelle ou un ruban de fleuriste sur toute la hauteur des tiges puis enveloppez-les dans du papier kraft épais avant de les laisser tremper toute une nuit.

Bottelez les tiges fines et longues

Les fleurs à la tête lourde et aux longues tiges frêles (comme les tulipes ou l'aneth), de même que les plantes de serre (comme les gerberas) ont tendance à pencher après leur cueillette. Si vous ne faites rien pour y remédier, lorsqu'elles boiront l'eau durant la préparation, leurs tiges resteront fixées dans cette position courbée. Vous éviterez cela en bottelant les tiges afin de les maintenir droites.

Maintenez les tiges creuses

Les plantes à tige creuse et à grosses fleurs (par exemple amaryllis, lupins ou delphiniums) peuvent casser sous le poids des fleurs. Pour éviter cela, introduisez avec précaution un fin tuteur le plus loin possible dans la tige. Remplissez d'eau puis fermez l'extrémité avec un tampon de coton maintenu avec du ruban adhésif.

L'entretien des bouquets

Après la cueillette, la préparation et l'agencement des fleurs en bouquet, le moment est venu d'essayer de prolonger leur vie en vase. Pour cela, de la même manière que la préparation des fleurs coupées doit se faire dans un endroit frais, il faut tenir les bouquets éloignés de toute source de chaleur et de forte lumière. Des recherches ont démontré que les œillets maintenus à 10 °C vieillissent huit fois plus vite que ceux maintenus à 1 °C. Evitez donc de placer vos compositions près d'un radiateur, en hiver, ou en plein soleil, l'été.

Ajoutez des éléments nutritifs et un conservateur

Les fleurs coupées ont besoin de sucres, d'une substance pour acidifier l'eau et d'un agent bactéricide. Les sachets de conservateur pour fleurs coupées du commerce apportent ces trois constituants. Sinon, ajoutez quelques gouttes d'eau de Javel et une cuillerée à café de sucre dans le vase.

Assurez-vous de la pureté de l'eau

Les fleurs coupées durent plus longtemps dans de l'eau pure. Commencez par vérifier la propreté du vase (les bactéries se propagent dans de l'eau sale). Nous connaissons tous l'odeur nauséabonde dégagée par des fleurs coupées dont on n'a pas changé l'eau durant une semaine entière. Les bactéries agissent au niveau de la coupe des tiges, produisant une substance visqueuse qui bloque les vaisseaux conduisant l'eau jusqu'aux feuilles et aux fleurs, et la plante pourrit. Vérifiez le niveau d'eau tous les jours car les fleurs meurent rapidement avec trop peu d'eau au fond d'un vase. Pour cela, vous n'avez pas à détruire votre composition : placez simplement votre vase quelques minutes sous l'eau courante, puis ajoutez du conservateur. Profitez-en pour couper les fleurs fanées avec des ciseaux et redonner ainsi au bouquet toute sa fraîcheur.

Le choix du vase

Mariez vos fleurs à un vase dont la forme et la couleur soient en harmonie et vous aurez déjà à moitié réussi votre composition florale. Il est essentiel de posséder un assortiment de vases ou de pots (voir ci-contre). Je vous recommande un vase simple en verre transparent, très ventru, avec un col, de 20 à 30 cm de haut (voir p. 72) ; un vase de même forme ou une cruche de 45 cm de hauteur, pour de grandes compositions (voir p. 71) ; un haut vase droit ou à peine ventru de 20 à 30 cm de haut (voir p. 53) ; un haut vase étroit, pour une seule rose ou une tige de tabac géant (voir p. 82); au moins une ou deux coupes en céramique ou en verre, peu profondes, pour des centres de table (voir p. 62); quelques verres colorés pour de tout petits bouquets ou de belles inflorescences à placer sur la table de chevet ou le coin d'un bureau, ainsi qu'un ou deux vases de 2,5 à 5 cm destinés à un simple crocus ou une auricule (voir p. 56-57, 79).

Lorsque vous cultiverez encore plus de fleurs et de variétés, vous ressentirez le besoin de compléter votre collection de vases afin de varier vos compositions. Fréquentez alors les brocantes, les vide-greniers ainsi que les magasins d'importation et de verrerie.

La hauteur du vase

Pour qu'une composition florale ait des proportions harmonieuses, le vase doit avoir une hauteur allant de un tiers à la moitié de la taille de la plus haute fleur ou branche du bouquet. Si le vase est plus important, les fleurs donneront l'impression de se hisser pour en sortir. S'il est trop petit, la composition semblera prête à chavirer.

La couleur et le style

J'adore les couleurs éclatantes, contrastées : aussi mes compositions favorites font-elles souvent appel à des fleurs d'un rose très vif, dans des contenants en verre ou en céramique vert pomme. Quelques inflorescences de jacinthe 'Jan Bos', par exemple, se marient bien avec un contenant d'une couleur aussi forte, mais contrastée, pour produire un effet puissant et attractif. Un mélange subtil de fleurs plus délicates, comme des nigelles avec des bleuets ou des delphiniums avec des alchémilles, demande un vase plus discret.

De même, pivoines et roses seront particulièrement en valeur dans un vase recherché, alors que de simples fleurs sauvages s'accommodent, le plus souvent, de contenants sans prétention : en effet, le vase ne doit jamais écraser le bouquet.

Achetez un assortiment de vases *(page de droite) Choisissez la pureté du verre ou une matière au coloris neutre comme l'étain afin d'utiliser au mieux vos premiers vases, mais ne négligez pas des contenants plus colorés. Vous verrez vite quelles sont les formes, les tailles, les couleurs qui mettent en valeur vos fleurs et vos compositions préférées.*

Tiges trop longues *Ces tiges de cosmos donnent l'impression que le vase va tomber d'un instant à l'autre. Le manque d'équilibre est visuellement inconfortable.*

Tiges trop courtes *Certaines de ces fleurs semblent vouloir se hisser hors du vase. Une telle disproportion est à éviter.*

Tiges de bonne taille *Ces tiges sont deux à trois fois plus hautes que le vase. L'ensemble paraît stable et équilibré.*

Le matériel nécessaire

1 pain ou bloc de mousse artificielle dite « Oasis » (23 × 11 × 8 cm)
Ce support est utilisé par les fleuristes pour maintenir les tiges en place. Cette mousse se coupe facilement à la taille désirée et retient parfaitement l'eau si elle est longuement immergée. Intéressante dans les coupes basses.

2 boule de mousse artificielle dite « Oasis » de 20 cm de diamètre
Sert à créer des boules fleuries.

3 billes de verre
Elles maintiennent en place les tiges délicates, particulièrement dans les vases en verre. Il en faut assez pour remplir un tiers du vase.

4 pique-fleurs de trois diamètres (2,5 cm, 5 cm et 8 cm)
Pour maintenir en place des tiges de taille moyenne. (Utiliser les billes de verre pour les tiges plus fines et de l'Oasis entourée de grillage pour les tiges très grandes ou robustes.) Fixer le pique-fleurs au fond du vase avec du ruban adhésif de fleuriste avant de remplir d'eau.

5 pique-fleurs en verre
Pour maintenir en place les grosses tiges dans les coupes peu profondes. A fixer au fond du vase avec le ruban adhésif avant de remplir d'eau.

6 grillage simple de 30 cm de largeur
Entourez-en l'Oasis pour la confection de guirlandes et de globes, mais aussi pour maintenir les tiges en place dans les grandes compositions.

7 ruban adhésif de fleuriste (ruban de glu hydrofuge)
Pour attacher les pique-fleurs, les pique-mousse, etc., dans coupes et vases.

8 pique-mousse
Pour maintenir les blocs d'Oasis en place. A coller au fond des vases ou des coupes avec du ruban adhésif de fleuriste, puis embrocher le bloc d'Oasis dessus.

9 support de bougies
A insérer dans un bloc d'Oasis pour maintenir une bougie.

10 deux paniers suspendus
Pour confectionner de gros globes. Remplissez-les d'Oasis humide et assemblez-les.

11 mousse naturelle
Pour doubler les suspensions et rembourrer les endroits non remplis par l'Oasis. Utile aussi pour masquer l'Oasis.

12 fil de fer fin
Pour lier les tiges en guirlandes, couronnes…

13 fil de fer épais
Pour accrocher les grandes et lourdes guirlandes, suspendre les boules d'Oasis.

14 film plastique
Pour protéger le sol.

15 sac de transport

16 ficelle de jardinier
Pour faire des guirlandes et ficeler les bouquets.

17 corde
*Pour ficeler les bouquets et les guirlandes ; des lianes de houblon (*Humulus lupulus*) peuvent parfois la remplacer.*

18 tube à orchidée
Il sert à conserver les tiges dans les médaillons, les couronnes et les globes. Une fois mis en place, ces tubes sont masqués par du feuillage. La plupart des plantes restent fraîches un ou deux jours avec cette réserve d'eau.

19 cône ou entonnoir
Pour rallonger les tiges des grandes compositions. Insérez chaque tige dans le cône, bouchez la base avec du ruban adhésif et remplissez d'eau avant de placer le cône dans l'Oasis. Afin de rallonger encore plus les tiges, attachez chaque cône à un tuteur puis piquez le tuteur dans l'Oasis.

20 arrosoir

21 ciseaux de fleuriste

Les règles d'or de la composition

Faire des bouquets superbes et impressionnants n'est pas très difficile. Même si certaines règles de base me réussissent bien, je ne les respecte pas à la lettre si l'occasion, ou le choix des plantes, ne s'y prête pas. Gardez en mémoire ces conseils, mais n'hésitez pas à faire appel à votre imagination et à suivre votre intuition.

Evitez la symétrie à tout prix

Des boules de fleurs bien nettes sont habituellement statiques et sans surprise. Composez un bouquet plus vivant en laissant des branches jaillir dans différentes directions, en équilibrant un épi érigé d'un côté par un rameau garni de baies de l'autre côté.

Afin d'accentuer cet effet, utilisez un nombre impair de fleurs et de feuillages dominants. Mettez trois, cinq, sept unités de vos fleurs les plus éclatantes, ajoutez cinq fleurs de taille moyenne puis sept ou neuf des fleurs les plus abondantes, servant de remplissage.

Créez des silhouettes irrégulières

Ne recoupez pas toutes les tiges à la même longueur. En disposant vos fleurs, replacez-en quelques-unes au cœur du bouquet tout en laissant les autres parader fièrement.

Quel dommage de voir des fleurs superbes placées n'importe comment dans un vase, sans que soient mises en valeur leurs lignes naturelles, les volutes et les courbures de leurs tiges ! En règle générale, essayez de laisser chaque tige se tenir ou retomber comme elle le ferait sur la plante au jardin. Evitez de créer des lignes verticales ou horizontales avec les fleurs dominantes car vous segmenteriez ainsi le bouquet au détriment de l'aspect général.

Travaillez en trois dimensions

Même si vous travaillez à une composition à placer contre un mur ou une fenêtre, appliquez-vous toujours à créer dans l'espace. Ne tombez pas dans le travers du « court sur le devant et haut derrière ». Bien sûr, il est très tentant de placer vos plus belles fleurs là où vous êtes certain qu'elles seront vues. Cependant, en pratiquant ainsi, votre composition semblera peu naturelle car construite sur deux plans seulement et déséquilibrée en termes de stabilité.

Si vous composez un bouquet pour qu'il puisse être vu de tous les côtés, il offrira tout de suite un aspect plus vivant, car plus naturel. Vous serez surpris de voir que vos précieuses fleurs sont mieux mises en valeur. Le fait de les regarder sous plusieurs angles vous aide à créer une composition bien plus tonique.

Accentuer l'effet de fleurs au fort caractère
Lorsque des soleils jaunes et rouge brique sont associés à des fleurs à forte présence comme les artichauts, la composition devient encore plus imposante, le point d'attraction de toute une pièce.

Adoucir l'effet de fleurs au fort caractère
L'aspect des mêmes soleils jaunes et rouges est adouci par les têtes diffuses de l'aneth, ce qui crée une composition moins forte, de celles qui s'harmonisent bien avec le décor.

Mariez fleurs et feuillages

Habituellement, mieux vaut marier les feuillages de fort caractère avec des grandes fleurs et des feuillages fins ou duveteux avec des fleurs plus délicates. Ils se mettent ainsi en valeur les uns les autres. Les feuillages très architecturés comme celui des acanthes, celui des artichauts ou les bourgeons de marronnier renforcent l'effet flamboyant de fleurs telles que les tulipes perroquet, les soleils ou les dahlias. Si vous souhaitez adoucir l'effet de fleurs au caractère affirmé, utilisez un feuillage vaporeux comme celui de l'aneth.

Le choix du feuillage

Le choix de la verdure et du feuillage est aussi important que le choix des fleurs. Même lorsqu'il est utilisé comme fond, il peut dicter l'atmosphère dégagée par un bouquet. J'ai tendance à éviter les feuillages vert sombre des troènes, du buis et du laurier. Je pense que la rigidité des tiges peut être une contrainte, et que leur texture vernissée, leur teinte sombre alourdissent les compositions et ont tendance à éteindre la couleur et la lumière produites par les fleurs. Je choisis autant que possible des verts acides, vivifiants, et je compose rarement un bouquet sans euphorbe ou sans maceron au printemps, sans alchémille, buplèvre ou aneth en été et en automne.

En plus des feuillages, essayez de dénicher, dans les recoins les plus sauvages du jardin, d'autres éléments, comme des chatons de saule ou de noisetier, de jeunes pousses de printemps, des épis de blé, des massettes, des houppettes de clématites, des branches de ronces ou de pommier d'ornement. Bien souvent, un de ces éléments moins nobles transfigurera une composition.

Coloris éteints *La similitude des couleurs du cosmos et du muflier est presque parfaite et, avec le feuillage du troène, il n'y a pas assez de contraste pour attirer le regard.*

Le contraste des couleurs

Il est toujours plus flatteur d'utiliser au moins deux couleurs dans une composition. Pensez-y lorsque vous choisirez fleurs et feuillages. Si vous mélangez des cosmos et des mufliers d'un somptueux rouge carmin, l'effet produit sera sombre car ces fleurs sont d'une couleur trop proche, particulièrement si vous les associez à un seul type de feuillage. En ajoutant quelques sauges ou des gentianes d'un bleu profond, votre composition deviendra tout de suite plus tonique. Ajoutez des feuillages vert acide et cramoisi, comme l'aneth, le buplèvre et le cotinus, afin d'enrichir en couleur votre bouquet et de le rendre plus attrayant. Mais ne soyez pas tenté de le saturer de couleurs. Si vous poussez le jeu jusqu'à ajouter deux ou trois autres formes et couleurs de fleurs, le style, ou le charme, du bouquet en pâtira.

Si vous souhaitez avoir une profusion de couleurs, mieux vaudra limiter la diversité des fleurs, et inversement. Lorsqu'il en est ainsi, tout va pour le mieux.

Coloris équilibrés *Avec du bleu (sauge et gentiane), du vert acide (aneth et buplèvre) et du feuillage pourpre foncé (cotinus), la composition devient immédiatement plus vivante.*

Excès de couleurs *Avec encore plus de couleurs et de sortes de fleurs (ici, lisianthus violet, rudbeckia jaune et cosmos blancs), une composition peut devenir si complexe qu'elle en perd tout intérêt.*

Créer un bouquet mélangé

1 Commencez par le feuillage de fond
Utilisez le feuillage le plus fourni afin de créer une bonne base.
Echec *(à gauche) Ces branches garnies de glands n'ont pas été éclaircies de leur feuillage, les tiges ont été coupées à la même longueur et placées régulièrement et de façon trop symétrique. Le bouquet paraît lourd et sans intérêt.*
Réussite *(à droite) De nombreuses feuilles ont été supprimées afin de mettre en valeur les glands et d'alléger l'aspect général du feuillage. Les tiges sont placées de façon à retomber contre le vase d'un côté, à s'élever obliquement de l'autre. Le résultat est asymétrique et plus naturel.*

2 Ajoutez de la verdure
Choisissez un élément qui contraste avec la couleur sombre et les formes denses des feuilles de chêne. Complétez la composition jusqu'à ce qu'elle se suffise à elle-même, sans ajout de fleurs.
Echec *(à gauche) Le buplèvre, élément habituellement gracieux, est noyé dans la masse du feuillage. La silhouette reste trop lourde et inélégante.*
Réussite *(à droite) Le feuillage se structure avec des branches de pommier d'ornement et les tiges de queue-de-renard verte avec ses longues panicules souples. L'ensemble forme un contraste subtil de couleur, de formes et de textures.*

3 Ajoutez les fleurs principales
Placez les fleurs à différents niveaux : celles à tige courte pour le centre du bouquet, les autres avec des tiges longues, se dégageant du feuillage et rompant la silhouette générale. Evitez de les placer en botte afin qu'elles conservent leur port naturel, pas trop raide.
Echec *(à gauche) Un nombre pair de fleurs a été disposé en symétrie dans le vase. Chaque fleur est nichée trop profondément dans le feuillage. Le résultat apparaît étriqué et étouffant.*
Réussite *(à droite) Un nombre impair de soleils a été ajouté à différents niveaux de la composition. Le résultat est aéré et harmonieux.*

Bouquets de printemps

Tapisserie printanière

Voir illustration p. 56-57.

Cet espace dédié aux fleurs de fin d'hiver dans d'élégants contenants de verre est inspiré par le style pointilliste. Cueillez les plantes en fonction de la hauteur des vases.

Le matériel

Des coupes et des assiettes de verre, des flacons à parfum, des carafes et des contenants modernes en verre
2 rameaux souples (par exemple de noisetier) de 30 cm de long
8 à 10 billes de verre
Un pique-fleurs de 2,5 à 7 cm de diamètre fixé par du ruban adhésif de fleuriste

Les plantes

25 violettes parfumées (*Viola odorata*)
15 anémones des bois (*A. nemorosa*)
9 giroflées de couleur feu (*Erysimum* 'Fire King')
5 tiges d'Euphorbes. *E. amygdaloides* var. *robbiae*
3 têtes de *Daphne odora* 'Aureo-marginata'
9 auricules (*Primula auricula*)
1 fritillaire-pintade pourpre (*Fritillaria meleagris*)
3 boutons de *Magnolia denudata*
7 jeunes feuilles de cardon (*Cynara cardunculus*, groupe Scolymus)
15 fleurs et fruits d'hellébores orientaux (*Helleborus orientalis*)

La méthode

Utilisez un choix de fleurs délicates qui s'associent bien. Certaines, comme la fritillaire-pintade, sont si parfaites qu'une seule inflorescence suffit. Ajoutez un ou deux contenants de fleurs plus robustes, comme les giroflées ou les hellébores, afin de renforcer la délicatesse des premières. Mélangez les tiges de violettes avec quelques feuilles et placez le tout dans l'eau. Commencez par courber les rameaux souples des anémones des bois en zigzag afin de former un nid de branchages au fond de la coupe pour maintenir leurs fines tiges. Employez les tiges raides des giroflées comme armature et glissez les tiges d'euphorbe au milieu. Coupez court les rameaux de daphné et assurez-vous qu'ils trempent bien dans l'eau. Pour les auricules, remplissez le vase au tiers avec huit à dix billes de verre et piquez les tiges dedans, une à une. Placez la fritillaire et les magnolias chacun dans une carafe étroite. Pour la composition d'hellébores, utilisez un pique-fleurs afin de maintenir les feuilles de cardon en éventail dans la coupe, puis disposez-y les fleurs.

Coupe de fleurs sauvages

La splendeur de cette coupe d'argent contraste avec la simplicité des fleurs sauvages.

Le matériel

Une coupe surélevée peu profonde, un pain d'Oasis de 30 cm recoupé pour dépasser de 2,5 cm le bord de la coupe. Un pique-mousse et du ruban adhésif de fleuriste.

Les plantes

9 à 11 unités de Sceau-de-Salomon (*Polygonatum × hybridum*)
Feuilles de *Arum italicum* 'Marmoratum'
Cerfeuil musqué (*Myrrhis odorata*)
10 à 20 cardamines des prés (*Cardamine pratensis*)
25 clochettes des bois bleues et blanches (*Hyacinthoides non-scripta*)
15 à 20 coucous (*Primula veris*)

La méthode

Fixez le pique-mousse dans la coupe et piquez l'Oasis dessus. Utilisez le sceau-de-Salomon et l'arum pour constituer une trame asymétrique, haute d'une fois et demie la hauteur de la coupe. Laissez le cerfeuil musqué retomber sur un côté. Disposez les fleurs régulièrement.

Plantes de sous-bois et tulipes perroquet

Ces tulipes perroquet, flamboyantes avec leurs énormes têtes, seront avantageusement associées à des feuillages de forte personnalité et très structurés. Le maceron est parfait pour cela. Afin d'apporter de la hauteur et une certaine envolée à cette composition éclatante, utilisez quelques branches d'érable avec leur jeune feuillage bordeaux et leurs fleurs jaune acide, pour faire écho à la couleur des tulipes.

Le matériel

Un vase en verre de 30 cm de haut à ouverture étroite

Les plantes

9 branches d'érable (*Acer platanoides* 'Crimson King') de 60 à 70 cm
7 macerons (*Smyrnium olusatrum*)
15 tulipes (*Tulipa* 'Flaming Parrot') à longue tige de 45 cm

La méthode

Assembler tous ces éléments est un jeu d'enfant. L'ouverture étroite du vase permet de maintenir en place les premières branches d'érable. Celles-ci serviront de support et de structure de soutien pour les tiges et les fleurs les plus souples des macerons et des tulipes.

Dessinez simplement avec les branches une bonne structure d'ensemble en laissant dépasser les plus grandes (à une hauteur d'environ une fois et demie celle du vase). Ne recherchez pas une symétrie parfaite mais un ensemble bien équilibré. Ensuite, fixez les macerons par-ci par-là dans le bouquet. Enfin, ajoutez les tulipes en vous assurant de ne laisser aucun vide : avec une seule espèce de fleur utilisée – a fortiori avec une variété aussi remarquable –, vous devez disposer les tulipes régulièrement mais pas toutes sur le même plan.

Une sphère éclatante aux couleurs vénitiennes

Voici une combinaison de plusieurs de mes plantes et couleurs préférées. Ces oranges pimpants, ces pourpres sombres vibrants et ces verts acides rappellent les harmonies éclatantes présentes dans les peintures de Titien. Imaginez ces sphères fleuries décorant le plafond lors d'une réception au bord du Grand Canal, à Venise : elles seraient tout à fait à leur place. Suspendues en grand nombre ou solitaires, elles embelliront vos réceptions à l'intérieur ou, comme ici, dans le cadre d'un jardin romantique.

Le matériel

Une sphère d'Oasis bien humidifiée de 20 cm de diamètre environ
90 cm de grillage simple (mailles de 5 cm)
Du fil de fer robuste de 3 mm de section
Du fil de fer fin de fleuriste
Un coupe-fil et des ciseaux de fleuriste
Une longueur de chaîne pour suspendre la boule

Les plantes

20 tiges des plantes suivantes, de 30 à 35 cm de long :
Smyrnium perfoliatum
Euphorbes. *E. cornigera* ou *palustris*
Euphorbes. *E. polychroma*
Boule-de-neige (*Viburnum opulus* 'Roseum')
Euphorbes. *E. griffithii* 'Fireglow'
Ancolie (*Aquilegia vulgaris*)
40 tulipes noires (*Tulipa* 'Queen of Night' et 'Black Parrot') avec aussi des tiges de 30 à 35 cm
5 lianes de *Clematis montana,* les plus longues possible

La méthode

Suivez les étapes **1** à **6**, illustrées ci-contre.

1 Rassemblez tous les éléments nécessaires, matériel, outils, feuillages et fleurs. Découpez une bande de grillage afin d'envelopper généreusement la sphère d'Oasis. Coupez un bout de fil de fer solide assez long pour entourer complètement la sphère avec le grillage et prévoyez un surplus de 30 cm afin de faire un nœud pour attacher la chaîne.

2 Assemblez le grillage avec le fil de fer fin et enfilez le fil de fer robuste à travers la sphère. Vrillez plusieurs fois l'extrémité du fil de fer : le poids de la sphère sera supporté par cette vrille, qui doit donc être très solide.

3 Attachez la chaîne avec plusieurs autres vrilles au gros fil de fer. Suspendez la sphère à une hauteur facilitant le travail : vous devez pouvoir placer les fleurs sans avoir à vous hisser sur la pointe des pieds. Recouvrez progressivement la sphère avec votre premier feuillage, celui du *Smyrnium perfoliatum,* en espaçant ses tiges régulièrement.

4 De la même manière, ajoutez *Euphorbia cornigera, E. polychroma,* puis la boule-de-neige. N'oubliez pas de bien masquer l'Oasis à la base de la sphère, car ce sera la partie la plus en vue.

5 Ajoutez *Euphorbia griffithii* 'Fireglow' orange, les ancolies et les tulipes noires, en les répartissant régulièrement.

6 *(page de droite)* Complétez le tout de quelques lianes de *Clematis montana* afin de casser toute symétrie. Mettez la sphère à son emplacement définitif et suspendez-la en la hissant avec une corde passée sur une branche ou en l'accrochant à un piton au plafond.

La palette du peintre

Cette composition fait fi de toutes les règles d'associations de couleurs. Au lieu d'un ou deux contrastes de couleurs, les oranges, jaunes, pourpres, roses, bleus et verts se heurtent en un glorieux bariolage.

Le matériel

Une coupe en verre peu profonde, de 36 cm de largeur sur 8 cm d'épaisseur

Un pain d'Oasis humide recoupé pour dépasser de 2,5 cm le bord de la coupe

Un pique-mousse et de l'adhésif de fleuriste

Les plantes

Des tiges de 20 à 25 cm des plantes suivantes :

Euphorbes. *E. palustris* et *E. amygdaloides* var. *robbiae* (10 à 15 de chaque)

10 céanothes (*Ceanothus arboreus* 'Trewithen Blue')

Des tiges de 25 cm des plantes suivantes :

Renoncules. *R. asiaticus* rouge, jaune panaché et jaune pur (10 à 15 de chaque)

Anémones. *A. coronaria* 'De Caen' pourpre et rose foncé (10 à 15 de chaque)

10 à 15 tulipes orange, jaunes et bicolores (par exemple 'Apricot Parrot', 'Mickey Mouse', 'Orange Favourite', 'Texas Gold')

10 à 15 tulipes fleurs-de-lys (T. 'Aladdin') avec des tiges de 30 à 40 cm

La méthode

Cautérisez le latex des euphorbes en plongeant la base de leur tige dans de l'eau bouillante. Utilisez l'adhésif pour fixer le pique-mousse au fond de la coupe. Piquez les euphorbes et les céanothes régulièrement sur le dessus de l'Oasis, puis sur le côté, pour garnir toutes ses faces. Ajoutez les renoncules et les anémones, les tulipes jaunes, orange et bicolores et, finalement, les tulipes fleurs-de-lys. Arrosez l'Oasis tous les jours en laissant un peu d'eau au fond de la coupe.

Quintessence de printemps

Cette composition luxuriante de fleurs de prunus est sans prétention, simple et élégante. Les épis vert acide des euphorbes et les bourgeons collants des marronniers donnent du corps à l'ensemble. Mais si vous préférez un bouquet plus léger, supprimez-les. Placez cette composition au centre d'une grande table. Choisissez un emplacement éclairé par derrière ou latéralement pour permettre à la lumière de filtrer à travers les pétales.

Le matériel

Un vase en verre de 45 cm de haut avec une large ouverture et étroit au milieu qui maintiendra les tiges
75 à 100 billes de verre

Les plantes

15 tiges de 90 à 120 cm de chacune des plantes suivantes :
Euphorbes : *E. characias*
Prunus 'Taihaku'
Merisier (*Prunus avium*)
10 à 15 tiges de marronnier (*Aesculus hippocastanum*) avec des bourgeons collants et des feuilles nouvelles.

La méthode

Déposez les billes de verre dans le vase. Positionnez les épis d'euphorbe régulièrement pour former un dôme presque parfait, en piquant les tiges dans les billes de verre. Ce faisceau de tiges maintiendra les autres branches dans la position désirée.

Ajoutez les branches de prunus, puis de merisier, en laissant certaines d'entre elles retomber sur le bord du vase, avec des fleurs suspendues aussi naturellement que sur l'arbre.

Enfin, ajoutez les branches de marronnier avec leurs bourgeons collants, certaines coupées court, d'autres long. Brisez la symétrie en plaçant de longues branches d'un côté pour contrebalancer les branches retombantes de *Prunus* situées à l'opposé.

Bouquets d'été

Féerie de l'été

Voir illustration p. 64-65.

Les fleurs pimpantes et les feuillages chargés de fruits en provenance des champs, des haies ou du jardin se mélangent avec bonheur pour confectionner des guirlandes et des festons, décor idéal pour une tente et une longue table destinée à une réception estivale à l'extérieur.

La guirlande

Il est bien plus agréable, pour garnir une tente blanche, de confectionner soi-même des guirlandes de fleurs que d'en commander de plus élaborées mais moins gracieuses.

Le matériel

Une chaîne d'arpenteur
Des pains d'Oasis
Un couteau de cuisine et un coupe-fil
Du grillage simple (mailles de 2,5 à 5 cm)
Du fil de fer robuste de 3 mm de section
Du fil de fer fin de fleuriste

Les plantes

Quantité approximative pour 90 cm linéaires, toutes les tiges ayant de 10 à 15 cm de long :
30 à 40 branches de charme (*Carpinus betulus*) avec leurs fruits
30 à 40 tiges d'alchémille (*A. mollis*)
15 à 20 bottes de 3 à 5 brindilles de bleuet chacune (*Centaurea cyanus*)
15 à 20 bottes de lavande (*Lavandula stoechas* subsp. *pedunculata*) de 3 brins chacune
15 à 20 coquelicots en mélange et des capsules de graines

La méthode

Mesurez la façade de la tente ou l'endroit où vous voulez suspendre votre guirlande et divisez la longueur totale en portions de moins de 1,80 m. Laissez pendre la chaîne d'arpenteur pour mesurer la courbe des guirlandes.
Suivez les étapes **1** à **5** (ci-contre).

1 Après avoir bien fait tremper les pains d'Oasis, coupez-les avec un couteau bien aiguisé pour obtenir une section carrée. La guirlande doit être aussi légère que possible, afin de conserver sa forme initiale. Découpez le grillage à la longueur de chaque guirlande, en ajoutant 10 cm à chaque extrémité, qui sont destinés à maintenir l'Oasis.

Coupez le fil de fer robuste à une longueur double de celle de la guirlande, en ajoutant 1,20 m à la mesure, afin de fixer les extrémités des guirlandes à la tente. Repliez le fil de fer en deux.

2 Faites passer le gros fil de fer plié en deux à travers toute la longueur du grillage, en l'attachant avec du fil de fer fin tous les 45 cm sur le grillage. Alignez les pains d'Oasis sur le fil de fer replié en deux, sur toute la longueur du grillage.

3 Entourez les pains d'Oasis avec le grillage et attachez celui-ci solidement avec du fil de fer de fleuriste. Repliez les extrémités du grillage et attachez-les avec du fil de fer robuste, en laissant dépasser une boucle de 30 cm d'un côté et deux tiges de fil de fer de 30 cm chacune de l'autre.

4 Accrochez cet assemblage à sa place en faisant des nœuds avec le fil de fer robuste en haut des piquets de la tente ou dans un œillet de la bâche. Assurez-vous que le gros fil de fer soit bien placé sous la guirlande pour supporter tout son poids. Commencez alors à garnir de plantes. Espacez les fruits de charme régulièrement sur la guirlande. N'oubliez pas d'en fixer autant dessus que dessous et sur les côtés (si vous n'y pensez pas à ce moment, vous pourriez vous retrouver avec des endroits non décorés alors que vous auriez utilisé toutes vos plantes).

5 *(page de droite)* Ajouter l'alchémille afin de masquer presque entièrement l'Oasis. Piquez ensuite les bottes de bleuets et de lavande, puis les coquelicots, particulièrement aux endroits où ils seront bien mis en valeur. En dernier lieu, pulvérisez abondamment votre guirlande avec de l'eau fraîche.

La gerbe de blé

Voir illustration p. 64-65.
Pour décorer la table principale, rien de plus joli qu'une simple gerbe fraîche et colorée de coquelicots, de graminées, d'avoine et de blé liés par un brin de houblon.

Le matériel

Une liane de houblon (*Humulus lupulus*) ou de la ficelle

Les plantes

Des graminées sauvages en mélange, du blé et de la folle-avoine avec des tiges de 45 à 60 cm
10 à 15 alchémilles (*A. mollis*) de 30 à 45 cm
20 bleuets (*Centaurea cyanus*) de 45 cm
10 à 15 nigelles (*N. damascena*) de 30 à 45 cm
30 à 40 coquelicots (*Papaver rhoeas*) et des pavots d'Islande (*P. nudicaule*), coupés plus court, irrégulièrement.

La méthode

La gerbe est trop volumineuse pour tenir tout entière dans vos bras. Pour chaque botte, prenez une poignée de graminées sauvages, tenez-les à mi-tige et bottelez avec la liane de houblon ou la ficelle. Tenez la botte dans une main et placez les fleurs, orientées du même côté, en terminant par les coquelicots et les pavots. Placez quelques coquelicots en hauteur, d'autres plus bas, mais sans que leur tige atteigne la base de la gerbe.

Liez ensemble les bottes avec la liane de houblon ou la ficelle. Taillez le bas des tiges (sauf celles des coquelicots) pour égaliser.

Posez la gerbe sur la table en écartant les tiges afin qu'elle tienne debout toute seule. Vous pourrez maintenir la fraîcheur des fleurs en plaçant la gerbe dans un peu d'eau, que vous ôterez une fois la table dressée. Parsemez alors la table de pétales de coquelicots.

Un somptueux globe parfumé

Créez votre propre mélange odoriférant de fleurs des haies et de feuillages au cœur de l'été. Entrelacez les roses parfumées et le chèvrefeuille dans la structure du globe en laissant les tiges se courber et se vriller naturellement comme elles le feraient dans des haies champêtres. Pour en profiter le plus possible, placez le globe à hauteur du regard. Résistez à l'envie de corriger l'abandon naturel des plantes.

Le matériel

Un globe en fil de fer de 80 cm de diamètre
Un seau en aluminium
Quelques briques ou pierres pour lester le seau servant à rehausser le globe
De l'adhésif de fleuriste pour fixer le globe sur les bords du seau
Un piédestal, une petite table ou un guéridon
30 à 40 tubes à orchidée en deux tailles, 8 et 13 cm
Du fil de fer de fleuriste
Des ciseaux de fleuriste
Un coupe-fil
De la ficelle pour suspendre le globe à votre hauteur pendant le travail

Les plantes

Des tiges, coupées le plus long possible, de 30 à 40 alchémilles (*A. mollis*)
Graminées en mélange, folle-avoine et blé (30 à 40)
Des tiges de 60 à 90 cm de long de chèvrefeuille (*Lonicera*) : 10 à 15 tiges
Eglantines : 10 à 15 tiges, ou une inflorescence de rosier liane

La méthode

Suivez les étapes **1** à **6**.

1 Avant de placer les plantes, vérifiez la position du piédestal avec le seau et le globe. Lorsque vous êtes satisfait, ôtez le globe, lestez le seau et remplissez-le d'eau.

2 Toutes les tiges, sauf le blé, doivent tremper dans l'eau. Placez celles qui ne seront pas en contact avec l'eau du seau dans des tubes à orchidée (un mélange d'alchémille, de folle-avoine et de graminées dans chaque).

3 Suspendez le globe à la meilleure hauteur pour travailler à votre aise. Commencez par le sommet, en entrelaçant le chèvrefeuille dans la structure et en veillant à ce que ses tiges plongent dans l'eau.

4 Fixez les branches de chèvrefeuille avec le fil de fer de fleuriste à intervalles réguliers. Faites de même avec les églantines.

5 *(ci-dessus)* Placez les tiges qui n'atteindront pas l'eau dans un des plus grands tubes. Glissez ces derniers à l'intérieur du globe.

6 *(page de droite)* Comblez les vides avec les bouquets d'alchémille et de blé. Prenez le globe et placez-le sur le seau, en le fixant avec l'adhésif de fleuriste. Assurez-vous que toutes les tiges trempent dans l'eau.

Un bouquet cramoisi, carmin et jaune d'or

Ce bouquet offre une combinaison des plus recherchées, avec les couleurs, les parfums et les textures les plus riches. Mariez le cramoisi sombre des œillets de poète avec les pois de senteur et Rosa *'Souvenir du Docteur Jamain', en compagnie de giroflées, de cosmos et de* R. *'Nuits de Young' pour les carmins, puis ajoutez des soucis jaune d'or à centre cramoisi. Placez le vase dans votre chambre ; vous vous réveillerez ainsi avec ce mélange de fleurs parfumées.*

Le matériel

Une coupe en argent de 13 cm de haut

Les plantes

5 à 7 tiges de 20 à 25 cm des plantes suivantes :

Des roses (*Rosa* 'Nuits de Young' et *R.* 'Souvenir du Docteur Jamain')

Des giroflées carmin (*Matthiola incana*)

Des cosmos (*C. bipinnatus* 'Versailles carmin')

De l'œillet de poète (*Dianthus barbatus* 'Nigrescens')

Des pois de senteur (*Lathyrus odoratus* 'Matucana' et L. o. 'Pageantry')

De l'euphorbe (*Euphorbia cyparissias*)

Du buplèvre vivace (*B. falcatum*)

Des soucis jaune d'or (*Calendula* 'Art Shades')

Des oreilles-de-lièvre (*Stachys byzantina*)

La méthode

Cette composition commence par les fleurs (qui sont en vedette dans ce bouquet) et non par le feuillage. Faites un assemblage d'une fois et demie la hauteur de la coupe, en utilisant toutes les fleurs cramoisies et carminées et en les laissant se pencher vers l'extérieur. Commencez par les roses, puis ajoutez les giroflées, les cosmos, les œillets de poète, puis les pois de senteur. Ensuite, placez le vert acide de l'alchémille et du buplèvre. Ajoutez les soucis, et enfin la tige de l'épiaire laineuse en la laissant encadrer les fleurs, comme si elle les mettait en valeur par sa texture veloutée.

Profusion estivale

Cette somptueuse composition célèbre le début de l'été et mériterait de servir de modèle pour une nature morte. La cueillette a privilégié des plantes imposantes. Lancez-vous et créez de tels bouquets avec des énormes aulx d'ornement et des agapantes, de grandes colonnes d'érémurus et de delphiniums puis des lis aux têtes lourdes, au parfum puissant.

Le matériel

Un vase de Chine de 45 à 60 cm de haut

Les plantes

5 à 9 tiges, les plus hautes possibles, de chacune des plantes suivantes :

Erémurus (*Eremurus stenophyllus*)

Delphiniums

Eryngiums (*E. alpinum* 'Superbum')

Aneth (*Anethum graveolens*)

Cloches d'Irlande (*Moluccella laevis*)

Aulx d'ornement (*Allium giganteum*)

Lupins (*Lupinus* 'Le Gouverneur')

Lis (*Lilium* 'Casa Blanca')

Soucis orange (*Calendula* 'Art Shades')

Agapanthes (*Agapanthus campanulatus* var. *albidus*)

La méthode

Mettez d'abord en place les fleurs dominantes : les érémurus et les delphiniums. Vous donnerez ainsi à la composition sa hauteur et son architecture. Assurez-vous d'une certaine asymétrie.

Ajoutez les eryngiums, l'aneth vert, puis les cloches d'Irlande, et en dernier les aulx, les lupins puis les lis. Disposez-les à des hauteurs différentes et mettez en valeur le cœur du bouquet plutôt que la silhouette générale. Utilisez les soucis éclatants en petites touches de contraste, au centre.

Finalement, glissez les tiges d'agapantes en prenant soin de briser les lignes trop nettes, pour contrebalancer les symétries que vous auriez pu créer en disposant les autres fleurs.

Un élégant bouquet blanc, crème et vert

Mélangez des grandes brassées de roses parfumées, des épis d'acanthe et de chardon accompagnés de lumineuses digitales et d'épilobes. Associez-les à de l'alchémille, de l'ammi, de l'astrance et de l'herbe à taupes… et vous obtiendrez un bouquet élégant, sans excès de couleurs.

Le matériel

Un vase en verre à col étroit, de 30 cm de haut

Les plantes

Des tiges de 45 à 90 cm des plantes suivantes :

10 cardères à foulon (*Dipsacus fullonum*)
10 ammis (*Ammi majus*)
10 à 15 alchémilles (*Alchemilla mollis*)
7 astrances (*Astrantia major*)
5 tiges d'herbe à taupes (*Euphorbia lathyris*)
5 digitales blanches (*Digitalis purpurea* f. *albiflora*)
5 épilobes (*E. angustifolium* 'Album')
7 acanthes (*Acanthus spinosus*)
7 roses 'Iceberg'

La méthode

Placez les chardons et l'ammi pour former une structure haute de deux fois et demie à trois fois la taille du vase. Piquez quelques longues tiges de cardère qui donneront la hauteur, puis recoupez les autres plus court pour les placer plus au cœur du bouquet.

Rajoutez l'alchémille, l'astrance et l'herbe à taupes, en répartissant le tout harmonieusement. Puis glissez les digitales et les épilobes de manière à ce qu'ils captent la lumière et créent des lignes divergentes.

Enfin, placez les acanthes et les roses en évitant toute symétrie. Servez-vous des acanthes pour marquer la hauteur d'un côté. Placez des roses au centre puis de l'autre côté, en suivant la courbe du col du vase.

Un assortiment de rouges et de bleus

La texture veloutée et la couleur riche du lychnis écarlate, les fleurs vertes du tabac d'ornement, les buglosses bleus et les aulx pourpres contrastent à merveille avec ce simple pichet gris clair à rayures bleues. Les fleurs sont souvent plus belles rassemblées dans un assortiment de vases, de carafes, de pichets, comme ici, plutôt que dans un seul vase.

Le matériel

Un verre en verre bleu
Un pichet de 30 cm de haut

Les plantes

5 à 7 tiges de 45 à 60 cm des plantes suivantes :
Buglosse (*Anchusa azurea*)
Sauge (*Salvia patens* et *S.* × *superba*)
Tabac d'ornement (*Nicotiana* 'Lime Green')
Aulx (*Allium cernuum, A. neapolitanum* groupe Cowanii, *A. sphaerocephalon*)
Triteleia (*T. laxa* 'Reine Fabiola')
Lychnis (*L. chalcedonica* et *L.* × *arkwrightii* 'Vesuvius')
Alstromère orange (*A. ligtu* hybrid)
Cardon (*Cynara cardunculus* groupe Scolymus)
Un seul zinnia (*Z.* 'Envy')

La méthode

Pour ce bouquet, placez les fleurs d'abord puis les têtes d'artichaut en dernier. Servez-vous des buglosses rigides et des sauges pour structurer ce bouquet, haut de une fois et demie la taille du pichet. Leurs tiges forment un enchevêtrement dans lequel vous insérerez les tabacs, les aulx et *Triteleia* pour rythmer l'ensemble.

Ajoutez lychnis et alstromères, pour faire contraste, avant de placer quelques feuilles de cardon au cœur du bouquet et sur la droite.

Posez la fleur de zinnia vert dans le verre bleu afin de raviver la couleur vert acide dispersée parmi les autres fleurs.

Une boule pour une réception

Si vous déjeunez à l'extérieur, suspendez la boule à un arbre. Accrochée au centre d'une grande tente, au-dessus de la table, elle fera un effet tout aussi étonnant. Ne la concevez pas de petite taille mais plutôt volumineuse et extravagante : une boule de 90 cm de diamètre composée de fleurs et de feuillages richement colorés sera spectaculaire.

Le matériel

2 paniers à suspendre de 30 cm de diamètre, avec leurs chaînes
De la mousse pour garnir les paniers
4 pains d'Oasis humidifiés
Du fil de fer solide de 3 mm de section
Un coupe-fil et un couteau de cuisine
De la ficelle et une corde
Des piquets de tente (éventuellement)

Les plantes

15 à 20 branches de feuillage de 40 cm de long :
Troène doré (*Ligustrum ovalifolium* 'Aureum')
Arbre à perruques (*Cotinus coggygria* 'Royal Purple')
Elœagnus gris (*Elaeagnus angustifolia*)
Des inflorescences de 50 cm des fleurs de garniture suivantes :
10 acanthes (*Acanthus mollis*)
15 cloches d'Irlande (*Moluccella laevis*)
20 buplèvres (*B. griffithii* 'Decor')
15 aneths (*Anethum graveolens*)
10 eryngiums (*E. giganteum*)
5 onopordons (*O. acanthium*)
15 tiges, de 45 cm de long, de chacune des fleurs très colorées suivantes :
Glaïeul rouge écarlate
Dahlia rouge écarlate
Gros soleils (*Helianthus annuus* 'Valentine')

La méthode

Effeuillez sur 8 à 10 cm la base des tiges et recoupez-les en biais afin de les piquer plus facilement à travers la mousse et l'Oasis.
Suivez les étapes **1** à **5**.

1 Supprimez les chaînes d'un des paniers suspendus, laissez en place celles de l'autre pour permettre l'accrochage de la composition. Tapissez les paniers de mousse.

2 Découpez un des pains d'Oasis en quatre. Placez-en un au centre d'un des paniers puis complétez de chaque côté avec un quart de pain. Dans l'autre panier, superposez deux pains au milieu et un quart de chaque côté.

3 Réunissez les deux paniers bord à bord et fixez-les fermement avec le fil de fer.

4 *(ci-dessus)* Suspendez la boule à une hauteur permettant de travailler aisément. Utilisez une corde et, éventuellement, fixez la boule au sol grâce à un piquet de tente pour l'empêcher de se balancer. Disposez d'abord le troène doré dans l'Oasis puis couvrez entièrement la boule.

5 *(page de droite)* Ajoutez l'arbre à perruques et l'eæagnus de sorte que pourpre et gris soient bien répartis. Insérez les fleurs de garniture, une espèce après l'autre, tout autour de la boule, en évitant trop de symétrie. En dernier lieu, placez les glaïeuls et les dahlias puis les soleils, irrégulièrement.

Bouquets d'automne

Cadeau automnal

Voir illustration p. 76-77.

Présenté sous Cellophane, ce bouquet multicolore de fleurs et de feuillages, riche et éclatant, impressionnera et ravira amis ou relations. Avec ses roses carminés, son rouge bordeaux, son turquoise clair et son orange foncé avantageusement déclinés sur fond de vert et argent du cyprès, de l'armoise et de l'elæagnus, il est bien difficile d'obtenir plus riche palette de couleurs.

La Cellophane met en valeur le bouquet et le protège pour le voyage. Cependant, ne conservez jamais des fleurs coupées sans eau dans une voiture surchauffée, elles faneraient en l'espace de quelques minutes. Enveloppez le bas des tiges dans un papier journal trempé, puis dans un sac plastique et maintenez avec un élastique.

Le matériel

Ficelle
Papier Cellophane
Ciseaux de fleuriste

Les plantes

5 à 7 tiges de 45 cm de chacun des éléments suivants :
Elæagnus (*Elaeagnus angustifolia* ou *E.* 'Quicksilver')
Armoise (*Artemisia arborescens* 'Faith Raven' ou *A. pontica*)
Buplèvre (*Bupleurum fruticosum*)
Fruits d'iris (*I. foetidissima*)
Sauge (*Salvia uliginosa*)
Pennisetum (*P. villosum*)
5 à 7 tiges de 30 cm de chacun des éléments suivants
Dahlia (*D.* 'Arabian Night' ou 'Mizou Noir')
Aster d'automne (*Aster novi-belgii* 'Patricia Ballard')
Cyprès (*Cyperus albostriatus* ou *C. eragrostis*)

La méthode

Supprimez toutes les feuilles à la base des tiges pour éviter la pourriture. Suivez les étapes **1** à **4**.

1 Structurez le bouquet dans votre main en mettant d'abord l'elægnus puis l'armoise et le buplèvre. Laissez se dresser quelques tiges d'elæagnus. Equilibrez les masses de feuillage, mais ne cherchez pas la symétrie et laissez retomber des branches ici et là.

2 Toujours en maintenant le bouquet dans la main, ajoutez les dahlias et les asters, régulièrement, puis les fruits d'iris.

3 Complétez avec, en touche finale, le bleu ciel des sauges, le vert éclatant du cyprès et les plumes du pennisetum : placez certains de ces éléments au centre et d'autres sur les bords du bouquet afin d'équilibrer le tout, mais irrégulièrement. Vous devriez alors avoir des difficultés à maintenir toutes les tiges dans une seule main.

4 Demandez l'aide de quelqu'un, ou posez avec soin votre bouquet sur une table. Tenez-le dans une main et ficelez-le avec l'autre main, et, au besoin..., vos dents. Retaillez toutes les tiges à la même hauteur. Si vous coupez des tiges ligneuses, entaillez-les sur 2,5 cm pour qu'elles absorbent bien l'eau.

Cueillette d'automne

Une fois l'automne installé, la cueillette est moins gratifiante que celle de l'été. Récoltez donc des branches de divers éléments et associez-les par couleurs. Aucun des contenants utilisés ici ne se remarquerait en lui-même. Une fois rassemblés, chacun d'eux participe à cette présentation somptueuse et gaie.

Le matériel

Verres et vases de diverses tailles et formes, dont un vase à col étroit du type carafe à jacinthe
15 à 20 billes de verre pour maintenir les tiges fragiles dans les petits vases
Du fil de fer robuste pour la structure du médaillon de houblon

Les plantes

Des lianes de houblon (*Humulus lupulus*)
Les fleurs et feuillages suivants, retaillés à une fois et demie à deux fois la hauteur des contenants :
5 à 7 tiges d'ampélopsis à fruits bleus (*Ampelopsis glandulosa* var. *brevipedunculata*)
3 à 5 fusains (*Euonymus europaeus*)
3 à 5 abutilons (*A.* 'Ashford Red')
7 à 9 cosmos (*C. atrosanguineus*)
3 à 5 pensées rouge foncé
3 à 5 pensées violettes
7 à 9 dahlias (*D.* 'Bishop of Llandaff')
3 à 5 nicandras à grandes fleurs (*Nicandra physalodes*)
3 buglosses (*Anchusa azurea* 'Royal Blue')
7 à 9 gentianes (*Gentiana triflora*)

La méthode

Formez tout d'abord le médaillon en houblon (voir p. 88), puis entrelacez chaque extrémité de la liane à son autre extrémité, et le tour est joué. Placez la vigne, le fusain et l'abutilon dans des contenants séparés. Installez le cosmos et les pensées rouges dans le vase à col étroit, les dahlias dans un autre. Associez les pensées violettes avec le nicandra et la buglosse dans un petit verre rempli de billes de verre. Les gentianes reposent dans un verre séparé.

Un centre de table pour la rentrée

Les teintes jaunes, vertes et orange de cette composition peuvent être mises en valeur par un tapis de fruits et de légumes ornementaux récoltés au jardin, comme les pâtissons de cette photographie.

Le matériel

Une coupe peu profonde de 30 cm de diamètre sur 10 cm de haut
Un pain d'Oasis bien humidifié
Un pique-mousse et de l'adhésif de fleuriste

Les plantes

7 à 10 tiges de 30 à 45 cm de long des plantes suivantes :
Des branches de prunellier (*Prunus spinosa*)
Des tiges de viorne avec leurs fruits orange (*Viburnum opulus*)
De l'amour-en-cage (*Physalis alkekengi*)
Des rudbeckias
Des tithonias (*T. rotundifolia* 'Torch')
Des zinnias à fleur de scabieuse
Du penstemon (*P.* 'Blackbird')
15 épis de tritome (*Kniphofia* 'Yellow Hammer' ou 'Luna')

La méthode

Avec l'adhésif pour fleuriste, fixez le pique-mousse au fond de la coupe. Placez l'Oasis (qui doit dépasser de 2,5 à 5 cm du bord de la coupe) sur le pique-mousse. Composez une structure équilibrée mais pas trop symétrique à l'aide du prunellier et des tiges de viorne. Laissez le feuillage et les fruits de l'amour-en-cage courir joliment autour de la coupe. Ajoutez les rudbeckias, les tithonias et les zinnias, surtout au centre du bouquet.

En dernier, mettez en place les penstemons et les tritomes jaunes en tournant autour du bouquet. Donnez de la hauteur sur un côté puis équilibrez avec les branches souples de prunellier et l'amour-en-cage, à la base.

Un vase vénitien

Voici la preuve qu'une seule tige d'un élément spectaculaire peut suffire pour une présentation réussie. Si vous disposez de place et d'un vase bien choisi, la silhouette solitaire d'une tige comme celle-ci peut avoir plus d'impact qu'un bouquet plus élaboré avec dix à vingt sortes de fleurs ou de feuillages différentes. Au printemps, utilisez une seule tulipe perroquet, ciselée et pimpante. En été, choisissez un fleuron parfait de soleil ou une belle tige de pavot d'Orient.

Le matériel

Une bouteille de pharmacien en verre de Venise de 50 cm de hauteur

La plante

Une tige de 1,20 à 1,50 m de tabac géant (*Nicotiana sylvestris*)

La méthode

Supprimez les feuilles de la base du tabac pour que la tige glisse bien dans la bouteille. Introduisez la tige simplement, afin qu'elle ne soit pas droite, dans l'axe, mais penchée suivant la forme du vase, en une ligne courbe élégante.

Des feuillages flamboyants

Faites une dernière cueillette de feuillages, de fruits, de baies et de massettes accompagnées de quelques dahlias, delphiniums, sauges et léonotis. Laissez partir les feuillages dans toutes les directions pour constituer une masse de feuilles rouges, quelques pointes de fleurs colorées et, en contraste, des baies blanches de symphorine.

Le matériel

Un pot en étain de 30 cm de hauteur
Des flotteurs de pêche en verre
De grosses boules de Noël

Les plantes

5 tiges de 60 à 90 cm des plantes suivantes :
Arbre à perruques (*Cotinus obovatus*)
Chêne (*Quercus rubra*)
Massettes (*Typha*)
7 à 11 tiges de 45 à 75 cm de long des plantes suivantes :
Euphorbe (*E. griffithii* 'Fireglow' ou 'Dixter')
Baies de rosier (*Rosa moyesii* 'Geranium' ou *Rosa rugosa*)
Symphorine (*Symphoricarpos albus*)
5 à 7 fleurs sur tige de 60 à 90 cm de Delphinium (*D.* 'Black Knight')
Léonotis (*L. ocymifolia*)
Dahlia (*D.* 'Edinburgh')
Sauge bleue (*Salvia guaranitica* ou *S. farinacea* 'Victoria')
Sauge rouge (*S. elegans* ou *S. fulgens*)

La méthode

Composez une structure, haute de deux fois la taille du pot, à l'aide de l'arbre à perruques et du chêne. Ajoutez l'euphorbe pour remplir tous les vides. Créez les lignes verticales avec les massettes, delphiniums et léonotis en évitant une allure trop ronde et ordonnée. Ensuite positionnez les fruits et baies régulièrement, en garniture. En dernier, placez les dahlias et les sauges au centre du bouquet.

Bouquets d'hiver

Réception hivernale

Voir illustration p. 84-85.

La table est décorée de trois compositions avec des bougies de fête parmi des feuillages et des fleurs hivernales fraîches et blanches. Le décor, simple mais impressionnant, associe un vase haut de facture classique à deux coupes en terre cuite émaillée garnies d'un jaillissement de fleurs éclatantes parmi des festons de houppettes de clématites et des tiges violettes de saule.

Afin d'obtenir une atmosphère rustique, appliquez-vous à assembler des plantes qui évoquent immanquablement la nature. La plupart de ces fleurs délicates poussent sous les noisetiers ou sur les talus en lisière de bois.

Le matériel

Un vase « Médicis » classique, de préférence sur socle (haut. : 38 cm)
2 coupes surélevées en harmonie de couleur avec le vase principal
3 bougies couleur ivoire de 40 cm pour le vase principal
2 bougies couleur ivoire de 30 cm pour les coupes
5 porte-bougies
3 pique-mousse
3 pains d'Oasis
De l'adhésif et des ciseaux de fleuriste

Les plantes pour les coupes

10 tiges de noisetier (*Corylus avellana*) de 30 cm de long
5 feuilles d'arum (*A. italicum* 'Marmoratum') de 15-30 cm
5 à 10 feuilles de cyclamen (*C. hederifolium*)
3 tiges de clématite (*Clematis cirrhosa*) de 50 cm
5 tiges de chèvrefeuille (*Lonicera* × *purpusii*) de 30 cm
5 à 10 hellébores (*Helleborus orientalis*) verts et blancs de 20 à 25 cm
10 à 15 narcisses (*Narcissus* 'Cheerfulness') de 20 à 25 cm
3 à 5 jacinthes blanches (*Hyacinthus orientalis* 'L'innocence')

La méthode pour les coupes

Taillez l'Oasis pour remplir les coupes, en faisant dépasser du bord de 2,5 cm.

Pour chaque coupe, suivez les étapes **1** à **3**.

Plantes pour le vase central

5 à 10 tiges de 60 à 90 cm des plantes suivantes :
Saule violet (*Salix daphnoides*)
Chatons de noisetier (*Corylus avellana*)
Fruits de clématite (*Clematis vitalba*)
Lierre (*Hedera helix* 'Pedata')
Clématite (*Clematis cirrhosa*)
15 à 20 feuilles de cyclamen (*C. hederifolium*)
10 à 15 tiges de 20 à 30 cm des plantes suivantes :
Feuilles d'arum (*A. italicum* 'Marmoratum')
Hellébores (*Helleborus orientalis* et *H. foetidus*)
Daphné (*D. laureola*)
Narcisses (*N.* 'Cheerfulness')
15 à 20 perce-neige (*Galanthus nivalis* et *G. n.* 'Flore Pleno')
5 à 7 jacinthes blanches (*Hyacinthus orientalis* 'L'innocence')

Méthode pour le vase central

Employez l'adhésif de fleuriste pour fixer le pique-mousse au fond du vase. Recoupez le reste du pain d'Oasis pour remplir le vase et le faire dépasser de 2,5 cm du bord. Enfoncez-le sur le pique-mousse et insérez les trois longues bougies dans les porte-bougies disposés dans l'Oasis.

Commencez la composition par les mêmes étapes que pour les coupes. Placez le saule et les branches de noisetier régulièrement autour des bougies. Insérez les branches de fruits de clématite, le lierre, la clématite, les feuilles de cyclamen et d'arum, puis ajoutez les fleurs en les plaçant régulièrement mais sans tasser afin d'obtenir une composition lumineuse et aérée.

Une fois le vase et les coupes terminés et posés sur la table, parsemez-la de quelques feuilles de lierre pour es relier et, si vous le désirez, rajoutez un peu de lumière à ce décor avec des petites bougies de table.

1 Fixez le pique-mousse au fond de la coupe et disposez-y le pain d'Oasis. Enfilez une bougie dans un porte-bougie et insérez le tout dans l'Oasis. Ajoutez les rameaux de noisetier tout autour en les espaçant régulièrement.

2 Insérez les feuilles de cyclamen et d'arum. Laissez les tiges de clématite s'étaler d'un côté et équilibrez, de l'autre, avec le chèvrefeuille, en conservant des tiges longues afin d'obtenir une composition souple.

3 Intégrez les fleurs, en les plaçant régulièrement mais en évitant toute symétrie. L'aspect final ne doit pas être trop dense.
Pensez à allumer les bougies juste avant de passer à table.

Branchages d'hiver

Cette composition de branches hivernales est superbe sur la grande table du salon ou dans l'entrée. Des branches de saule ou de noisetier peuvent servir de base, comme sur la photo, ou bien un mélange de bois de cornouillers jaunes et rouges, ou encore n'importe lequel des saules à bois décoratifs. Les énormes fleurs d'amaryllis (Hippeastrum) *fourniront la touche d'éclat et de couleur. Comme les branchages, elles dureront deux à trois semaines dans l'eau, si la pièce n'est pas trop chaude.*

Le matériel

Un vase en verre avec un col, de 30 cm de haut

Des tuteurs légers et du ruban adhésif pour les tiges d'amaryllis

Du coton

Les plantes

10 à 12 tiges de saule violet (*Salix daphnoides*) de 75 à 90 cm de long

6 rameaux de noisetier (*Corylus avellana*) de 75 à 90 cm de long

Un mélange de 9 à 12 inflorescences d'amaryllis (*Hippeastrum*) de 50 à 75 cm de haut

La méthode

Coupez les tuteurs à la bonne longueur pour les enfoncer dans les tiges creuses des amaryllis, jusqu'en haut ; vous éviterez ainsi que les longues tiges ne se brisent du fait du poids des fleurs. Renforcez la base de la tige avec du coton autour du tuteur et maintenez le tout à l'aide du ruban adhésif. Ainsi, elles n'éclateront pas au bout de quelques jours.

Placez les saules violets de façon régulière afin de créer une structure mesurant une fois et demie la hauteur du vase. Ajoutez les branches de noisetier ; leurs chatons doivent pendre simplement, comme dans la nature.

Pour finir, mettez en place les amaryllis : utilisez les plus courtes tiges pour former le cœur du bouquet et arrangez au mieux les plus longues.

Une couronne pour l'hiver

Rien n'est plus simple que de confectionner ce décor mural spectaculaire. Vous pourrez le laisser en place plusieurs mois en lui ajoutant quelques fleurs fraîches si vous en avez. J'ai choisi ici des hellébores, mais les narcisses 'Paper White' ou les Iris unguicularis *conviennent parfaitement.*

Avant de commencer, choisissez l'endroit où vous allez installer la couronne, puis fixez un crochet au mur. Evaluez la taille de la couronne en fonction de l'emplacement choisi et des proportions du mur.

Le matériel

Du fil de fer solide de 3 mm de diamètre
Du fil de fer fin de fleuriste
Des ciseaux de fleuriste
Un coupe-fil
De la laque à cheveux pour fixer les fruits de clématite
10 à 15 tubes à orchidée
Un crochet pour suspendre la couronne

Les plantes

10 à 15 rameaux, fraîchement coupés, de 90 cm de long, des plantes suivantes :
Du saule souple, par exemple du saule pleureur (*Salix babylonica*) ou du cornouiller rouge ou jaune (*Cornus*)
Du saule violet (*Salix daphnoides*) ou à chatons (*S. caprea*)
10 à 15 branches de 45 à 60 cm de long des plantes suivantes :
Noisetier (*Corylus*) ou autres chatons, comme l'aulne par exemple
Lianes de clématite (*Clematis vitalba*) garnies de fruits ou bien toute autre clématite en fruits comme *C. tangutica* ou *C.* 'Bill Mackenzie'
10 à 15 tiges d'hellébore (*Helleborus orientalis*) de 30 cm de long

La méthode

Suivez les étapes **1** à **7**.

1 Formez un cercle avec le fil de fer solide et reliez les extrémités avec du fil de fer fin. Enlacez trois rameaux de saule souple ou de cornouiller autour de ce cercle. Ces branchages restent en place une fois leur extrémité épaisse fixée au fil de fer.

2 Ensuite, ajoutez des rameaux en coinçant leur extrémité dans le premier entrelacs. (Tressez toujours le saule dans le même sens afin de créer une forme régulière.) Complétez jusqu'à obtenir une base substantielle puis fixez toute cette armature avec le fil de fer fin.

3 Ajoutez le saule violet ou à chatons, branche par branche, en l'enlaçant autour de la base et en piquant dedans les extrémités. (Pensez toujours à le tresser dans le même sens que les rameaux de la structure.) Avec le fil de fer fin, fixez ces nouvelles branches.

4 Enfoncez les chatons de façon irrégulière à différents endroits ; ainsi, la couronne montre un aspect ni trop rigide ni trop dense.

5 Suspendez la couronne à son crochet. Si le cercle est asymétrique ou trop ovale, reformez-le délicatement.

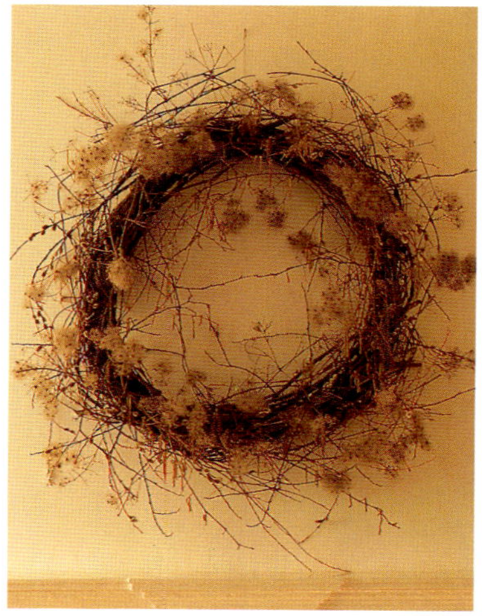

6 Placez les lianes de clématite en fruits à intervalles irréguliers en prenant garde de ne pas abîmer leurs fragiles houppettes.

7 *(page de droite)* Si vous souhaitez ajouter des fleurs fraîches durables, insérez chaque tige dans un tube à orchidée rempli d'eau à disposer dans l'entrelacs de la couronne.

Un décor de bureau

De nombreuses fleurs d'hiver se révèlent dans toute leur beauté si on les regarde de près, dans un décor de table de chevet ou de bureau par exemple. C'est ainsi que vous apprécierez réellement les veines délicates de leurs pétales, leur parfum subtil et leur structure compliquée.

Le matériel

1 coupe en verre de 10 cm de diamètre
2 gobelets en métal de 8 à 10 cm de diamètre
1 minuscule fiole en verre coloré comme un flacon de parfum
1 verre de 8 cm de haut
8 à 10 billes de verre
1 pique-fleurs de 2,5 cm de diamètre
De l'adhésif de fleuriste

Les plantes

10 à 15 feuilles mortes de bouleau pourpre (*Betula purpurea*)
10 à 15 aconits d'hiver (*Eranthis hiemalis*)
3 à 5 *Iris danfordiae*
5 narcisses 'Tête à Tête'
1 narcisses 'Topolino'
3 rameaux d'hamamélis
7 à 9 *Iris reticulata*
1 branche de Sarcococca
1 *Crocus tommasinianus*

La méthode

Pour la coupe d'aconits d'hiver et de feuilles de bouleau, remplissez le contenant d'eau, faites flotter les feuilles sèches et glissez les frêles tiges d'aconit entre.

Remplissez un des gobelets en métal au tiers avec des billes de verre et glissez les tiges d'*Iris danfordiae* et de narcisse 'Tête à Tête'. Fixez le pique-fleur avec l'adhésif au fond du second gobelet. Placez-y les rameaux d'hamamélis et ajoutez le narcisse 'Topolino'. Disposez *Iris reticulata* dans un petit verre (d'un tiers de la taille des fleurs environ) avec la branche de sarcococca. Placez le crocus tout seul dans la petite fiole.

Rideau de fleurs pour une réception hivernale

Ce léger rideau en mousseline brodé de fleurs fraîches et de feuillages donnera beaucoup d'élégance à une réception. Les pétales verts, rafraîchissants, de l'hellébore sont transfigurés par l'éclat du soleil qui les traverse ; la nuit venue, avec les bougies, leurs fleurs et graines au relief anguleux se transforment en sculptures. Pour obtenir le meilleur effet, placez une double rangée de fleurs ; elles formeront alors des ombres qui masqueront les fils de fer.

Commencez par suspendre des pans de mousseline à la fenêtre. Repliez-les par-dessus la tringle puis faites des plis que vous maintiendrez à intervalles réguliers par des pinces à dessin.

Pour un effet plus recherché, vous pouvez confectionner de la même manière une embrasse pour retenir le rideau souplement.

Le matériel

2 longueurs de mousseline de coton et des pinces à dessin

Du fil de fer fin de fleuriste

Des ciseaux de fleuriste et de la colle

Les plantes

La quantité dépend de la taille du rideau et du nombre de fleurs disponibles dans votre jardin en hiver. Choisissez parmi les plantes suivantes, en coupant les tiges à 8 à 10 cm :

Des têtes vertes d'hellébores (*Helleborus argutifolius, H. foetidus* et *H. orientalis*)

Des perce-neige (*Galanthus nivalis* et *G. n.* 'Flore Pleno')

Des feuilles de cyclamen (*C. hederifolium*)

Des jolies jacinthes (*Hyacinthus orientalis* 'L'innocence')

La méthode

Suivez les étapes **1** à **5**.

1 Coupez le fil de fer en portions de 4 cm, d'un nombre égal à celui des fleurs disponibles, puis tordez-les en forme de U.

2 Enfoncez délicatement un bout de ce crochet puis l'autre à travers la tige de la fleur puis enfoncez l'ensemble à fond.

3 Attachez la fleur au rideau en poussant doucement le crochet à travers le tissu.

4 Refermez le crochet, comme une agrafe, en repliant les deux extrémités.

5 En fonction de la quantité disponible de fleurs, assemblez-les en simple ou en double rangée verticale le long des rideaux. Avec de la colle forte, fixez les feuilles de cyclamen et de lierre au hasard de la surface du rideau.

Un avant-goût de printemps

Ce petit vase rempli de fleurs miniatures, une de mes compositions préférées, est très simple à réaliser. Chaque fleur peut y être observée individuellement, ce qui permet d'en apprécier la texture, la couleur, la structure et les parfums différents.
Vers la fin de l'hiver, les bulbes les plus hâtifs comme les muscaris, les scilles, les chionodoxas et les narcisses miniatures commencent à fleurir dans les coins les plus abrités et les plus ensoleillés du jardin. Mélangez-les avec des fleurs telles que les pulmonaires, les cyclamens, les crocus et les primevères afin de composer des tableaux éclatants et précieux comme des bijoux sur votre table de chevet.

Le matériel

Un contenant en verre coloré de 8 à 10 cm de haut

Les plantes

5 à 10 tiges, coupées le plus long possible, des plantes suivantes :
Crocus tels que *C. chrysanthus* 'Brass Band' (jaune) et *C. vernus* 'Remembrance' (violet)
Pulmonaires (*Pulmonaria officinalis* 'Sissinghurst White' et 'Blue Ensign')
Primevères variées
Scilles et chionodoxas
Narcisses (*Narcissus cyclamineus* ou *N. canaliculatus*)
Cyclamen coum
Muscari
Perce-neige (*Galanthus nivalis*)

La méthode

Commencez par les fleurs les plus robustes et les plus grandes comme les crocus, les pulmonaires et les primevères pour créer votre structure. Placez ensuite au milieu les plus graciles comme les scilles, les narcisses, les cyclamens et le muscari, en vous assurant que chaque type de fleur n'est pas regroupé mais bien dispersé dans tout le bouquet. En dernier, ajoutez les perce-neige.

Fleurs et feuillages au fil des saisons

Toutes les plantes à fleurs ou à feuillage présentées ici sont mes enfants chéries. Soit elles offrent des couleurs particulièrement riches ou inattendues, soit elles sont délicatement parfumées, ou encore elles se révèlent très productives, avec de longues saisons de floraison. Presque toutes sont de culture facile, sans soins spécifiques. La foule des annuelles vous procurera à foison des plantes rapides, vite prêtes à cueillir.

Pour une raison ou une autre, donc, chacune des plantes de ce répertoire est une providence pour les bouquets. En faisant votre choix, veillez à retenir une gamme de plantes intéressantes du fait de leur aspect à diverses périodes de l'année. Cherchez celles qui portent de belles fleurs mais aussi de jolis fruits, feuilles ou baies. Les ombelles bleues ou blanches des agapanthes en fleurs sont remarquables en été, et leurs gousses vertes se marient agréablement avec des feuillages d'automne. Il en va de même avec les pivoines : leurs feuilles naissantes, leurs fleurs printanières, puis leurs capsules de graines automnales sont parfaites en vase.

Des brassées de fleurs dans la maison sont toujours un bonheur, mais n'oubliez pas d'en prévoir pour les mois tristes et froids, quand le jardin offre moins d'attraits. En picorant dans ma sélection, vous aurez un jardin à bouquets beau et productif en toute saison.

Les **zones de rusticité** indiquées dans le catalogue au début de chaque article renvoient au tableau général page 4.

*Mélange acidulé où figurent des euphorbes vert chartreuse et rouge vif (*E. cornigera, E. polychroma *et* E. griffithii *'Fireglow'), la tulipe pourpre sombre 'Black Parrot' et* Clematis montana *blanche.*

Printemps

Dans la nature, le printemps, c'est l'épanouissement de l'année. C'est le vrai grand réveil de la vie qui offre au jardinier l'embarras du choix en garnissant et décorant les bordures. De petits bouquets accueilleront les fritillaires pintades, les pulsatilles, es auricules et les tulipes botaniques. Pour des compositions plus grandes et plus spectaculaires, il y a des brassées de fruitiers en fleurs, des paniers de tulipes perroquet, exotiques et sophistiquées, et des masses de fraîches feuilles vert chartreuse.

Vert et gris

CYNARA
Cardon

Voir généralités : Eté, Bleu et violet, page 132. Les jeunes feuilles gris-vert des cardons font un écrin vigoureux aux hellébores et primevères (voir p. 56-58).

EUPHORBIA
Euphorbe, épurge

Sous-arbrisseau persistant ou caduc, annuelle, bisannuelle ou vivace. Zones : *Euphorbia characias* et cultivars 7-10 ; *E. amygdaloides* var. *robbiae*, *E. marginata*, *E. seguieriana* 8-9 ; *E. amygdaloides*, *E. schillingii* 7-9 ; *E. cyparissias*, *E. dulcis*, *E. polychroma*, cultivars de *E. griffithii* 4-9 ; *E. palustris* 5-8

Hauteur : *E. cyparissias*, *E. dulcis* : 30 cm ; *E. amygdaloides*, *E. polychroma*, *E. seguieriana* : 45 cm ; *E. amygdaloides* var. *robbiae*, *E. marginata* : 60 cm ; *E. cornigera*, cultivars de *E. griffithii*, *E. palustris*, *E. schillingii* : 90 cm ; *E. characias* et cultivar, *E. lathyris*, *E. sikkimensis* : 1,20 m.

Variétés à couper Ce genre compte parmi mes dix champions – j'en use à tout propos. Leur port dressé et leurs bractées vives, vert acide, donnent un contrepoint parfait en bordure comme en vase à toutes les couleurs, pastel ou capiteuses. Pour un échelonnement régulier, commencez avec les variétés de *E. characias*, persistantes. *E. c.* subsp. *wulfenii* 'John Tomlinson' et 'Lambrook Gold' comptent parmi les meilleurs cultivars ; toutes deux se marient bien aux branches de fruitiers en fleurs (voir p. 63). En fin d'hiver, on trouve également *E. amygdaloides* et *E. a.* var. *robbiae*, plus courtes, qui s'associent bien aux tulipes vives ou aux lumineuses bottes de *Anemone coronaria* (voir p. 62). Ensuite viennent les ombelles de *E. polychroma* et de *E. palustris*, plus élevées (voir p. 109). Pour un très bel ensemble, on peut les mêler à *E. griffithii* 'Fireglow', contrastant avec des ancolies noires et la tulipe 'Queen of Night' (voir p. 60). En fin de printemps, employez *E. cyparissias*, aux délicates inflorescences vert acide, en petits bouquets, libres ou ronds.
En été et jusqu'au cœur de l'automne, les euphorbes restent un pilier de mon jardin floral (voir p. 116 et 137) et même en hiver, *E. cornigera* continue à fleurir – j'en ai cueilli et mêlé à *Anemone* x *hybrida* à Noël. Autrefois, je souriais en lisant qu'il fallait toujours cueillir les euphorbes avec des gants, en raison de la grande toxicité de leur sève. Mais il est vrai qu'on peut développer cette sensibilité, et c'est mon cas. Si j'oublie les gants ou un bon lavage des mains après la cueillette, mon visage enfle comme un ballon. La réaction semble plus forte par temps chaud.

Préparation Les euphorbes tiennent 10 jours environ en vase si vous les laissez tremper une nuit ou si vous ébouillantez la base de la tige durant 20 secondes, ce qui empêche la sève collante de couler (voir p. 48). Sinon, vous vous en couvrirez les mains en faisant le bouquet, dont l'eau se troublera. Les écoulements bloquent également les canaux et la tige ne peut plus boire.

Culture A l'achat, je vous conseille de prendre des plantes petites, moins chères. Toutes poussent vite et vous aurez une belle touffe en une saison. J'en possède diverses variétés le long de l'allée centrale de mon jardin, pour en avoir toujours une ou deux, faciles à couper, à tout moment. Suivant la place disponible et le nombre de variétés souhaitées, je suggère de les planter par groupes de trois, sauf *E. characias*, qui donne de grosses plantes. La plupart des euphorbes aiment le plein soleil (tout en tolérant un peu d'ombre) et un sol un peu drainant, fertile. Elles apprécieront un paillis printanier de compost ou de fumier mûr. L'euphorbe des bois, *E. amygdaloides* et ses variantes vivaces, issues des lisières, supportent un sol pauvre et sec et s'étendent même à l'ombre d'un mur ou d'une haie.
E. characias porte des tiges bisannuelles, feuillues une saison et fleuries la suivante. Coupez-les quand elles sèchent pour faire place aux pousses neuves, quitte à laisser grainer un ou deux épis.
Les vivaces caduques, telle *E. polychroma*,

1 *Cynara cardunculus* (feuille)
2 *Euphorbia cyparissias*
3 *Euphorbia characias*
4 *Euphorbia amygdaloides*
5 *Euphorbia amygdaloides* var. *robbiae*
6 *Helleborus argutifolius* (en graines)
7 *Smyrnium olusatrum*
8 *Smyrnium perfoliatum*

❻

5 cm

seront rabattues en automne, lors du nettoyage du jardin. Propagez les euphorbes de semis par division ou bouturage. *E. marginata*, annuelle, est semée tôt en serre et repiquée dehors en plein soleil, pour bien donner. Semée très tôt, *E. palustris* fleurit dans l'année. *E. characias* est également aisée à semer, mais donne des sujets variables. Semées tôt aussi, à l'abri, *E. cornigera* et *E. schillingii* germeront bien. Certaines espèces se ressèment volontiers ; *E. characias, E. lathyris, E. dulcis* et *E. amygdaloides* donnent toutes de hardis pionniers, à récupérer et rempoter encore jeunes.

❼ ❽

5 cm

E. cyparissias, E. dulcis, E. amygdaloides var. *robbiae* ou les cultivars du type *E. schillingii, E. sikkimensis* et les cultivars de *E. griffithii* produisent de vigoureux stolons. Laissez les sujets s'établir avant de les diviser. Même très grêles, ils s'installeront solidement. *E. cyparissias* est si voyageuse que vous devrez choisir soigneusement sa place, sinon elle deviendra envahissante. *E. seguieriana, E. polychroma, E. cornigera* et *E. palustris* forment de grosses mottes, aisées à diviser. Le bouturage convient à de nombreuses espèces.

HELLEBORUS ARGUTIFOLIUS
Hellébore de Corse

Voir généralités : Hiver, Vert et gris, page 149. Les capsules ciselées, graphiques de l'hellébore de Corse se marient à merveille aux tulipes 'Queen of Night', voire aux *Fritillaria persica*.

SMYRNIUM

Bisannuelle Zones : 7-9
Hauteur : 60-90 cm

Variétés à couper *Smyrnium perfoliatum* est une plante élégante aux bractées vert acide posées comme des tuteurs en haut des tiges, autour d'un candélabre de petites fleurs vert-jaune. Je le préfère mêlé au délicat *Dicentra* 'Bacchanal', à la fritillaire pintade pourpre et posé sur un appui de fenêtre lumineuse. *S. olusatrum*, plus grand, est également bon à couper. Plus lourd, plus massif, il se marie bien aux éclatantes tulipes perroquet et aux couronnes impériales. Son petit défaut tient à son parfum peu plaisant. J'en utilise donc peu à la fois et dans une pièce bien aérée.

Préparation Dépouillez le bas des tiges et laissez-les tremper une nuit, sinon, elles pencheront.

Culture *S. olusatrum* aime le soleil et le grand air, un sol fertile et bien drainé. *S. perfoliatum* demande un peu d'ombre et se mêle, au jardin, à d'autres plantes de sous-bois caduc, telles qu'hellébores et sceaux-de-Salomon. On trouve peu les smyrniums en pépinière, mais *S. olusatrum*, traité en bisannuelle, se développe bien de semis. *S. perfoliatum* est parfois capricieux, quand il est issu de semis, mais, une fois établi, il se répand aisément. Le mieux est d'en prélever dans une touffe dense, qui contiendra sûrement de jeunes plants. Comme il est au repos en été, le mieux est de le déterrer en hiver, quand les feuilles pointent. Bien que souvent donné pour bisannuel, il ne fleurit, fructifie et meurt souvent qu'à trois ans.

TULIPA
Tulipe

Voir généralités : Printemps, Orange et rouge, page 108. J'adore *Tulipa* 'Spring Green', la plus fraîche du groupe Viridiflora, tout simplement vert et crème. Elle va bien aux blancs : *Prunus* 'Taihaku', lilas, pivoines et *Dicentra spectabilis* 'Alba' et fait grand effet en la simple compagnie de la tulipe perroquet noire. *T.* 'Hummingbird', élégante, vert pâle, contraste bien avec les jaunes pamplemousse. Quant à *T.* 'Pimpernel', plus courte, c'est une star aux pétales et aux feuilles bordés de gris-vert, à employer seule dans un vase de verre court, très coloré. En vieillissant, les stries blanches virent au rouge sombre.

❾ ❿ ⓫

5 cm

❾ *Tulipa* 'Hummingbird'
❿ *Tulipa* 'Pimpernel'
⓫ *Tulipa* 'Spring Green'

Blanc

AMELANCHIER
Amélanchier

Arbre ou arbuste caduc
Zones 5-9
Hauteur et étalement : 6 x 3 m environ

Variétés à couper La confusion est générale entre les divers amélanchiers courants, *A. canadensis, A. laevis* et *A. lamarckii,* en fait très proches – même les botanistes y perdent leur latin ! Oubliez donc l'étiquette, en pépinière, pour chercher un arbuste aux minces feuilles ovales et à la silhouette élégante et régulière. J'adore le mariage printanier de son feuillage cuivré tout neuf et des fleurs blanches : c'est un nuage blanc de craie jusqu'à ce que le vent souffle tout. Je l'emploie comme charpente de compositions à base de lilas blancs, tulipes Viridiflora, pivoines doubles blanches et cœurs-de-Marie albinos (*Dicentra spectabilis* 'Alba'). En automne, il offre un autre atout quand les feuilles se moirent de tons rouges, orange et ocre.

Préparation Le mieux est d'écraser la base des tiges et de leur offrir un bain froid d'une nuit avant la mise en bouquet.

Culture C'est un bon arbre pour un petit jardin, car il ne devient jamais très gros. Plantez-en un seul ou, si vous avez beaucoup de place, de trois à cinq, en bosquets ou sous-bois.

Ainsi que d'autres ligneux, l'amélanchier demande une plantation automnale, une fois les feuilles tombées, mais avant les grands froids, pour que les racines, sensibles, puissent s'établir. Optez pour un emplacement ensoleillé ou à mi-ombre, en sol bien drainé mais non desséché. En fin d'hiver, donnez un paillis de compost ou de fumier bien mûr. La plupart des amélanchiers boudent le calcaire et poussent en sol neutre ou acide. Comme avec beaucoup d'acidophiles, plus le pH est bas, plus la coloration automnale est forte.

Il est improbable que vous ayez à propager vos amélanchiers, aisés à se procurer en bonne taille, propre à fournir les bouquets. Mais si vous en voulez plus, divisez-les ou semez-les, ou bien, s'ils sont buissonnants, marcottez-les.

ANEMONE
Anémone

Vivace
Zones : 5-9 (*A.* x *hybrida :* 6-9)
Hauteur : cultivars de *A. blanda* et *A. nemorosa* 10 cm ; *A. coronaria* : 20-25 cm ; *A. hupehensis* : 60-75 cm ; *A.* x *hybrida* : 1,50 m

Variétés à couper Les anémones fournissent les bouquets au printemps, en été, en automne et même jusqu'en hiver. Celles des bois, *Anemone nemorosa,* aux fleurettes rondes toutes simples, sont superbes seules. Parmi les cultivars, on trouve *A. n.* 'Robinsoniana', lavande à étamines jaune d'or, et *A. n.* 'Bracteata Pleniflora', double, blanc strié de vert. Un catalogue de bulbes bien illustré vous aidera à faire votre choix.

A. blanda, épanouie durant tout le printemps, possède des pétales peu nombreux, assez fins. Ses coloris multiples comprennent le bleu sombre avec *A.* b. *'Atrocœrulea'* (voir p. 112 et 113). Autres vedettes des bouquets, on trouve les cultivars de *A. coronaria.* Je les préfère unis : le pourpre velouté et profond, le rose carmin éclatant et 'The Bride', blanc pur, sont tous parfaits, mais difficiles à trouver séparément. On peut en planter pour une saison dans un coin, puis les repiquer, par couleurs, au jardin. Je prends toujours les « De Caen », simples, plutôt que les « Ste Brigide », doubles.

En fin d'été, et parfois jusqu'à Noël, vous trouverez les fleurs des *A. hupehensis* et *A.* x *hybrida* (voir p. 139), dont les hautes tiges rigides sont irremplaçables en bouquets. Elles durent au moins deux semaines en vase.

Culture *A. nemorosa* et *A. blanda* poussent à mi-ombre, en sol humifère bien drainé. Elles se naturalisent particulièrement bien dans l'herbe et les sous-bois, où elles forment des tapis spectaculaires. Si *A. coronaria* dispose du plein soleil et d'un sol bien drainé, elle fleurit pendant des mois sans arrêt. *A. hupehensis* et *A.* x *hybrida* aiment la lumière mais supportent l'ombre. Leurs racines traçantes peuvent être envahissantes, surtout en sol léger. Malgré leur taille, elles ne demandent pas de tuteurs.

Les rhizomes de *A. blanda, A. nemorosa* et *A. coronaria* sont bon marché ; achetez-les par gros paquets. Ils pousseront mieux si vous les trempez 24 heures avant plantation. Leurs touffes feuillues seront divisées quand elles fanent, en juin.

Procurez-vous de trois à cinq plants de vos formes préférées de *A. hupehensis* et *A.* x *hybrida* pour disposer de beaucoup de fleurs. Achetez-les suffisamment forts pour qu'ils s'épanouissent dès la première année. En deux ou trois ans, vous commencerez à en avoir des brassées.

Propagez-les par divisions ou boutures de racines en hiver (voir p. 37, 41 et 43). Bien que ce soit une opération très délicate (donc réservée aux raretés), les anémones sont multipliables par semis de fin d'été, avec des graines très fraîches. Récoltez-les encore vertes et immatures.

A. coronaria des groupes Ste Brigide sont propagées commercialement de semis printanier, pour fleurir dès la fin de l'été et au printemps suivant, à condition de les maintenir à une température minimale de 8° C durant l'hiver.

❶ *Anemone blanda*
❷ *Anemone coronaria* (De Caen) 'The Bride'
❸ *Anemone nemorosa*

ANTHRISCUS SYLVESTRIS
Persil des fous

Bisannuelle Zones : 4-8
Hauteur : 90 cm

Variétés à couper Un blanc nuage de persil des fous, mousseux et gracile, flotte sur les talus de nos chemins creux au printemps. Plus rare, retenez le cultivar 'Ravenswing' à feuilles noires. Ses fleurs sont plus maigres, mais son feuillage ciselé, sombre, donne un net relief à un jardin. Coupées long, les fleurs font grand effet, toutes seules, dans un vase en verre massif. Plus courtes, elles ajoutent un air champêtre, aérien, à une composition. J'emploie le persil des fous type, ou 'Ravenswing', dans des boules suspendues pour les fêtes de fin de printemps.

Culture Les deux formes poussent dans tous les sols, de préférence ensoleillés et bien drainés. On trouve les graines du type sauvage dans le commerce, mais vous pourrez les récolter dans un chemin en été, ce qui sera autant d'économisé. La plante n'aime guère les transplantations. Semez donc en place, là où vous le souhaitez, et éclaircissez à 30 cm d'écart. On ne trouve pas les graines d'*A. s.* 'Ravenswing' dans le commerce. Pour en obtenir une bonne touffe, achetez de trois à cinq plants et faites votre propre stock. Vous les sèmerez comme le type ou, si vous en avez peu, en serre froide. Repiquez-les dès que les deux cotylédons (fausses feuilles) lisses apparaissent. Quand les vraies feuilles, plumeuses, se forment, le repiquage est mal toléré.

CLEMATIS
Clématite

Vivaces et grimpantes persistantes ou caduques

Zones : *C. cirrhosa* : 7-9 ; *C.* x *durandii, C. montana, C. tangutica* : 6-9 ; *C. vitalba, C. viticella* : 5-9

Hauteur : *C.* x *durandii* : 1,80 m ; *C.* 'Rouge Cardinal', *C. cirrhosa, C. viticella* : 2-3 m ; *C. tangutica* : 3-3,50 m ; *C. montana* : 6 m ; *C. vitalba* : 9 m

Variétés à couper Il n'existe guère de clématites inaptes aux bouquets, tout le problème tenant à leurs pétioles courts. Vous le résoudrez si vous êtes assez hardi et ferme pour couper un étage de fleurs – ou plusieurs – à la fois. Au printemps, les cultivars de *C. montana* sont adaptés à ce traitement. Ils possèdent des tiges solides, ligneuses, couvertes des pieds à la tête de fleurs étalées et au teint lumineux. Très vigoureux et de pousse rapide, ils supportent ce régime au bout de deux à trois ans. Je les emploie souvent en vedettes dans les bouquets de mariées de fin de printemps et d'été. Vous pouvez en couper des tronçons, que vous entrelacerez pour y tailler les longueurs désirées. Ils ne tiennent pas la journée, sans eau, mais, composés au dernier moment, les bouquets durent tout de même plusieurs heures. Vous obtiendrez une composition superbe et spectaculaire en mariant simplement des *C. montana* avec des *Viburnum opulus,* et des grands sceaux-de-Salomon arqués pour former la collerette. Des entrelacs de clématite blanche, mis bout à bout, formeront un sillage nuageux dans l'église, derrière la mariée.

On trouve en été de somptueuses clématites rouges et pourpre velouté, telle 'Royal Velours' (voir p. 126) ; en automne, des jaunes (*C. tangutica* et 'Bill Mackenzie') ; en hiver, les graines plumeuses de celle des haies (*C. vitalba*) sont un trésor (voir p. 88-89, 137 et 149).

Culture Mieux vaut planter les clématites au printemps. Comme nombre de lianes, elles prospèrent avec les racines à l'ombre et les branches grimpant au soleil sur un mur, un arbre, un treillage. Les montanas supportent l'ombre et peuvent garnir un mur peu ensoleillé. *C.* x *durandii* et ses pareilles, qui ne s'accrochent pas, prendront place dans les bordures herbacées ou seront liées sur un tripode de noisetier ou de bambou. Toutes les espèces aiment un sol frais, mais non trempé. Pour une belle floraison, nourrissez-les. Supprimez les bois morts de celles qui fleurissent en hiver et au printemps (*C. cirrhosa, C. montana, C. tangutica*), dès qu'elles fanent, en les rectifiant éventuellement. Coupez ras, en automne, *C.* x *durandii* et autres herbacées. Ces espèces tardives, tels les cultivars de *viticella,* seront rabattues à 30 cm du sol, en fin d'hiver.

Pour propager les cultivars, prenez des boutures demi-aoûtées, ou marcottez-les, en été. *C. viticella* se ressème seule, sans excès.

❹ *Amelanchier canadensis*
❺ *Anthriscus sylvestris* 'Ravenswing'
❻ *Clematis montana*

CONVALLARIA MAJALIS
Muguet

Vivace caduque Zones : 4-9
Hauteur : 20 cm

Variétés à couper Cette plante donne les clochettes les plus délicieusement parfumées qui soient, au printemps ; en outre, elle les produit dans les coins ombrés, peu accommodants du jardin, où rien ne pousse. Je ne peux m'empêcher d'en faire des bouquets pour mon chevet.

Convallaria majalis 'Fortin' est un excellent cultivar, aux fleurs et feuilles plus amples. Il s'épanouit quinze jours après le type. En plantant les deux, vous allongerez la saison. Pour les amateurs de muguet rose, il existe un cultivar légèrement teinté, *C. m.* 'Rosea', qui rappelle une mini-jacinthe des bois. On trouve également une bonne forme panachée, qui demande du soleil pour ne pas retourner au type vert.

Mêlez fleurs et feuilles en bouquets frais, pour l'aspect et le parfum. Le large feuillage équilibre les jolies fleurs légères. Le parfum s'évanouit et les fleurs brunissent en quatre ou cinq jours, voire plus tôt à la chaleur.

Culture Cette plante pousse où elle veut, et non là où vous voulez. Installez donc en automne des touffes de 10 à 15 griffes dans plusieurs endroits, plutôt à mi-ombre (mais le plein soleil et l'ombre franche conviennent aussi) et regardez où elles prospèrent. En plantant dans des coins diversement lumineux, en outre, vous prolongerez la saison de cueillette, avec un mois d'avance en plein soleil. Achetés à racines nues, les longs rhizomes filiformes du muguet seront enfouis horizontalement sous 3 cm de terre, bien tassée. Tous les sols conviennent, sauf le marécage et la glaise. Surfacez la plantation de fumier ou de compost en automne, quand les feuilles disparaissent. S'il se plaît, le muguet se révèle parfois envahissant et vous pourrez avoir à en arracher pour le restreindre. Propagez-le par division en fin d'hiver, tous les trois ou quatre ans, pas plus. Découpez des mottes carrées que vous replantez telles quelles, terre et racines mêlées. Le semis automnal est également possible.

DICENTRA
Cœur-de-Marie

Vivace
Zones : 3-8
Hauteur : *Dicentra* 'Bacchanal' : 45 cm ; *D. spectabilis* : 60 cm

Variétés à couper Les feuilles vert clair, la silhouette élégante et les dansantes fleurs en cœur de *D. spectabilis* 'Alba' se marient joliment à *Tulipa viridiflora* 'Spring Green', aux sceaux-de-Salomon et au ravissant *Prunus* 'Taihaku', blanc. *D.* 'Bacchanal' est un autre champion aux fleurs raffinées, cramoisi velouté, sur un élégant feuillage gris-bleu, ciselé. Je l'aime en petits bouquets, mêlé au *Smyrnium perfoliatum*, vert chartreuse, et à *Erythronium dens-canis*. La durée de floraison, très longue, compense la faible abondance de celle-ci. Il forme un très bon couvre-sol, les feuilles persistant jusqu'en automne.

Préparation Faites-les tous tremper avant de les travailler.

Culture Achetez trois à cinq plants des variétés désirées, qui s'établiront vite en touffes denses. Ils croissent à mi-ombre en sol humifère, frais mais bien drainé, et aiment la fraîcheur. Abritez les plantes du vent et des gels tardifs, qui abîment les jeunes pousses. Ils acceptent le soleil,

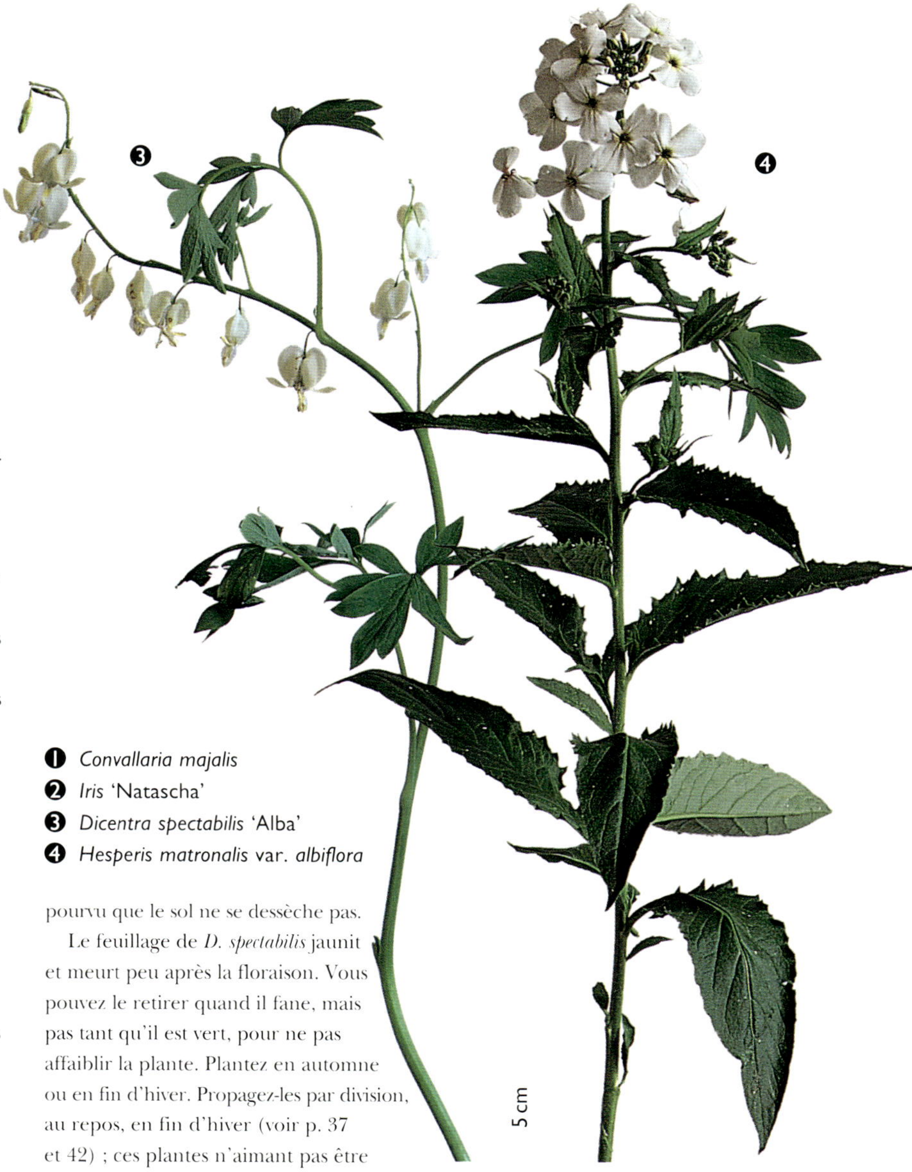

❶ *Convallaria majalis*
❷ *Iris* 'Natascha'
❸ *Dicentra spectabilis* 'Alba'
❹ *Hesperis matronalis* var. *albiflora*

pourvu que le sol ne se dessèche pas.

Le feuillage de *D. spectabilis* jaunit et meurt peu après la floraison. Vous pouvez le retirer quand il fane, mais pas tant qu'il est vert, pour ne pas affaiblir la plante. Plantez en automne ou en fin d'hiver. Propagez-les par division, au repos, en fin d'hiver (voir p. 37 et 42) ; ces plantes n'aiment pas être dérangées, divisez-les le moins possible.

D. spectabilis 'Alba' se sème également, les graines germant mieux après un séjour au réfrigérateur, mais sachez que *D. formosa* est plus capricieux.

FRITILLARIA MELEAGRIS
Fritillaire pintade, œuf-de-vanneau

Voir généralités : Printemps, Jaune, page 109. L'élégante *F. m.* subvar. *alba* est parfaite seule ou mêlée à la forme pourpre.

HESPERIS MATRONALIS
Julienne des dames

Voir généralités : Printemps, Rose, page 104. *Hesperis matronalis* var. *albiflora*, la julienne blanche, est idéale en mélange ou accompagnée de la forme mauve.

HYACINTHOIDES
Jacinthe des bois

Voir généralités : Printemps, Bleu et violet, page 112. La forme blanche de *Hyacinthoides non-scripta* se marie bien avec *Tulipa* 'Spring Green' et *Anemone coronaria* 'The Bride' ; ou mêlez-la simplement à la forme bleue (voir p. 58).

HYACINTHUS
Jacinthe

Bulbe
Zones : 4-9
Hauteur : 15-20 cm

Variétés à couper Les meilleures jacinthes à couper sont les jacinthes romaines (voir p. 152). Je trouve les espèces de jardin plutôt lourdes, avec leurs tiges courtes et épaisses et leurs grosses têtes pesantes, bien que j'aime le rose vif, presque fluorescent, de *H. orientalis* 'Jan Bos' (voir p. 154). Quelques tiges de celle-ci, quoique pas vraiment élégantes, font cependant toujours plaisir. Autre forme étonnante, que j'aime beaucoup, *H. o.* 'Distinction' revêt un intense rose carmin pourpré, velouté. *H. o.* 'L'Innocence', blanc, ombré de vert, et *H. o.* 'King of the Blues' valent toutes deux d'être cultivées. Placez-en une tige, isolée, sur un chevet ou dans une salle de bains.

Culture Les jacinthes aiment un emplacement dégagé, ensoleillé. Elles poussent en sol moyen bien drainé, si possible enrichi de fumier à l'automne précédent. Pour avoir de grosses fleurs, donnez-leur de l'engrais liquide dès l'apparition des boutons. Achetées par 20 ou 50 bulbes, elles sont bon marché. Plantez-les en automne sous 8 à 10 cm de terre, à 20 cm d'écart environ. J'en mets à forcer un lot également, pour agrémenter la maison en hiver, soit en bouquets (jacinthes romaines) soit en pot (jacinthes classiques) [voir p. 41].

Vous pouvez les propager en détachant les caïeux, en les relevant en fin d'été. Ils fleuriront trois ans plus tard environ, mais n'atteindront leur taille adulte qu'au bout de sept ans. Comme je suis trop peu patiente, j'en rachète chaque automne.

IRIS

Voir généralités : Hiver, Bleu et violet, p. 158. *Iris reticulata* 'Natascha', délicate miniature blanc transparent, gagne à être installée simplement : quelques tiges dans un verre. Placez une lampe derrière, pour illuminer la tache orange et les veines violettes.

MAGNOLIA

Arbres ou arbustes
Caducs ou persistants
Zones : *Magnolia grandiflora* : 7-9 ; *M. stellata* : 5-9 ; *M. denudata* : 6-8
Hauteur et étalement : *M. stellata* : 2,5 à 3 x 6 m ; *M. denudata* 9 x 9 m ; *M. grandiflora* 9-12 m en tous sens (il peut atteindre 30 mètres de haut)

Variétés à couper Je pense toujours que les magnolias sont faits pour les jardins urbains, dans l'ensemble plus abrités et moins sujets aux gels tardifs dévastateurs. Leurs capiteuses fleurs cireuses sont toutes spectaculaires en bouquets. Cueillez une branche de *M. stellata* pour l'admirer de près. C'est une bonne acquisition car, s'il pousse aussi lentement que les autres, en revanche, il fleurit jeune. Il est en outre très florifère et offre une combinaison parfaite de texture et de forme avec des boutons veloutés, doux, et ses calices aux collerettes superposées de pétales crème, bouclés, autour d'un cœur sombre. Ces fleurs souffrent souvent du gel, mais les boutons sont si nombreux qu'ils sont vite remplacés.

M. denudata est aussi une beauté. Une fois installé, il se recouvre de fleurs en coupe blanc pur, parfumées, si fréquentes dans les peintures chinoises et japonaises. Là encore, cueillez un rameau pour l'admirer de près.

Ceux qui ont de la place et disposent d'une bonne surface de mur bien exposée pourront envisager la culture de l'imposant *M. grandiflora*, estival et persistant (voir p. 121), même s'il demande du temps pour fleurir. Vous pouvez le remplacer par son cultivar *M. g.* 'Goliath' à grandes feuilles vert vif et fleurs géantes jaune citron.

Préparation Les étamines lâches de *M. grandiflora* tombent volontiers sur le meuble qui les accueille : mieux vaut donc les retirer au départ.

Culture Les magnolias prospèrent en sol riche et profond, mais non trempé. Ils demandent le soleil ou un peu d'ombre, et un abri contre les vents forts. La plupart préfèrent un sol neutre ou acide. Faites un trou de plantation assez grand pour accueillir la motte, plus un bon apport organique. Les racines charnues sont fragiles ; plantez donc au printemps, quand les risques de fortes gelées sont passés. Lors d'un hiver très froid, il est sage de protéger les espèces persistantes d'une toile. Paillez chaque année avec un compost riche, jusqu'à l'établissement complet.

❺ *Fritillaria meleagris* subvar. *alba*
❻ *Hyacinthoides non-scripta*
❼ *Hyacinthus orientalis* 'L'Innocence'
❽ *Magnolia denudata*
❾ *Magnolia stellata*

❶ *Myrrhis odorata*
❷ *Rosa banksiae* var. *banksiae*
❸ *Viburnum* x *burkwoodii* 'Park Farm Hybrid'

MYRRHIS ODORATA
Cerfeuil vivace

Vivace Zones : 4-8
Hauteur : 60-90 cm

Variétés à couper Le cerfeuil vivace est une vieille « simple ». Son feuillage ciselé comme une fougère est un trésor pour le jardin, où il poussera à l'ombre, sous un arbre ou près d'une haie. Il est parfait à proximité des grosses feuilles en cœur de *Brunera macrophylla*.
Je le cultive pour ses fleurs légères, plumeuses, épanouies un mois avant le persil des fous et l'ammi. Dès mars, je l'emploie, avec ses feuilles, pour alléger les compositions champêtres (voir p. 58).

Préparation Faites tremper feuilles et fleurs au moins une nuit avant utilisation, sinon elles retombent.

Culture Il pousse au soleil ou à l'ombre, en sol drainé. Si vous coupez les fleurs, la plante garde son énergie et forme de grosses touffes. Plantez trois à cinq pieds en automne ou en fin d'hiver. Ils se ressèmeront ensuite tout seuls.

Le semis printanier est facile. Semez en pépinière, en éclaircissant à 30 cm d'écart, ou divisez les pieds en été ou en automne (voir p. 37 et 41).

NARCISSUS
Jonquille, narcisse

Voir généralités : Printemps, Jaune, page 109.
Mes narcisses préférés sont *Narcissus poeticus* var. *recurvus*, raffiné et très parfumé, et le groupe *Triandrus*, blanc pur, multiflore, tels *N.* 'Ice Wings' et *N.* 'Thalia', aux têtes petites avec des tubes minces et des pétales récurvés.

PAEONIA
Pivoine

Voir généralités : Printemps, Rose, page 105.
La *Paeonia lactiflora* 'Shirley Temple', double, blanche, délicieusement parfumée, porte une couronne de pétales blanc rosé et un cœur ruché lavé de crème.

POLYGONATUM
Sceau-de-Salomon

Vivace rhizomateuse Zones : 4-10
Hauteurs : *Polygonatum odoratum* : 60 cm ; *P. falcatum* : 50-90 cm ; *P. multiflorum* : 1 m ; *P.* x *hybridum* : 1-2 m ; *P. biflorum* (syn. *P. commutatum*) : 1,50 m

Variétés à couper Le sceau-de-Salomon est irremplaçable comme toile de fond printanière : quand une composition ne me plaît pas, ou, simplement, ne semble pas au point, il sauve toujours la situation. Ses grandes tiges arquées au feuillage vert argenté et aux clochettes pendantes peuvent être employées entières dans un grand vase ou, recoupées, avec des plantes plus réduites. Outre l'imposant *P.* x *hybridum* (*P. multiflorum* x *P. odoratum*), il existe d'autres variétés plus insolites. Essayez la forme double *P. o.* 'Flore Pleno', qui ressemble à un cintre chargé de tutus, ou la forme panachée de *P. falcatum*, à tiges rouges et feuilles marginées de blanc. Plus petit, *P. odoratum* est une bonne version réduite et, comme son nom l'indique, bien parfumée. Si vous pouvez accueillir un géant, tentez *P. biflorum*, à mêler en énormes bouquets printaniers à des lilas blancs, pivoines et persil des fous.

Culture Les sceaux-de-Salomon croissent en sol frais, ombré, humifère et humide. En fait, ils poussent partout si l'endroit n'est ni sec ni trop ensoleillé. Plantez-en une bonne touffe de cinq ou sept et laissez-les s'étendre. Faites un paillis annuel de fumier mûr, sans y toucher plus – ces plantes souffrent d'être dérangées.

Propagez-les par division des rhizomes superficiels, au printemps ou en automne. Replantez aussitôt ou gardez-les, quelques jours, dans un substrat frais.

ROSA BANKSIAE var. BANKSIAE
Rose de Banks

Voir généralités : Eté, Rose, page 124.
Rosa banksiae var. *banksiae*, avec ses pompons précoces, compte parmi les rosiers les plus raffinés. Il lui faut un mur abrité, ensoleillé, où grimper. Les fleurs sont faites pour les bouquets : essayez deux ou trois rameaux seuls, sur une desserte, par exemple.

SYRINGA
Lilas

Arbustes et arbrisseaux caducs
Zones : *S. vulgaris* : 4-8 ; *S. microphylla* : 5-8
Hauteur et étalement : Cultivars de *S. vulgaris* : 5 m x 2,50 m ; *S. microphylla* : 1,80 x 1,80 m

Variétés à couper Il existe des régions dans lesquelles le lilas dans la maison est censé porter malheur. Il serait vraiment dommage de se priver de ce fabuleux parfum ! Ne faites pas place à la superstition et cueillez-en des brassées. Les plus adaptés aux bouquets sont les cultivars de *S. vulgaris*. Je ne suis pas folle des variétés mauves, qui semblent toujours grises. Je préfère également les formes simples aux doubles, qui me font penser aux caniches nains. J'aime les blancs purs, *S. v.* var. *alba* 'Maud Noctcutt', à gros fleurons, et une variété plus compacte, *S. v.* 'Mme Felix', très adaptée aux bouquets et au forçage. *S. v.* 'Primrose', à petites fleurs crème, se mêle joliment à des roses jaunes précoces. Je cultive également le rouge pourpré *S. v.* 'Andenken an Ludwig Späth' (voir p. 112 et 113).

D'autres espèces, sauvages, mais belles, sont souvent inodores. *S. microphylla* fait exception : en mai-juin, il porte des bouquets rose vif et des fleurs parfumées plus claires. Vous aurez une remontée estivale si vous supprimez les fleurs fanées.

Préparation Ecrasez le bout des tiges ligneuses. Les fleurs dureront plus longtemps si vous retirez le feuillage. Mais gardez-en quelques branches s'il n'y a que du lilas dans le vase, pour un effet plus naturel.
Culture Les lilas poussent dans la plupart des bons sols bien drainés et ensoleillés, sauf s'ils sont trop acides. Ils acceptent la craie. Plantez en automne-hiver. Ils n'aiment pas les transplantations et demandent deux ans avant de fleurir correctement ; soyez donc patient. Aucune taille régulière n'est requise, mais il est bienvenu de nettoyer et d'aérer l'arbuste après floraison puis de supprimer les pousses faibles en hiver. Eliminez toujours les rejets, qui consomment de l'énergie au détriment de la floraison des branches principales. Les jeunes sujets tirent profit d'un nettoyage des fleurs fanées ou de la coupe pour les bouquets. Vous pouvez former des cépées pour avoir de grosses panicules ; coupez ras, pour ce faire, après floraison, en juin. Un pied de chaque variété suffit, mais vous pouvez les propager par boutures demi-aoûtées ou par marcottage en été (voir p. 38, 39 et 42).

TULIPA
Tulipe

Voir généralités : Printemps, Orange et rouge, page 108. J'adore la tulipe à fleurs de lys 'White Triumphator' pour sa classe et sa pureté. Placez-en une botte, seule, dans un vase à col étroit, pour garder les têtes droites. Les somptueuses formes à fleurs de pivoine blanches, échevelées, se prêtent aux bouquets d'amoureux, de mariage et de naissance. Mariez-les à des anémones pourpres, surmontées de charme, de chêne ou de hêtre, dont les branches dépasseront, dans un bouquet rond. 'Carnaval de Nice', flammée de rouge, est plus mon genre, comme la perroquet 'Estella Rijnveld', frangée d'écarlate, toutes deux trop voyantes pour le jardin. Cet éclat les rend idéales en bouquets. Vous les y laisserez seules, ou mêlées à une autre double tardive blanc pur, 'Mount Tacoma', ou encore retombant d'une simple cruche blanche, au milieu de votre salle à manger. Quand les fleurs s'ouvrent à plein et que leurs pétales commencent à tomber, elles ressemblent plus que jamais à de fantastiques oiseaux tropicaux.

VIBURNUM x BURKWOODII
Viorne

Voir généralités : Hiver, Rose, page 154. Le printanier *Viburnum* x *burkwoodii*, au lourd parfum, porte des fleurs blanches et des boutons rosés, qui durent jusqu'à une semaine en vase. A l'inverse de nombre de membres efflanqués de cette famille, il reste beau même défleuri.

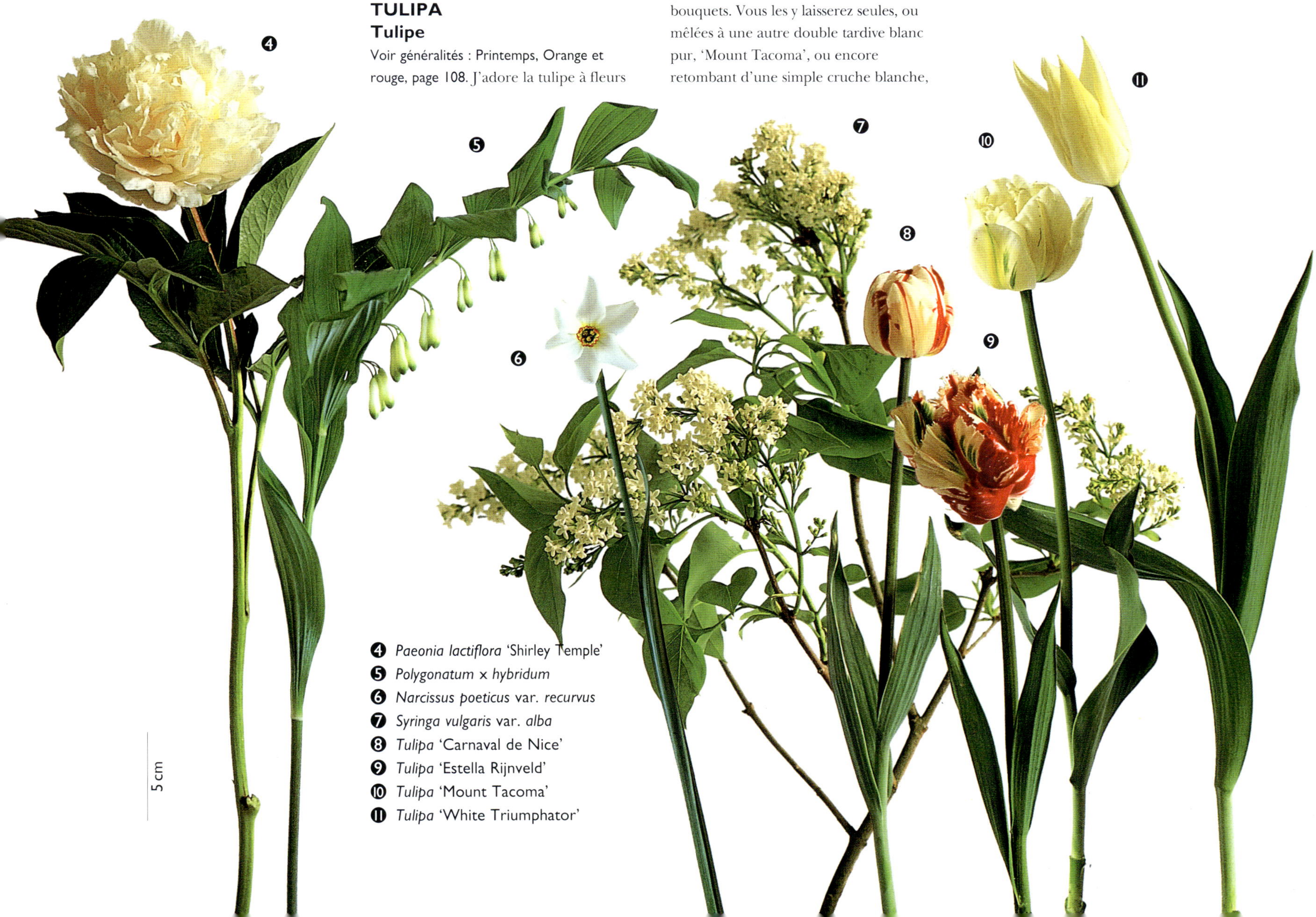

❹ *Paeonia lactiflora* 'Shirley Temple'
❺ *Polygonatum* x *hybridum*
❻ *Narcissus poeticus* var. *recurvus*
❼ *Syringa vulgaris* var. *alba*
❽ *Tulipa* 'Carnaval de Nice'
❾ *Tulipa* 'Estella Rijnveld'
❿ *Tulipa* 'Mount Tacoma'
⓫ *Tulipa* 'White Triumphator'

Rose

ANEMONE CORONARIA
Anémone

Voir généralités : Printemps, Blanc, page 98. Le brillant rose indien des anémones de Caen est presque insurpassable en intensité. Je les emploie dans des compositions vivement bariolées, avec des tulipes et des euphorbes (voir p. 62). Elles sont belles aussi seules, dans un vase vert vif, pour une chambre ou une salle de bains.

CARDAMINE
Cardamine

Annuelle et vivace Zones : 3-9

Hauteur : 45 cm

Variétés à couper Dès le début du printemps, la cardamine des prés, *Cardamine pratensis,* rose lilacé, couvre les talus de nos chemins, et a colonisé les lisières humides du jardin. Sa forme et sa couleur élégantes se marient aux jacinthes et anémones des bois, également présentes sur les talus. Pour le jardin, on trouve une forme améliorée à fleurs un peu plus grosses, *C. p.* 'Flore Pleno'.

Disposez-les en solitaires dans un vase en verre bleu, ou mêlez-les à d'autres fleurs printanières des champs et des bois – primevères, jacinthes des bois, sceaux-de-Salomon (voir p. 58). Je vais jouer les moralistes, mais je crois qu'il vaut mieux cultiver ses propres fleurs sauvages et laisser celles des chemins réjouir l'esprit d'autres promeneurs.

Plus précoce que *C. pratensis,* existe sa grande sœur, *C. quinquefolia* (voir p. 153). Sa cueillette commence souvent en plein hiver et donne des bouquets bon enfant, pour un chevet.

Culture Les cardamines poussent en plein soleil ou à mi-ombre, en sol humide ou trempé. Plantez-en en automne une touffe de cinq ou sept dans un coin frais du jardin à bouquets. Elles s'étendront vite. Semez-les sous châssis froid, en pot, au printemps, ou divisez-les en automne (voir p. 32-34, 42).

CLEMATIS MONTANA
Clématite

Généralités : Printemps, Blanc, page 99. *C. m.* 'Elizabeth' est une vigoureuse espèce rose pâle parfaite pour un bouquet de mariée ou un centre de table, où elle peut serpenter. Mêlez-la à du lilas blanc et des boules-de-neige encore vertes pour un joli décor frais.

DAPHNE x BURKWOODII
Daphné

Voir généralités : Hiver, Rose, page 153. *Daphné* x *burkwoodii* 'Somerset', une des dernières à fleurir en plein cœur du printemps, exhale un parfum puissant, comme toujours dans cette famille. J'en place trois à cinq tiges dans une carafe verte, pour décorer une salle de bains ou une chambre.

ERYTHRONIUM
Dent-de-chien

Vivace tubéreuse Zones : 3-9

❶ *Anemone coronaria* (De Caen)
❷ *Erythronium dens-canis*
❸ *Tulipa saxatilis*
❹ *Cardamine pratensis*
❺ *Clematis montana* 'Elizabeth'
❻ *Daphne* x *burkwoodii* 'Somerset'

Hauteur : *Erythronium dens-canis* : 13 cm ; *E.* 'Pagoda', *E. californicum* : 30 cm

Variétés à couper La dent-de-chien est indigène dans les bois italiens, où l'on marche parfois sur les touffes de ses belles feuilles marbrées perçant les tons cuivrés des débris de bois. Introuvable chez les fleuristes, cette miniature raffinée est cependant d'une grande beauté. Coupez-en trois à cinq tiges avec leurs feuilles, à placer dans un verre étroit sur votre bureau ou votre table de nuit pour en profiter pleinement. Leurs pétales récurvés, ondulés, seront également mis en valeur par le contre-jour sur un appui de fenêtre. On trouve de nombreux coloris et vous pourrez choisir dans un bon catalogue de bulbes. J'apprécie *E. dens-canis* 'Frans Hals', pourpre foncé.

Ses cousins plus robustes, *E.* 'Pagoda' (voir p. 109) et *E. californicum,* sont dépourvus de belles marbrures sur les feuilles mais durent plus longtemps. Installez-les seuls, également, ou mêlés à *T. tarda,* une tulipe botanique.

Culture Ces bulbes sont coûteux. Achetez-en peu et laissez-les s'étendre. Ils ne supportent pas la sécheresse : plantez-les sans tarder ou stockez-les dans de l'écorce broyée ou du compost en attendant. Vous pourrez les propager par bulbilles prélevées en été, mais il faut attendre les fleurs pendant trois à quatre ans et je suis trop pressée pour ça. Plantez-les à 8-10 cm de profondeur et à 5-8 cm d'écart, à mi-ombre, en sol humifère bien drainé. Evitez de les déplacer.

HESPERIS MATRONALIS
Julienne des jardins, julienne des dames

Vivace Zones : 4-9

Hauteur : 90 cm-2 m

Variétés à couper La grande julienne, lilas clair, est meilleure fleur à couper que la monnaie-du-pape, plus foncée. Ses fleurs plus denses sont aussi doucement parfumées, surtout le soir. Elle fleurit du printemps au cœur de l'été, et plus vous en cueillez, plus elle

❼ *Hesperis matronalis*
❽ *Paeonia lactiflora* 'Sarah Bernhardt'
❾ *Paeonia officinalis*
❿ *Tulipa* 'China Pink'

remonte. Cultivez les formes rose pourpré et blanches (voir p. 100), que vous mélangerez avant de les mettre en vase dans une cuisine, ou associez-les au cerisier commun, *Prunus avium*.

Culture La julienne réussit tant à mi-ombre qu'au soleil, et la forme blanche donne un lumineux nuage au crépuscule, sous les arbres, son parfum montant par vagues aux narines du promeneur. Plantez-en cinq ou sept et vous aurez des cueillettes abondantes. Cette bisannuelle est un peu capricieuse de semis. Placez les graines en sillons, en planches, au mois de juin et éclaircissez à 20-30 cm. Vous les laisserez en place pour les cueillir ou les repiquer en automne au jardin. Surfacez au fumier en avril.

PAEONIA
Pivoine

Vivace herbacée ou ligneuse, caduque
Zones : 3-9
Hauteur : Cultivars de *Paeonia lactiflora* et *P. officinalis* : 60-75 cm

Variétés à couper Les pivoines, comme les iris des jardins, les lis et les branches de roses, donnent toujours un décor luxueux et élégant en vase. Quand vous les coupez, vous vous sentez à la fois pris en faute et délicieusement excusable. J'ai presque toujours l'impression que quelqu'un va me gronder. Mes faveurs vont aux formes doubles carmin profond et cramoisi soutenu, telles que *P. officinalis* 'Crimson Globe', *P. lactiflora* 'Inspecteur Lavergne' et la plus sombre de toutes, *P. l.* 'Monsieur Martin Cahuzac'. J'aime également 'Shirley Temple', blanche (voir p. 102 et 103). Les grosses pivoines roses chiffonnées des mariages de printemps ne sont pas de mon goût. Leur couleur, leur forme évoquent pour moi la barbe-à-papa et les robes de bal populaire, avec des amoncellements de tissu rose superposés. Mais *P. l.* 'Sarah Bernhardt' reste une des meilleures, légèrement odorante de surcroît.

Les pivoines simples, aux lignes pures, en soucoupes, rappellent les magnolias vernissés et sont excellentes en vase. Essayez *P. l.* 'Whitleyi Major', à pétales blancs et cœur jaune vif.

Hélas, les fleurs des pivoines arbustives ne durent guère que deux ou trois jours et je les laisse plutôt sur pied.

Les feuilles jeunes, ombrées de rouge, de *P. lactiflora,* sont tout à fait indiquées pour la coupe. Cueillez-les avec parcimonie, car elles peuvent porter des boutons. Je récolte également les capsules de graines, graphiques, en été et à l'automne (voir p. 117).

Préparation Les pivoines sont fantasques. Ne les laissez jamais avoir soif après la coupe, car, une fois évanouies, elles reviennent difficilement à la vie. Cueillies en boutons ou juste épanouies, et dans l'eau toujours fraîche, elles peuvent durer quinze jours.

Culture Les pivoines poussent en sol riche, bien drainé, jamais sec en été. Plantez-les en plein soleil. Vous aurez peut-être à les tuteurer, les fleurs, surtout les doubles, étant souvent assez lourdes pour retomber dans la boue et se salir, voire pour casser. Apportez-leur, par béquillage, un peu d'os broyé en automne, et un surfaçage de compost ou de fumier mûrs au printemps. A la cueillette, ne prélevez qu'une ou deux tiges par pied, les feuilles poussant sur les tiges florales. Vous laisserez ainsi assez de feuillage pour la photosynthèse et donc pour nourrir la souche.

Il vous faudra planter deux à trois souches par variété pour en avoir assez à couper. Vous enfouirez à peine le collet, les bourgeons ne devant pas être couverts par plus de 3 cm de terre. Plantées trop profond, elles fleuriront mal. Propagez les pivoines par division en automne (voir p. 37 et 41-42).

TULIPA
Tulipe

Voir généralités : Printemps, Orange et Rouge, page 108.

Les roses violents, comme celui de la tulipe fleur de lys 'China Pink', seront simplement mêlés au vert vif du *Smyrnium perfoliatum* ou des euphorbes, qui contrastent bien, tout en les rafraîchissant.

Orange et rouge

AQUILEGIA
Ancolie

Vivace Zones : 5-9

Hauteur : 50-75 cm

Variétés à couper Ces fleurs jolies et élaborées ne durent que trois ou quatre jours dans l'eau, mais ce sont des fleurs à couper raffinées et délicates qui méritent une place au jardin.

Plantez-en une masse de variétés à longs éperons, telles les McKana hybrides, en rouge, rose, blanc, bleu, simples et bicolores, et mêlez-les en un joyeux bariolage, dans un centre de table libre. Ou bien formez de grosses touffes d'ancolies à longs éperons bicolores, jaune et rouge ou bleu et blanc, ou des unies trapues, comme celle qui est presque noire, *A. vulgaris* (voir p. 112). Placez-en seules dans un vase ou mêlez-les à des compagnes qui relèvent leurs tons.

Préparation Faites-les tremper avant de composer votre bouquet.

Culture Les hybrides de McKana aiment le soleil, en sol drainé mais non sec. Les autres ancolies poussent à mi-ombre et même à l'ombre d'un mur. Dans l'ensemble, ce sont des vivaces de peu de durée, qu'il faut renouveler souvent. Le semis printanier est aisé. Semez sous abri et repiquez en ligne, en pépinière pour l'été. Mettez-les en place en automne. Ou bien semez des graines fraîches en fin d'été, éclaircissez et rempotez en automne pour garder les jeunes plants sous châssis en hiver. Elles se ressèment en s'hybridant sans retenue. Pour avoir des couleurs pures, isolez-les.

ERYSIMUM CHEIRI
Giroflée

Vivace et bisannuelle Zones : 3-9

Hauteur : 30-50 cm

Variétés à couper Le parfum suranné, sucré des giroflées, mêlées aux mufliers et aux myosotis, évoque les jardins de curé. Elles revêtent les plus belles couleurs, tels le profond rouge sombre velouté de *Erysimum cheiri* 'Blood Red', le cuivre brûlé de *E. c.* 'Fire King', le jaune éclatant de *E. c.* 'Cloth of Gold' et le blanc crème de *E. c.* 'White Dame'. Mieux vaut les planter par couleurs qu'en mélange. Je les emploie en large bordure festonnant mes carrés d'annuelles, avec un couvert de myosotis, sur fond de *Smyrnium olusatrum.* Inutile de les séparer en bouquets, en revanche, rien de plus beau qu'un pichet parfumé de giroflées en joyeux mélange, sur une table de cuisine ou dans un grand salon. Elles tiennent bien à la chaleur, qui exalte leur senteur. Elles font de l'effet mêlées à *Euphorbia amygdaloides* var. *robbiae,* coupées court, dans un petit vase (voir p. 56-58). Prêtes à tout, solides, les giroflées durent dix jours en eau fraîche.

Culture Les giroflées sont disponibles en barquettes dans les jardineries, à l'automne ; prenez garde de ne pas acheter des variétés compactes en mélange, peu utiles en bouquet. Elles aiment le soleil, un sol bien drainé et sont faciles à cultiver issues de semis, traitées en bisannuelles. Semez par couleur, en lignes écartées de 20-30 cm, directement en planches au mois de juin. Eclaircissez à 30 cm (récupérez et repiquez les surplus) et mettez en place en automne. Gardez le plus de terre possible autour des racines en transplantant pour que le maigre réseau de racines assoie bien la plante avant l'hiver.

❶ *Aquilegia olympica* (à longs éperons)
❷ *Erysimum cheiri* 'Fire King'
❸ *Erysimum cheiri* 'Blood Red'
❹ *Euphorbia griffithii*
❺ *Euphorbia sikkimensis* (jeunes feuilles)
❻ *Fritillaria meleagris*

EUPHORBIA
Euphorbe

Voir généralités : Printemps, Vert et gris, page 96. Le rouge brique lumineux des variétés de *Eupohorbia griffithii* est une vedette dans tout jardin à bouquets. Elles durent dans l'eau et se marient joliment aux euphorbes chartreuse et à presque toutes les tulipes (voir p. 60-61). J'en coupe encore en automne, quand le feuillage vire au rouge vif, pour les associer à des *Cotinus* et des feuillages de chênes colorés (voir p. 82-83). Les feuilles juvéniles de *E. sikkimensis,* aux veines rouges, sont également éclatantes mêlées à des renoncules et des tulipes, au printemps.

FRITILLARIA MELEAGRIS
Fritillaire pintade

Voir généralités : Printemps, Jaune, page 109. Cette jolie fleur délicate pousse encore dans les prés. Exposez ses clochettes pourpres, jaspées, toutes seules ou mêlées à celles de la forme blanche (voir p. 100-101).

PAEONIA
Pivoine

Voir généralités : Printemps, Rose, page 105. Les riches pompons cramoisis de *P. officinalis* 'Rubra Plena' sont sans pareils mêlés à d'autres coloris capiteux – le pourpre des *Anemone coronaria* et les chauds cuivre brûlé et rouge des giroflées. Tempérez ce mélange à l'aide du vert acide des charmes-houblons à peine feuillés, ou des inépuisables smyrniums et euphorbes. Ou bien associez-les à d'autres fleurs opulentes, telles la tulipe 'Carnaval de Nice' ou la tulipe perroquet, le feuillage étant fourni par la pivoine elle-même. Les jeunes feuillages éclairés de rouge de *P. lactiflora* et *P. mlokosewitschii* sont également très beaux, mêlés aux hellébores et à de jeunes branches d'artichaut.

PRIMULA
Primevère

Voir généralités : Printemps, Jaune, page 110. J'adore les primevères rouges, appétissantes et veloutées. De la fin de l'hiver à la fin du printemps, faites-en des bouquets unis, dans une série de verres. Elles sont également superbes mêlées à d'autres fleurs, telles que scilles et pensées. Les auricules, aux corolles cireuses, figurent en vedette dans les natures mortes du siècle dernier. Placez-en quelques brins, à voir de près, tout seuls sous une lampe de bureau ou sur une table de chevet (voir p. 56-58).

RANUNCULUS ASIATICUS
Renoncule

Généralités : Printemps, Jaune, page 111. Rappelant une anémone, en plus raffiné, cette plante bulbeuse comprend des rouges profonds. Mêlez-les à des formes roses, jaunes ou orange, ou à des *Anemone coronaria* rouges et des buplèvres.

❼ *Primula auricula*
❽ *Primula* type Cowichan
❾ *Primula* type Cowichan
❿ Cultivar de *Primula*
⓫ *Paeonia officinalis* 'Rubra Plena'
⓬ *Paeonia mlokosewitschii* (jeunes feuilles)
⓭ *Ranunculus asiaticus*

TULIPA
Tulipe

Bulbe   Zones : 3-9

Hauteur : Greigii : 15-30 cm ; Fosteriana, Simples et Doubles Hâtives : 30-40 cm ; Darwin, Fleur de lys, Perroquet, Viridiflora, Simples et Doubles Tardives : 45-60 cm

Variétés à couper Les tulipes sont sans égales en bouquets. A tel point qu'il n'y a guère de mois de l'année où l'on n'en trouve sur le marché. Au jardin, vous pouvez en avoir une gamme disponible tout le printemps. Je n'ai guère de favorites parmi les variétés, hâtives, de Greigii et Fosteriana, mais les Simples Hâtives, 'Prinses Irene' à stries violettes sur fond orange chaud, et 'Mickey Mouse' (voir p. 110-111), bicolore rouge et jaune, n'ont pas de concurrentes. 'Brillant Star', rouge capiteux, est également un beau sujet. Ensuite viennent les Darwin Hybrides, les Simples Tardives, Viridiflora et Fleur de lys. Parmi les Darwin Hybrides, 'Gudoshnik', jaspée de jaune et de rouge, est excellente ; il vous faut absolument la Simple Tardive 'Queen of Night', violet foncé, spectaculaire (voir p. 112-113). Inattendues et pittoresques, 'Spring Green', crème et vert (voir p. 97), et 'Artist', vert et orange, font partie des Viridiflora. Les Fleurs de lys sont également élégantes, avec leurs tiges souples et leurs silhouettes pointues. J'aime particulièrement 'Ballerina', feu, sentant en outre le freesia. Tentez également 'Queen of Sheba' et 'Aladdin', rouges à lisières jaunes. Puis viennent les Doubles Tardives. 'Uncle Tom' se vêt d'un riche lie-de-vin, mais il est difficile de rivaliser avec la spectaculaire 'Carnaval de Nice' pour le style et le panache (voir p. 103). *T. acuminata,* tout effilée, est dans une catégorie à part. J'en installe souvent une tige dans un soliflore. Mais les fantastiques tulipes perroquet représentent ce qu'il y a de plus beau. Elles font penser à une procession festive guatémaltèque, avec leur orange veiné de vert ('Orange Favourite'), leur jaune flammé de rouge ('Flaming Parrot', p. 111), leur blanc marbré de rouge et vert ('Estella Rijnveld', p. 103), leur cramoisi et vert pointé d'écarlate ('Rococo') et leur violet sombre à reflets noirs ('Black Parrot', p. 112-113). Aucune fleur du jardin n'est plus éclatante.

Préparation Les tulipes tiennent bien dans l'eau. Ôtez-leur les feuilles les plus basses et roulez-les dans du papier solide avant de les faire tremper huit heures environ. Leurs tiges, ainsi, resteront droites. Quand des tiges molles se mettent à boire, elles restent courbées, avec les fleurs pendantes.

Culture Achetés en grandes quantités, les bulbes de tulipes sont bon marché : prenez-les par 25 ou, si vous avez de la place, par 50 ou 100. Pour les cueillir facilement, plantez-les en ligne ou en carré. Comme nombre de bulbes, les tulipes aiment cuire au soleil, en été, dans un sol drainé. Placez-les à 10 cm de profondeur environ et à 10-15 cm d'écart, à l'automne. Laissées en terre, elles forment des bulbilles qui peuvent fleurir. Mais si, comme moi, vous êtes trop pressé pour attendre, rachetez-en chaque année. Si vous les coupez à ras, vous épuiserez les bulbes et ils fleuriront peu la saison d'après. Il est donc habile d'en planter plus que nécessaire et d'en laisser quelques pieds pour le coup d'œil, qui donneront des fleurs l'année suivante.

En juin, quand les feuilles dessèchent, vous pourrez relever les bulbes et les stocker jusqu'à la plantation. La photosynthèse leur aura alors permis de faire des réserves pour la saison de repos.

❶ *Tulipa acuminata*
❷ *Tulipa* 'Artist'
❸ *Tulipa* 'Ballerina'
❹ *Tulipa* 'Gudoshnik'
❺ *Tulipa* 'Orange Favourite'
❻ *Tulipa* 'Prinses Irene'
❼ *Tulipa* 'Uncle Tom'

Jaune

ERYTHRONIUM
Dent-de-chien

Voir généralités : Printemps, Rose, page 104.
La beauté de *Erythronium* tient à sa fleur ciselée, aux élégants pétales récurvés. Laissez *E.* 'Pagoda', jaune, seul, ou mêlé à la tulipe botanique *turkestanica*, ou à l'excellente *T. clusiana* 'Cynthia' (voir p. 110-111).

EUPHORBIA
Euphorbe

Voir généralités : Printemps, Vert et gris, page 96.
Les euphorbes vert chartreuse fournissent un des meilleurs feuillages printaniers. Mêlez *Euphorbia polychroma* ou *E. palustris*, plus grandes, à n'importe quelle couleur.

FRITILLARIA
Fritillaire

Bulbe Zones : 4-9
Hauteur : *Fritillaria meleagris* : 25-30 cm ; *F. persica, F. imperialis* : jusqu'à 1,50 m
Variétés à couper Grande dame parmi les fleurs printanières, l'imposante couronne impériale *F. imperialis* 'Lutea' porte de longues tiges sinueuses surmontées de grosses clochettes jaunes. Elle est spectaculaire à elle seule et mieux encore avec les tulipes 'Flaming Parrot' et des masses de marronniers en bourgeons. J'aime également l'orange brûlé de *F. i.* 'Rubra Maxima', frappante mêlée à cette autre vedette parmi les fritillaires qu'est *F. persica*, à des *Euphorbia characias* et des tulipes 'Black Parrot' élancées. Cueillez également les capsules de graines, dressées au-dessus du pompon de feuillage. Le petit défaut de ces fritillaires tient à leur vague odeur de renard, heureusement peu perceptible au frais.

A l'autre bout de la gamme, on trouve les superbes clochettes en damiers blancs ou prune des fritillaires « pintade » (voir p. 100-101, 106-107).

Culture Les fritillaires demandent un sol riche et profond et plutôt le plein soleil, bien que *F. imperialis* tolère un peu d'ombre. Cultivez *F. persica* en sol bien drainé, à l'abri d'un mur. Evitez de déranger ces plantes et de les couper à ras du sol : elles cesseraient de fleurir. Surfacez chaque année avec du fumier mûr.

Les fritillaires « pintade », bon marché par quantités, peuvent être plantées en masse dans une prairie sauvage, ou par touffes le long d'une allée. Accompagnez-les d'une belle étiquette, pour éviter, par la suite, de les labourer par erreur. Placez-les à 10 cm de profondeur et à 15 cm d'écart.

Les grandes espèces, plus coûteuses, ne fleurissent que vers cinq ou six ans. Achetez-les donc de bonne taille, chez un vendeur sérieux. Bon marché, elles risquent d'être trop jeunes. Plantez-en plusieurs à 15 cm de profondeur et à 30 cm d'écart. Vous pourrez les propager par bulbilles ou semis, mais, là encore, il vous faudra être patient.

NARCISSUS
Narcisse, jonquille

Bulbe Zones : 3-9
Hauteur : miniatures : 15 cm ; grands : 30-45 cm
Variétés à couper J'ai eu un préjugé contre les grosses jonquilles jaunes ou orange et jaune. Je les aime bien, désormais, surtout dans l'herbe, et elles sont superbes regroupées dans un haut pichet blanc. Je préfère ces fleurs sans prétention aux formes doubles, ou aux chanterelles, trop travaillées.

Parmi les miniatures, le délicat *Narcissus* 'Canaliculatus', un Tazetta, est délicieux mêlé à d'autres plantes bulbeuses courtes comme les scilles et muscaris, et aux primevères. Le *N.* 'Geranium' est un autre bon Tazetta, crème et orange, parfumé. Egalement parfumé, cueillez *N.* 'Soleil d'Or' et l'élégant narcisse des poètes, à l'odeur particulièrement suave le soir. *N.* 'Paper White' (voir p. 152) est aussi très odorant et facile à forcer à l'intérieur.

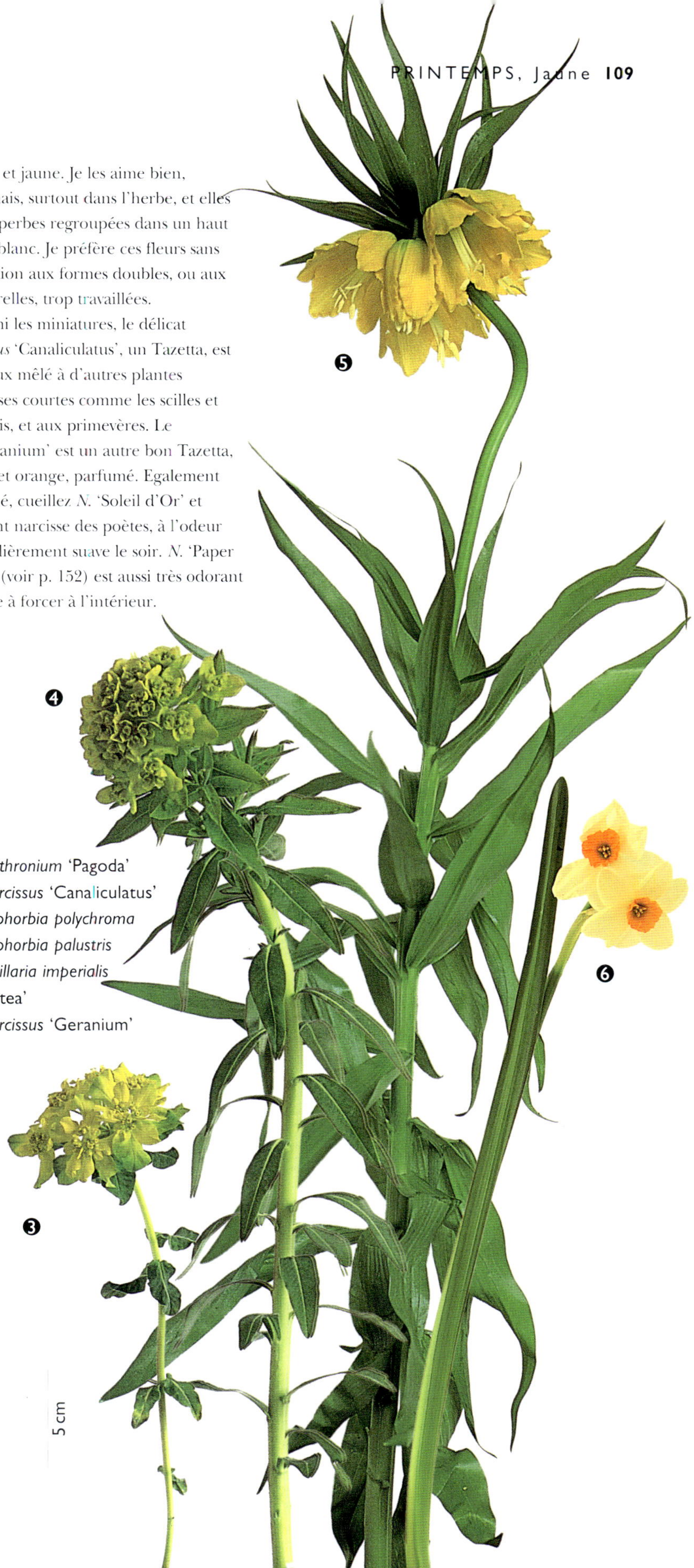

➊ *Erythronium* 'Pagoda'
➋ *Narcissus* 'Canaliculatus'
➌ *Euphorbia polychroma*
➍ *Euphorbia palustris*
➎ *Fritillaria imperialis* 'Lutea'
➏ *Narcissus* 'Geranium'

❶ *Primula auricula* 'Blairside Yellow'
❷ *Primula* (Groupe Gold-laced)
❸ *Primula vulgaris*
❹ *Primula veris*
❺ *Viola lutea*

Culture Les narcisses poussent dans tout sol drainé, au soleil et à l'ombre. Achetés par 50 ou 100, ils ne coûtent pas cher. Vous aurez des fleurs plus belles et plus solides en les plantant en fin d'été car, à la différence des tulipes, les narcisses apprécient un long séjour en terre. Plantés tard, ils restent beaux, mais le sont plus encore l'année suivante. La cueillette, y compris des fleurs fanées, profite aux bulbes qui ne gaspillent pas leur énergie à produire des graines. Après la floraison, ne coupez pas les feuilles – ne les tondez pas si elles sont dans une prairie – jusqu'à ce qu'elles jaunissent : elles auront ainsi le temps de nourrir le bulbe pour la saison suivante.

Plantez les grandes formes à 8-10 cm de profondeur et à 10-15 cm d'écart ; les petites, à 5-8 cm de profondeur et d'écartement. Pour une prairie, servez-vous d'un emporte-pièce spécial ou d'un transplantoir, pour installer chaque bulbe (voir p. 40). Pour l'intérieur (voir p. 41), faites un mélange de deux parties de terre de rempotage et une de sable grossier.

Propagez-les par division, au plus tôt six semaines après floraison ; éclaircissez les touffes tous les trois à cinq ans.

PRIMULA
Primevère, auricule

Vivace Zones : 4-9 (auricules : 3-8)
Hauteur : 15-30 cm

Variétés à couper En fin d'hiver, les primevères démarrent avec les riches coloris satinés des races Cowichan (voir p. 107). Installées dans un assortiment de verres colorés, elles seront chatoyantes. Viennent ensuite les primevères élevées, marginées ou non. La primevère acaule, *Primula vulgaris,* est jolie seule dans un verre droit. Celle des fossés, *P. veris,* plus élevée, est belle seule ou dans une composition champêtre (voir p. 58).

Les auricules fleurissent au cœur du printemps. Ornementées, elles semblent fardées. Une poudre blanche (pruine) couvre tiges et boutons. Les pétales sont souvent lignés d'une couleur différente, tels des cils maquillés (voir p. 107).

L'un des problèmes avec les primevères vient des oiseaux, qui découvrent les boutons floraux avant vous. Remédiez-y en installant une simple résille de fil noir tendue sur des tuteurs courts, à 10 cm au-dessus des fleurs.

Culture *P. vulgaris, P. veris* et leurs hybrides demandent des sols frais, drainés et non acides, au soleil ou à mi-ombre. Leurs origines sylvestres leur permettent aussi de supporter l'ombre. Les auricules demandent le plein soleil et un sol très drainant, alcalin.

Toutes les primevères viennent bien de graines semées en début d'année. Semées très tôt, elles fleurissent l'année même. Sinon, voyez une bonne pépinière et faites-y votre choix, quand elles sont en fleurs, pour être sûr de la couleur. Achetez-en au moins cinq de chaque forme, pour en faire une touffe honnête. Plus vous en cueillerez, plus elles fleuriront. Plantez-les à 30 cm d'écart, elles combleront vite le vide : elles se ressèment et vous pourrez en refaire par division dès le premier automne.

❻ *Ranunculus asiaticus*
❼ *Ranunculus asiaticus*
❽ *Tulipa* 'Mickey Mouse'
❾ *Tulipa tarda*
❿ *Tulipa turkestanica*

RANUNCULUS ASIATICUS
Renoncule des fleuristes

Bulbe Zones : 9-10
Hauteur : 45-55 cm

Variétés à couper Ces bulbes frileux se parent de riches couleurs, rouge sombre (voir p. 107), topaze, jaune de chrome et rose carminé. Il en existe des jaunes à stries rouges ou liserées de bordeaux, avec diverses variantes de ces thèmes.

Encore fermées, les formes doubles évoquent des pivoines, puis de grosses anémones, avec leur cœur noir renflé et leurs pétales soyeux, une fois ouvertes. Les formes simples rappellent plutôt une grande sœur, plus sophistiquée, de nos boutons-d'or. Employez-les dans les bouquets printaniers multicolores, avec des tulipes, des anémones, du céanothe et des euphorbes (voir p. 62). Ou faites-en des bouquets ronds, serrés, en mélange de couleurs, avec des chatons de saule et des érables frais éclos.

Préparation Retirez toutes les feuilles qui pourraient tremper dans l'eau, où elles pourrissent vite. Dans une eau claire, les fleurs durent quinze jours.

Culture Ces plantes aiment le plein soleil, en sol très drainé. Peu rustiques, elles seront prudemment cultivées sous abri. Plantez-les en grands pots, ou mieux en barquettes dans la serre, à 8 cm de profondeur et à 10-15 cm d'écart. Elles sont difficiles à propager, et je préfère acheter leurs griffes, bon marché et répandues.

SALIX CAPREA
Saule marsault

Voir généralités : Hiver, Vert et gris, page 150. Même si les bourgeons vert argenté de ce saule apparaissent souvent tôt en hiver, ils n'éclatent guère en pompons dorés qu'au début du printemps. J'en cueille sans cesse, long ou court, dès les premiers beaux jours, pour en mélanger avec tout. Il est également beau seul, cueilli long, ses grandes branches installées dans un vase haut sur un rebord de fenêtre où le soleil peut accrocher sa lumière sur les anthères et le pollen de chaque fleur.

TULIPA
Tulipe

Voir généralités : Printemps, Orange et rouge, page 108. Au printemps, les tulipes ont la première place parmi les fleurs coupées. Toutes les tulipes jaunes illustrées ici, de 'West Point', jaune pur, à la délicate *T. clusiana* 'Cynthia', parfaite, et à 'Flaming Parrot', toute frisée, sont des vedettes dans ce livre.

VIOLA
Pensée, violette

Voir généralités : Printemps, Bleu et violet, page 113. De la fin de l'hiver aux premières gelées, je cueille les petites pensées, telle *Viola lutea,* jaune, pour en faire des bouquets simples dans des verres étroits. On n'en trouve presque jamais chez les fleuristes et sur les marchés, mais elles se cultivent très facilement.

11 *Tulipa* 'West Point'
12 *Tulipa clusiana* 'Cynthia'
13 *Salix caprea*
14 *Tulipa* 'Flaming Parrot'
15 *Tulipa* 'Texas Gold'
16 *Tulipa* 'Golden Melody'

Bleu et violet

ANEMONE
Anémone

Voir généralités : Printemps, Blanc, page 98. Profitez de *Anemone blanda* 'Atrocaerulea', seule dans un verre sur votre bureau, ou dans un petit bouquet mélangé. Les bleus veloutés de *A. coronaria,* groupe De Caen, apportent un éclat satiné à toute couleur que vous leur adjoindrez.

AQUILEGIA
Ancolie

Voir généralités : Printemps, Orange et rouge, page 106. *Aquilegia vulgaris,* à éperons courts, pourpre sombre, est superbe mêlée à des tulipes noires et des euphorbes vert acide (voir p. 60-61).

CEANOTHUS
Céanothe

Arbustes et arbrisseaux caducs ou persistants   Zones : *Ceanothus arboreus* 'Trewithen Blue' ; *C.* 'Autumnal Blue' : 9-10 ; *C.* 'Italian Skies' : 8-10 ; *C.* x *delileanus* 'Gloire de Versailles' : 7-10. Hauteur et étalement : *C.* x *delileanus* 'Gloire de Versailles' : 1,50 x 1,50 m ; *C.* 'Italian Skies' : 1,50 x 3 m ; *C.* 'Autumnal Blue' : 3 x 2 m ; *C. arboreus* 'Trewithen Blue' : 6 x 7,50 m

Variétés à couper   Mes faveurs vont aux formes d'un riche bleu profond telles que *C.* 'Italian Skies', arbuste à palisser, ou *C.* 'Puget's'Blue'. Si vous avez de la place, optez pour une grande variété, tel 'Trewithen Blue', forme de *C. arboreus,* persistant. Plus pâle, il vous offrira des brassées parfaites comme fonds de bouquets multicolores (voir p. 62). Si la place est comptée, prenez une espèce à longue floraison. *C.* 'Autumnal Blue', persistant, porte des fleurs cendrées bleu pâle en été et en automne, et parfois au printemps. 'Gloire de Versailles' est épanoui de la fin du printemps à l'automne.

Préparation   Ecrasez ou fendez la base des tiges sur 3-5 cm après la cueillette et faites tremper plusieurs heures.

Culture   Plantez au moins une espèce pour le printemps et une pour l'automne. Choisissez un emplacement en plein soleil, en sol drainant, et abrité, si possible, du froid et du vent par un mur ensoleillé. Les céanothes vivent souvent peu. Bouturez-les donc à bois demi-aoûté en été (voir p. 38-39). Contentez-vous de retirer le bois mort des persistants, la taille raccourcissant leur vie. Les branches d'un an peuvent être rabattues sur 8-10 cm, en fin d'hiver, sur les caducs.

HYACINTHOIDES
Clochette, jacinthe des bois

Bulbe   Zones : 5-8

Hauteur : 50 cm

Variétés à couper   Le spectacle d'un beau sous-bois bleu de jacinthes est rafraîchissant pour l'esprit. L'espèce sauvage *Hyacinthoides non-scripta* est plus belle seule, ou mêlée de primevères des fossés et de sceaux-de-Salomon, en bouquets champêtres (voir p. 58). Les meilleures sont les formes blanches (voir p. 101-102). Il existe des formes bleues cultivées, à grosses fleurs, mais un peu fades.

Préparation   Cueillez les clochettes dès qu'elles se colorent et brûlez la coupe pendant 20 secondes. Mieux vaut les couper que de tirer dessus, comme le font volontiers les enfants, ce qui abîme le bulbe. Coupez au-dessus de la partie blanche de la tige, qui boit moins bien que la partie verte.

Culture   Le meilleur emplacement est un sous-bois ou un bosquet, mais, à défaut, plantez-les en sol lourd et frais, à l'ombre d'un mur ou d'un arbre. Installez-les en automne, à 10-15 cm de profondeur. Divisez-les en plein été, ou semez-les en automne.

❶ *Aquilegia vulgaris*
❷ *Ceanothus arboreus* 'Trewithen Blue'
❸ *Ceanothus* 'Italian Skies'
❹ *Syringa vulgaris* 'Andenken an Ludwig Späth'
❺ *Tulipa* 'Black Parrot'
❻ *Tulipa* 'Queen of Night'

LAVANDULA STOECHAS subsp. PEDUNCULATA
Lavande

Voir généralités : Eté, Bleu et violet, page 134. Cette belle lavande est une des plus printanières. Ses bractées en « oreilles de lapin », violet foncé, sur des épis gris et violets, parfumés, s'associent avec tout. Pour un joli bouquet simple, mêlez-les à des ammis, des anémones bleues, des blanches et des renoncules jaunes. Pour un décor plus raffiné, prenez-en des rameaux entiers et glissez-y simplement des tulipes 'Flaming Parrot'. Elles peuvent servir aussi pour des guirlandes de fêtes estivales, avec alchémilles, coquelicots et bleuets (voir p. 64-66).

PULSATILLA
Pulsatille

Vivace   Zones : 5-9
Hauteur : *Pulsatilla halleri* : 15-35 cm ; *P. vulgaris* : 15-25 cm ; *P. vernalis* : 5-10 cm

Variétés à couper Plantez ces fleurs duveteuses, exotiques, en grosses touffes : elles se rejoindront en un tapis de velours, comme c'est parfois le cas dans la nature, sur les collines crayeuses.

En bouquets, mettez juste quelques fleurs et feuilles dans un ou deux petits verres et placez-les en contre-jour, le fin duvet qui couvre fleurs, feuilles et tiges sera ainsi souligné. Les fruits plumeux sont également intéressants. J'aime les mêler à des clématites *Viticella* foncées, assez comparables à *P. vulgaris*.

Parmi les divers choix, on trouve le cramoisi foncé et un blanc pur, chez *P. vernalis*. Il existe aussi une espèce à grandes fleurs pourpres dressées, *P. halleri*, avec un éperon foncé pointant d'un cœur doré. Aucune cependant n'a le charme de notre espèce indigène.

Culture Elles poussent en plein soleil, en sol calcaire bien drainé. Propagez-les en hiver par boutures des racines (voir p. 43), ou en début d'été, en semant des graines à peine mûres.

SYRINGA VULGARIS
Lilas

Voir généralités : Printemps, Blanc, page 102. Le lilas 'Andenken an Ludwig Späth', violet foncé, est plus beau encore en boutons, quand la couleur est très soutenue. Faites-en un bouquet simple, avec la tulipe 'Spring Green', ou mêlez-le avec *Tulipa* 'Queen of Night', *T.* 'Orange Favourite' et *Euphorbia griffithii* 'Dixter', avec le jaune-vert de *E. polychroma* et *E. palustris.*

TULIPA
Tulipe

Voir généralités : Printemps, Orange et rouge, page 108. Les formes et couleurs soutenues des *Tulipa* 'Black Parrot' et *T.* 'Queen of Night', presque noires, leur donnent un charme fou. Faites-les contraster, en bouquet serré, avec *T.* 'Spring Green', des pivoines et des euphorbes, ou bien faites-en des boules suspendues, avec des euphorbes orange et vertes (voir p. 60-61).

VIOLA
Pensée, violette

Annuelle et vivace   Zones : 3-9
Hauteur : 10-20 cm (*Viola cornuta* : 30-50 cm)

Variétés à couper Le genre *Viola* offre des fleurs à couper presque toute l'année. Au printemps s'épanouit la charmante violette parfumée, *Viola odorata*, violet foncé. Ses fleurettes seraient perdues parmi d'autres : mieux vaut les laisser seules (voir p. 56-57). Cultivez-en d'autres, telle *V. obliqua alba*, ou cette curiosité qu'est *V. sororia* 'Freckles', sablée de points violets sur fond blanc. Viennent ensuite les mini-pensées, telles *V. tricolor* et *V. lutea* (voir p. 110-111), et toutes sortes de combinaisons de jaune et de violet. Ces petites espèces ont tendance à présenter une figure plus allongée que les grandes, à grosses joues.

En été, pendant plusieurs mois, on profite des nombreuses variétés de *V. cornuta*, vivace rhizomateuse. Dotées de longues tiges, elles se mêlent volontiers à d'autres fleurs, tel le pavot d'Islande orange foncé, *Papaver nudicaule* 'Matador'. Les formes bleu lavande s'y allient fort bien. Cultivez également les annuelles, comme *V.* 'Jolly Joker', en orange et pourpre contrastés et, presque noires, *V.* 'Molly Sanderson' ou *V.* 'Bowles Black', qui ont plusieurs fleurs par tige. Cette dernière tient très longtemps et reste encore belle après dix jours en vase. Si vous les cueillez ou nettoyez bien, elles fleuriront jusqu'au cœur de l'automne. Pour l'hiver, prenez-en parmi celles que les catalogues indiquent comme fleurissant par temps froid. Mettez-les en pots en automne, près de la maison, pour vous en occuper à l'aise et les rentrer en cas de gel sévère.

Préparation Retirez les feuilles inférieures.

Culture Certaines espèces sauvages préfèrent un coin frais, mais les annuelles aiment plutôt le soleil. Regroupez-les en grosses touffes de cinq à sept pieds, écartées de 20 à 30 cm.

La plupart sont faciles à semer. Beaucoup se ressèment si bien que vous en aurez toujours. Si vous les semez tôt au printemps, elles fleuriront dans l'année. Certaines possèdent des souches traçantes, faciles à diviser au printemps. Beaucoup se prêtent également au bouturage herbacé. Toutes apprécient engrais et nettoyage.

⑦ *Anemone blanda* 'Atrocaerulea'
⑧ *Anemone coronaria* groupe De Caen
⑨ *Hyacinthoides non-scripta*
⑩ *Lavandula stoechas* subsp. *pedunculata*
⑪ *Pulsatilla vulgaris*
⑫ *Pulsatilla vulgaris* (fruits)
⑬ *Viola odorata*

Eté

L'été est l'époque où composer de grands décors fleuris dans toute la maison, qui donnent à tous un sentiment de luxe et d'abondance. Vous pourrez créer des bouquets sculpturaux de lis, roses, iris, delphiniums, soleils, seringats, érémurus, acanthes et artichauts. Que désirer de mieux ? Un décor différent dans chaque pièce vous accueillera. Pour de petites compositions, cueillez des pois de senteur odorants, des œillets de bordure ou des œillets de poète, des phlox, des roses et du chèvrefeuille. Vous n'aurez que l'embarras du choix parmi les annuelles, colorées et solides, alors en pleine production.

❶ *Acanthus mollis*
❷ *Alchemilla mollis*
❸ *Anethum graveolens*
❹ *Astrantia major*

Vert et gris

ACANTHUS
Acanthe

Vivace herbacée semi-persistante
Zones : *Acanthus mollis* : 8-10 ; *A. spinosus, A. hungaricus* : 6-10
Hauteur : 90 cm-1,50 m ; *A. spinosus* : jusqu'à 1,80 m

Variétés à couper Les imposants épis à fleurs tubulaires des acanthes sont un mélange de vert, de pourpre, de blanc et de rose. Chacun porte 20 à 30 fleurons, couverts de larges bractées mauves, tels les yeux sombres d'une sibylle de Michel-Ange. Mariez-les avec d'autres fleurs solides et charpentées comme les soleils et les artichauts, ou groupez-les en grosses bottes. Pour avoir de nombreuses tiges florales, retenez *A. spinosus,* bien que *A. hungaricus* soit également florifère. *A. mollis* et *A. spinosus,* du groupe Spinosissimus, au feuillage ravissant, sont moins florifères.

Préparation Lors de la cueillette, attention aux longues épines pointues cachées dans les fleurs. Plongez les tiges 20 secondes dans l'eau bouillante, et elles dureront en vase jusqu'à quinze jours.

Culture Plantez les acanthes par trois ou cinq au printemps et protégez les souches d'un paillis pour le premier hiver. Il leur faudra un ou deux ans pour s'établir et fleurir ; soyez patient. Elles poussent à l'ombre mais fleurissent abondamment en sol profond bien drainé, en plein soleil, qui chauffe leur souches. Elles peuvent devenir envahissantes et, une fois établies, leurs longues racines charnues sont difficiles à extraire. Propagez-les par bouturage de racines en hiver (voir p. 43) ou par division en automne, fin d'hiver ou début de printemps (voir p. 37 et 42).

ALCHEMILLA MOLLIS
Alchémille

Vivace caduque Zones : 4-8
Hauteur : 30-50 cm

Variétés à couper *Alchemilla mollis,* aux nuages de fleurs vert acide et au feuillage duveteux, est, en été, la providence des bouquets. Les fleurs coupées, robustes, durent longtemps ; les lumineuses soucoupes vertes forment un fond parfait pour toute composition. C'est la plus diplomate de toutes les fleurs : elle s'entend avec toutes les autres. Employez-la dans un bouquet rustique, avec des fleurs et capsules de nigelles, des bleuets bleu et blanc, des pois de senteur et des mufliers blancs. Mieux encore, servez-vous de sa vibrante couleur pour contraster avec d'autres tons vifs. Mêlez-la en bouquet serré avec la clématite *Viticella* 'Royal Velours', *C.* 'Rouge Cardinal', ou *C.* 'Jackmanii', les cosmos 'Versailles Carmin', et la soie des pavots d'Islande jaunes et orange. L'intensité des tons verts, cramoisis, carmin foncé, jaunes et orange frappera même ceux qui, d'habitude, sont peu sensibles à l'éclat des fleurs.

❺ *Bupleurum griffithii* 'Decor'
❻ *Bupleurum falcatum*

L'alchémille est parfaitement adaptée à l'Oasis. Les têtes florales denses masquent bien ces vilains cubes de mousse verte. Je m'en sers comme verdure, avec des fruits de charme, dans les guirlandes estivales (voir p. 64 à 67) où, mêlée à des bleuets, de la lavande et des coquelicots, elle reste fraîche – à l'abri du soleil – durant trois à quatre jours.

Préparation Pour les faire durer, laissez-les tremper avant de les utiliser.

Culture L'alchémille est productive et facile à cultiver ; elle pousse dans tout sol non détrempé. Elle est belle en masses, ourlant une allée, plutôt que disséminée dans le jardin. Plantez-la au soleil ou à mi-ombre. Quand les fleurs perdent leur éclat, en fin d'été, rasez les plants ; ils se revêtent rapidement de feuillage frais et léger, et parfois d'un regain de fleurs. Les alchémilles s'installent vite, à partir de quelques plants. Elles se ressèment dans tous les coins, et ces plantules, récupérées et repiquées, fleuriront l'année suivante. Mieux encore, un jeune plant atteint une belle taille en une saison et peut être divisé en deux ou trois éclats à l'automne, en fin d'hiver ou début de printemps (voir p. 37 et 42).

ANETHUM GRAVEOLENS
Aneth

Annuelle rustique
Hauteur : 60 cm-1,50 m

Variétés à couper Cultivez autant d'aneth que vous pouvez. C'est une garniture parfaite des « trous » dans le jardin, irremplaçable en bouquets. Les minuscules fleurettes s'assemblent en ombelles mousseuses jaune-vert, allégeant toute composition. Mêlez-les comme feuillage de base, à de l'orange et du bleu vif, du blanc et du vert, ou, mieux encore, en contraste avec les plus riches carmins, cramoisis, violets et bleu lapis-lazuli.

Préparation Supprimez les feuilles de la base et ébouillantez la coupe durant 20 secondes. Les tiges tiendront alors dix jours environ.

Culture Installez des plantules ou des poquets tous les 20-25 cm. L'aneth pousse dans tout sol pauvre, bien drainé, en plein soleil, à condition de bien arroser au départ et jusqu'à ce qu'il soit établi, en désherbant soigneusement aussi. La coupe et l'arrosage réguliers donnent des plantes touffues, et les empêchent de grainer, mais les épuisent en fin de compte. Renouvelez semis ou plantations toutes les trois à quatre semaines, pour disposer d'une production régulière.

Semez en place en lignes ou en poquets, au jardin (voir p. 35). Les graines, grosses, peuvent être semées individuellement sur le rang avant d'être couvertes. Éclaircissez à 20-25 cm en tous sens et donnez l'appui de quelques tuteurs (voir p. 37). Pour des floraisons hâtives, semez sous abri en fin d'hiver, en godets ou alvéoles (ne semez pas en caissettes classiques, car l'aneth n'aime pas être transplanté). Espacez les graines régulièrement dans le pot, ou semez-en quatre par motte, puis couvrez de perlite. Elles germent en deux à quatre semaines. Plantez après les dernières gelées.

L'aneth est très prolifique et devient parfois gênant. Si vous ne coupez pas les fleurs pour la maison, faites-le avant que les graines mûrissent et se répandent. Eloignez l'un de l'autre aneth et fenouil, qui se croisent aisément.

ASTRANTIA
Astrance

Vivace caduque   Zones : 4-8
Hauteur : 60 cm

Variétés à couper Cette fleur très graphique, à pétales effilés, rappelle les plantes stylisées fréquentes dans les enluminures moyenâgeuses. Son élégance et sa personnalité enrichissent n'importe quel bouquet. Chaque fleur d'astrance est en fait une collection de fleurons cernés d'une collerette de bractées allongées. Mêlez tout simplement *Astrantia major,* vert et blanc, au *Lilium regale* à cœur doré. Le puissant parfum des lis masque l'odeur un peu fauve de l'astrance, et le mélange des pétales pointus donne une jolie silhouette. Plus rose, *A. maxima,* aux bractées plus pétaloïdes, plus larges, est employée avec des alchémilles et les lourdes têtes roses de *Rosa gallica* 'Versicolor' ('Rosa Mundi') et de *R.* 'Fritz Nobis'. *A. major* a donné une excellente forme à grandes fleurs blanches : *A. m.* subsp. *involucrata* 'Shaggy' (ou 'Margery Fish'), plus belle que les autres. Elle est utile dans les bouquets de mariage. A mon avis, la meilleure pour les bouquets reste *A. m.* 'Ruby Wedding', à la forme aérienne et d'un riche prune à tiges acajou.

Préparation Laissez longuement tremper les tiges dans l'eau chaude.

Culture Les astrances sont de culture aisée et rentable. Plantez *A. major* par groupes de trois à mi-ombre ou au soleil, en terrain frais ; *A. maxima* demande un sol plus sec, assez riche.

Vigoureuses, elles s'étendent par stolons souterrains et peuvent être divisées au bout d'une saison ou deux (voir p. 37 et 42). Achetez quelques pieds des variétés désirées et constituez-en votre fonds, en les séparant bien, car elles se croisent et se ressèment aisément.

BUPLEURUM
Buplèvre

Annuelle, vivace ou arbuste   Zones :
Bupleurum fruticosum : 7-10 ; *B. falcatum* : 4-9
Hauteur et étalement : *B. griffithii* : 50 x 30 cm ; *B. falcatum* : 90 x 60 cm ;
B. fruticosum : 1,50 x 1,50 m

Variétés à couper Annuel, *B. griffithii,* magnifique en bouquets, est la star du genre. Ses fleurs vert vif en dômes plats, comme des euphorbes, par 15 à 20 sur chaque tige, fournissent un des meilleurs fonds de verdure qui soient. Elles durent jusqu'à quinze jours et donnent un gabarit souple, parfait pour piquer des fleurs de toute couleur et former un beau bouquet libre. Mêlez *B. griffithii* à des ammis et des molucelles comme fond, et ajoutez des pois de senteur, des œillets de poète, des coquelicots et des lis en trompette ou en turban. Pas assez dense pour contrebalancer des fleurs massives telles que soleils, artichauts ou dahlias, il conviendra à presque tout le reste.

Le buplèvre vivace, *B. falcatum,* est moins beau et solide, mais convient également en bouquets. Ses fleurs jaune-vert, plus petites, rappellent un aneth en miniature et se marient bien avec le bordeaux et le carmin de *Cosmos bipinnatus* 'Versailles Carmin', les jolies roses 'Nuits de Young' ou 'Souvenir du Docteur Jamain' et les quarantaines très colorées (voir p. 70). Plus tard dans l'année arrive *B. fruticosum*, persistant. Les grosses inflorescences, façon aneth, attirent les syrphes, qui les pollinisent ; évitez donc de les employer très épanouies. J'en cueille les boutons, puis les capsules de graines pour les bouquets d'été et d'automne.

Culture Ce sont des amateurs de soleil. *B. griffithii*, planté en grand, pousse dans tout bon sol bien drainé, en plein soleil. *B. falcatum* sera installé par trois pieds en avant des massifs, en automne ou au printemps. Il pousse dans tous les sols moyens.

B. fruticosum est une grosse plante, à installer en solitaire. Un peu frileux, il demande un coin chaud, si possible à l'abri d'un mur. Rabattez-le périodiquement après floraison, pour qu'il ne soit pas trop ligneux.

B. griffithii est semé en place en avril (voir p. 34-35). Arrosez-le bien, une fois établi, et cueillez-le régulièrement pour qu'il se ramifie et buissonne ; il n'aime guère les transplantations. *B. falcatum* est semé sous châssis froid en avril, et *B. fruticosum* est soit semé, soit bouturé à bois demi-aoûté en été (voir p. 38-39).

❶ *Cynara cardunculus* groupe Scolymus
❷ *Eryngium alpinum* 'Amethyst'
❸ *Eryngium giganteum*
❹ *Euphorbia lathyris*
❺ *Euphorbia schillingii*
❻ *Euphorbia seguieriana*

CYNARA
Cardon, artichaut

Voir généralités : Eté, Bleu et violet, page 132. Les boutons floraux de l'artichaut, *Cynara cardunculus* groupe Scolymus, donnent un fond de verdure parfait à des couleurs intenses telles que l'écarlate et l'orange (voir p. 73), ou à des fleurs imposantes telles que les tournesols, les lis 'Casa Blanca' et les dahlias.

ERYNGIUM
Chardon, eryngium

Bisannuel et vivace, parfois persistant
Zones : *Onopordum acanthium* : 6-10 ; *Eryngium planum* : 5-9 ; *E. alpinum*, *E.* x *tripartitum*, *E.* x *zabelii* : 5-8
Hauteur : *E.* x *tripartitum* : 60-75 cm ; *E.* x *zabelii*, *E. alpinum*, *E. planum* : 75-90 cm ; *E. giganteum* : 1,20 m ; *Onopordum acanthium* : 2,50 m

Variétés à couper Les eryngiums, avec les euphorbes, les coquelicots, les soleils et les tulipes perroquet comptent parmi mes favoris, tant pour les bouquets que pour le jardin. Leurs couronnes gris acier ou bleu roi ont peu de concurrence. Ce sont d'excellents seconds rôles et parfois d'éblouissantes vedettes. Cultivez-les par brassées. Parmi les meilleurs figurent le chardon de Miss Willmott (*E. giganteum*), bisannuel ou pluriannuel et, nouveau, *E.g.* 'Silver Ghost'. Il leur faut parfois plusieurs années pour fleurir, puis mourir en dispersant leurs graines. Les fleurs de cardère, argentées, graphiques, sont l'écrin parfait pour un groupe de lis à grosses fleurs, tel *Lilium* 'Casa Blanca'. Autres beautés sculpturales, *E.* x *zabelii* 'Violetta', aux épis bleu indigo (voir p. 133), et *E. alpinum*, identique mais plus gros. Mariez-les avec des capsules de pavot, des buplèvres, des alstromères orange et jaunes, et des érémurus, contrastant avec du lisianthus violet foncé. *E. planum* et *E.* x *tripartitum*, à petites têtes, sont également recommandables. *E.* x *tripartitum* s'épanouit tout l'été, jusqu'en automne. Ses cœurs bleus ruchés et ses collerettes barbelées vont avec n'importe quoi. Autre fabuleuse plante, *Onopordum acanthium*, sans pareil dans les grands bouquets, dure plus de quinze jours dans l'eau.

Préparation Faites-les juste tremper longuement.

Culture Les eryngiums poussent et se colorent mieux au soleil. Ils sont accommodants sur le sol et supportent même la craie et les sols caillouteux pauvres. La plupart aiment un peu de fraîcheur, mais leurs pivots craignent le froid et l'asphyxie et il est sage d'adjoindre du gravier en plantant. *E. alpinum* supporte un peu d'ombre, mais son bleu profond y perd. Plantez-les en larges taches, par trois ou cinq, au printemps ou en automne.

Les résultats de semis sont imprévisibles. Pour être certain de la couleur, il est plus sage de bouturer les racines (voir p. 43). Pour le semis, faites-le en automne, dès la récolte. Placez les graines en caissettes de sol léger, et sous châssis froid, pour que le gel agisse. La germination est lente : les plantules attendent parfois deux ans pour naître. Repiquez-les avant que le pivot ne soit bien formé.

E. giganteum, monocarpique, se ressème abondamment. Il est parfois efficacement installé au jardin à la suite d'un semis éparpillé de graines collectées chez des amis. Quémandez-en sinon un ou deux plants et laissez-les envahir votre jardin. Apprenez à reconnaître les jeunes plants pour ne pas les éliminer en désherbant.

EUPHORBIA
Epurge, euphorbe

Voir généralités : Printemps, Vert et gris, page 96. Les euphorbes sont des joyaux pour les bouquets. En été, *Euphorbia sikkimensis* est la première à fleurir. Vient ensuite *E. schillingii,* qui dure jusqu'en automne. Leurs larges ombelles vert acide font une charpente parfaite pour tout bouquet imposant. Pour les petits bouquets, *E. seguieriana,* dense et raffinée, est sans égale. *E. lathyris,* archaïque, est indispensable elle aussi, avec ses yeux profonds répartis régulièrement sur la tige.

MOLUCCELLA
Cloches d'Irlande, molucelle

Annuelle semi-rustique
Hauteur : *Moluccella laevis* : 60-90 cm ;
M. laevis 'Long Spike' : 90 cm-1,20 m

Variétés à couper Donnez à *M. laevis,* cette autre annuelle vedette des bouquets, autant de place que vous pourrez. Ses épis élevés, ondulants, de calices vert vif, veinés finement de crème, comptent parmi les meilleurs cadeaux de l'été et donnent une touche fraîche sans égale à tout bouquet. Glissez-en cinq ou sept pour rompre une symétrie et donner de l'élan à une boule de fleurs. Recherchez la belle forme 'Long Spike'.

Préparation Retirez les feuilles de la base et des branches latérales, avec délicatesse, car ces dernières cassent aisément. Laissez tremper longtemps.

Culture Cette plante croît aisément en sol riche, bien drainé et ensoleillé. Piquez une série de tuteurs pour la soutenir. Si elle tombe, elle refait des pousses verticales, mais elle perd en hauteur. Semez en mars-avril sous abri froid (13-15° C). Eclaircissez dès que possible pour que se renforcent les jeunes tiges et plantez après les gelées. Ou bien semez en plein air en mai, en pépinière, pour des bouquets de fin d'été et d'automne.

❼ *Nicotiana* 'Lime Green'
❽ *Paeonia,* cultivars
❾ *Moluccella laevis*
❿ *Stachys byzantina*

NICOTIANA
Tabac

Voir généralités : Automne, Blanc, page 139.
Vert chartreuse pâle, *Nicotiana* 'Lime Green' est une longue plante mince et élégante. Sa texture et sa couleur s'accordent aux tons les plus profonds, ainsi qu'aux brillants écarlates ou orange (voir p. 73). Il tient près de quinze jours en vase.

PAEONIA
Pivoine

Voir généralités : Printemps, Rose, page 105.
Nombre de pivoines portent de belles capsules, décoratives, tel le bonnet-de-bouffon illustré ici. Elles se marient bien avec toute plante puissante et architecturale d'été et du début de l'automne.

STACHYS
Oreille-de-lièvre

Vivace et sous-arbrisseau Zones : 4-9
Hauteur : *Stachys byzantina* : 30-40 cm (en fleurs, jusqu'à 90 cm)

Variétés à couper *S. byzantina* (syn. *S. lanata, S. olympica*) est une plante persistante, duveteuse, argentée, à rosettes traçantes. L'été, elle émet des épis à petites fleurs magenta noyées dans la masse laineuse des feuilles. Celles-ci ressemblent à des oreilles, tombantes, de lapin domestique. Traditionnellement, au jardin, les stachys font un bon couvre-sol pour les rosiers, avec les ails et les alchémilles. Coupez les épis et employez-les comme verdure pour des bouquets ronds à tenir à la main, ou en petite composition pour table de chevet (voir p. 70) ; ou disposez-les en couronne argentée autour d'un bouquet de mariée. Recherchez aussi les formes plus grandes, utiles aux gros bouquets.

Préparation Retirez les feuilles inférieures et faites tremper les épis dans un fond d'eau, sans mouiller le feuillage restant.

Culture Ces plantes réussiront en tout sol drainé, même très pauvre. Groupez-les le long des allées, ou sous les rosiers, dans un endroit ensoleillé. Elles peuvent sembler se miter en cours de saison. Rabattez-les alors après floraison, en automne. Les repousses ne tarderont pas à apparaître.

Propagez *S. byzantina* par division (voir p. 37 et 42). C'est une plante vigoureuse qui s'étend rapidement par ses rejets laineux et qui est multipliable après une seule saison.

Blanc

AGAPANTHUS
Agapanthe

Voir généralités : Eté, Bleu et violet, page 130. Les pompons blancs ombrés de rose de *A. campanulatus* var. *albidus* sont superbes seuls, sur leurs longues tiges, ou avec des lis blancs et des capsules de pivoines.

AMMI MAJUS
Ammi

Annuelle rustique
Hauteur : 60 cm-1,20 m

Variétés à couper L'ammi est la « carotte » des fleuristes. Comme le sceau-de-Salomon ou les viornes, ses grandes fleurs de dentelle transforment une botte de fleurs en composition aérienne. Court, il accompagne nigelles, bleuets, pois de senteur, mufliers et coquelicots ; mais il est beau tout seul, par 10 ou 15 tiges entières, dans un vase de verre lourd, au centre d'une grande table. Faites-en également des boules, simples et élégantes, pour une fête d'été. Coupez les tiges à 30-45 cm pour en recouvrir une boule d'Oasis, à suspendre en série au plafond.

Préparation Retirez toutes les feuilles inférieures et une partie des feuilles supérieures, qui jaunissent souvent bien avant les fleurs.

Culture C'est une plante facile à élever, en plein soleil. Elle boit bien et fleurit des semaines durant si on ne la laisse pas grainer. Pour avoir des plantes de 90 cm à 1,20 m, semez en place en automne, en annuelle hivernante. Vous aurez des fleurs en fin de printemps. Pour des sujets plus courts, semez en avril. L'ammi se ressème volontiers ; vous repiquerez les plantules en carrés ou en lignes.

❶ *Agapanthus campanulatus* var. *albidus*
❷ *Ammi majus*
❸ *Antirrhinum majus* 'White Wonder'
❹ *Arctotis fastuosa* 'Zulu Prince'
❺ *Campanula persicifolia alba*

ANTIRRHINUM
Muflier, gueule-de-loup

Voir généralités : Eté, Orange et rouge, page 125. Le muflier de nos grands-mères, *Antirrhinum majus* 'White Wonder', à grandes fleurs étalées, est un liant parfait dans tous les bouquets.

ARCTOTIS FASTUOSA
Arctotis

Voir généralités : Eté, Orange et rouge, page 125. Les soleils en miniature de *Arctotis fastuosa* 'Zulu Prince', crème pâle à centre orange et brun, font penser au dessin des ailes de certains papillons. Pour un bouquet peu commun, coupez court quelques fleurs de soleil 'Velvet Queen', groupez-les en bottes avec quelques *A. f.* 'Zulu Prince'. Leurs cœurs se marient à la perfection avec les soleils.

CAMPANULA
Campanule

Voir généralités : Eté, Bleu et violet, page 131. Les virginales clochettes blanc pur de *Campanula persicifolia alba* sont durables et utiles. Associez-les à des digitales blanches, des roses jaunes, des lisianthus violets et à quelques brins d'aneth, pour un bouquet de mariage.

COSMOS

Annuelle semi-rustique et vivace tubéreuse
Zones : *Cosmos atrosanguineus* : 8-9
Hauteur : *C. atrosanguineus* : 60 cm ; *C. bipinnatus* : 1,20 m

Variétés à couper Les cosmos annuels sont sans conteste parmi les plantes qui méritent le mieux leur place dans un jardin de fleurs à couper. Ces grandes annuelles buissonnantes fleurissent sans cesse, donnant des bouquets somptueux, colorés et délicats, de la fin du printemps aux gelées. Optez pour *C. bipinnatus* 'Purity', dont les fleurs frisées en soucoupes se mêlent avec tout, et *C. b.*

'Versailles Carmin' (voir p. 126), rose carminé foncé. Placez-les seuls dans un pot près d'une fenêtre, où la lumière jouera à travers leurs minces pétales.

En fin d'été et tout l'automne s'épanouit *C. atrosanguineus,* ou cosmos chocolat, vivace et frileux (voir p. 142).
Préparation Donnez un bon bain froid à ces fleurs solides et durables.
Culture Les cosmos aiment le soleil et un sol frais mais bien drainé. Les annuels demandent un surfaçage, des arrosages et des cueillettes réguliers. En climat doux, les tubercules de *C. atrosanguineus,* semi-rustiques, passeront l'hiver en terre, avec un bon paillis. En climat froid, relevez-les et stockez-les avec les bulbes gélifs (voir p. 42). Faites-les démarrer sous abri et plantez-les en mai.

Propagez les annuels par semis en fin d'hiver. Semez sous abri, au tiède. Dès que possible, éclaircissez et réduisez peu à peu la chaleur. Repiquez en châssis froid, puis mettez en place après les gelées (voir p. 35). Propagez les cosmos vivaces par boutures à talon au printemps, ou par boutures herbacées en août (voir p. 36 et 39).

DELPHINIUM

Voir généralités : Eté, Bleu et violet, page 132.
Tous les majestueux delphiniums blancs sont bons à couper, et, plus vous en cueillez, plus les tiges latérales ont tendance à refleurir. Employez ces fleurs, telle 'Lilian Bassett', dans un imposant bouquet blanc, ou mêlées à d'autres.

DIGITALIS
Digitale

Bisannuelle et vivace, parfois persistante
Zones : 4-8
Hauteur : *Digitalis grandiflora* : 75 cm ; variétés de *D. purpurea* : 90 cm-1,50 m
Variétés à couper Autant j'aime *D. purpurea,* notre digitale bisannuelle sauvage, autant je trouve son rose vineux un peu dur et difficile à associer. Mais il existe d'autres cultivars et espèces de digitales, parfaits pour les bouquets. Le meilleur est *D. p. f. albiflora* blanc pur, à grands épis serrés de clochettes, pour un bouquet immaculé. Coupé court, sa matière s'alliera aux mufliers, quarantaines et œillets de poète cramoisi foncé et bordeaux, de même qu'aux chardons, buglosses et vipérines, bleus. Ou mêlez-la à des ressortissantes du groupe Excelsior. Plus courte et plus fine, *D. grandiflora,* vivace, jaune, est également excellente.
Préparation Placez vos digitales, à peine coupées, dans un seau d'eau chaude durant plusieurs heures. Elles tiendront alors plus d'une semaine. Les fleurs de base fanent et tombent avant que les boutons du haut ne soient éclos ; supprimez-les en tirant dessus.
Culture Les bisannuelles préfèrent la mi-ombre et un sol acide riche en humus, frais mais bien drainé ; mais elles tolèrent d'autres conditions et même le bord de mer, où elles restent alors petites. Plantez des touffes de 10 ou 15, ou installez-les en ligne. Les formes vivaces aiment le soleil, tempéré d'un peu d'ombre en été. L'humidité hivernale leur est fatale. Prolongez la saison en supprimant l'épi central pour faire démarrer les latéraux. Les graines fines des bisannuelles sont semées au printemps sous abri froid. Ne les recouvrez pas. Eclaircissez les jeunes, puis repiquez en pépinière jusqu'à l'automne. Vous les mettrez alors en place. Elles se ressèment volontiers, mais certaines reviennent au type sauvage. Retirez tout jeune plant à tige rouge, si vous ne voulez que du blanc.

EPILOBIUM
Epilobe

Vivace herbacée Zones : 3-7
Hauteur : 1,50 m
Variétés à couper L'épilobe commun, rose, *Epilobium angustifolium,* qui colonise les talus d'autoroute et de chemin de fer, est trop grêle et envahissant pour le jardin à bouquets. Mais la forme blanche, *E. a.* 'Album', a une allure fantomatique et éthérée avec ses épis légers de fleurs blanches. C'est un complément idéal des bouquets en vert et blanc (voir p. 72).
Préparation Retirez les feuilles d'en bas et ébouillantez les coupes durant 20 secondes, avant un long bain froid.
Culture Plantez-la au soleil ou à l'ombre où elle garnira vite un coin. Elle aime un sol frais et bien drainé.

Propagez-la par bouturage ou rejets au printemps (voir p. 39).

❻ *Cosmos bipinnatus* 'Purity'
❼ *Delphinium* 'Lilian Bassett'
❽ *Digitalis,* groupe Excelsior
❾ *Digitalis purpurea* f. *albiflora*
❿ *Epilobium angustifolium* 'Album'

LATHYRUS
Pois de senteur

Grimpante annuelle ou vivace
Zones : *Lathyrus latifolius* : 5-9
Hauteur : *L. latifolius, L. odoratus* : 3 m ; *L. chloranthus* : 1,50-2,50 m

Variétés à couper Tout le monde est séduit par l'odeur du vrai pois de senteur, *L. odoratus.* Plantez des groupes séparés de vos couleurs favorites sur des tripodes de noisetier, en bordure fleurie, ou en joyeux bariolage dans le potager pour faire des bouquets simples, où se mêleront rouges éclatants et sombres, mauves, roses, bleus et blancs. Les formes blanches, telle 'White Supreme', conviennent à tout bouquet champêtre, avec des pieds-d'alouette, des alchémilles et des bleuets. Je cultive 'Pageantry', acajou sombre, en mélange avec *L. o.* 'Matucana', pourpre et carmin à la fois (voir p. 70 et 134), et *L. chloranthus* 'Lemonade', chartreuse, malheureusement inodore.

En automne, quand les annuels ont fini de donner, le pois vivace à longue floraison *L. latifolius* sert encore, avec le feuillage argenté des armoises et *Salvia uliginosa,* bleu clair.

Préparation Evitez le soleil direct et la chaleur, qui font vite faner les pois.

Culture Les pois de senteur aiment un sol riche, humifère, profond et drainé, en plein soleil. Faites tremper les graines des annuels une nuit avant semis en godets à muguet. Agissez en début d'automne sous abri froid pour avoir des plantes solides à mettre en place au printemps. Ou bien semez à chaud en fin d'hiver et plantez-les dès qu'ils épaississent. Enfin, vous pouvez semer en place au printemps. Pincez toujours la tige au-dessus de la première paire de vraies feuilles. Retirez les vrilles dès leur apparition. Palissez régulièrement les tiges sur les supports ; vous aurez ainsi de longs pétioles sur les fleurs. Ne laissez aucune graine se former : retirez toute gousse si vous avez oublié de cueillir les fleurs.

Semez les vivaces en automne ou divisez-les au printemps. Rabattez-les en automne.

LILIUM
Lis

Bulbes Zones : 4-8
Hauteur : *Lilium* 'Fire King', *L. longiflorum* : 90 cm ; *L. monadelphum* : 50 cm-2 m ; *L.* 'Casa Blanca', *L.* 'Pink Perfection', *L. regale* : 1,20-1,50 m

Variétés à couper Pour un effet somptueux, rien ne surpasse le lis 'Casa Blanca', blanc pur. Ses énormes inflorescences, aux pétales frisés et aux anthères rouille, exhalent un capiteux parfum, envahissant, pour grande scène d'amour. Elles sont belles dans tout bouquet, mais plus encore simplement accompagnées de branches couvertes de lichen, qui relèvent l'éclat de leur beauté. Tous les lis d'ascendance orientale, tel 'Casa Blanca', valent le prix de leurs bulbes. Le lis trompette blanc pur, *L. longiflorum,* est utilisé massivement par les fleuristes pour son parfum et sa bonne tenue. Mais il existe des variétés moins connues et meilleures de ces élégants lis en trompette. *L. regale,* brun et blanc au revers et blanc pur à cœur or à l'intérieur, exhale un parfum à réveiller la Belle au bois dormant. Le groupe 'Pink Perfection', romantique, sombre, vieux rose, est une chose soyeuse, élégante et raffinée à souhait. Cherchez également les lis en turban, *L. martagon et L. monadelphum* (syn. L. *szovitsianum*) aux pétales récurvés, comme frisés au fer, sur des fleurs disposées en chandelier rococo (voir p. 129). Les lis asiatiques, plus rustiques, inodores, sont également utiles, bien que moins durables. Optez pour ceux de couleur ambre soutenu ou bordeaux clair et pour l'orange 'Fire King' (voir p. 127), excellent avec des delphiniums bleus en boule suspendue.

Les fruits de lis sont utilisables aussi en bouquets. Ce sont des épis qu'on dirait habillés de culottes bouffantes. Récupérez ceux de *L. martagon* en fin d'été pour les mêler à des delphiniums et des dahlias.

Préparation En coupant les lis, laissez assez de feuillage pour la photosynthèse et la formation des réserves du bulbe pour l'hiver et le printemps. Retirez les anthères des étamines, avant que le pollen collant ne tache vos vêtements.

❶ *Lathyrus odoratus* 'White Supreme'
❷ *Magnolia grandiflora*
❸ *Lilium* 'Casa Blanca'
❹ *Lilium regale*
❺ *Lupinus* 'La Demoiselle'

Culture Presque tous les lis aiment une bonne terre drainante en plein soleil, avec les racines au frais. Le martagon supporte la mi-ombre. A la plantation, et surtout en sol lourd, entourez les bulbes de sable : un hiver humide les tuerait. Commencez par les plus faciles, tel *L. regale,* et élargissez votre gamme. Prenez des souches qui fleuriront tout l'été. Plantez-les en grosses touffes serrées pour pouvoir cueillir plusieurs tiges sans faire de trous. Amendez le sol en humus et en engrais riche en phosphate et en potasse, comme l'os broyé. Evitez les engrais azotés et le fumier. Plantez en automne ou au printemps, entre 8 et 15 cm de profondeur selon la taille du bulbe. Laissez les lis en place durant des années et n'y touchez que quand ils sont trop serrés.

LUPINUS
Lupin

Voir généralités : Eté, Bleu et violet, page 134. Les lupins du groupe La Demoiselle, aux grands épis denses de fleurs épaisses, donnent un apport solide à une composition blanc pur comme à un bouquet multicolore.

MAGNOLIA

Voir généralités : Printemps, Blanc, page 101. Le grand *Magnolia grandiflora,* persistant aux gigantesques soucoupes cireuses, met du temps à fleurir, mais finira par être couvert de lumineuses coupes au parfum acidulé. Vous les mettrez à la place d'honneur dans une vasque d'argent.

MATTHIOLA
Quarantaine

Voir généralités : Eté, Rose, page 123. Les giroflées « quarantaines » blanches donnent comme aucune autre volume et parfum à un simple bouquet champêtre.

PHILADELPHUS
Seringat

Buisson   Zones : 5-8

Hauteur et étalement : *Philadelphus* 'Manteau d'Hermine' : 90 cm-1,20 m ; *P.* 'Belle Etoile', *P.* x *purpureomaculatus* : 1,50 x 1,50 m ; *P.* 'Beauclerk' : 3-3,50 x 2,50 m ; *P. coronarius* : 3 x 2,50 m

Variétés à couper De toutes les variétés de seringat, celles qui portent des fleurs blanches à cœur rouge, telles que *P.* 'Belle Etoile' et *P.* x *purpureomaculatus,* ont toutes mes faveurs. Elles méritent de figurer seules en vase, mais peuvent être coupées court et mêlées à des œillets et des roses pourpres, pour souligner leurs cœurs colorés. *P. coronarius* et *P.* 'Beauclerk' sont les premiers à fleurir. Plantez-les au fond de la bordure, d'où ils s'épancheront. 'Manteau d'Hermine', compact, est une superbe forme double, très parfumée.

Préparation Ecrasez la base des tiges.

Culture Plantez au soleil ou à mi-ombre dans tout bon sol fertile, bien drainé, même crayeux. Taillez les pousses à 2,5 cm du vieux bois sitôt après la floraison. Vous allégerez la silhouette et susciterez des rejets qui fleuriront en un ou deux ans. Multipliez-les par marcottage ou boutures à bois sec (voir p. 43).

❻ Cultivars de *Matthiola*
❼ *Phlox paniculata*
❽ *Philadelphus* 'Belle Etoile'
❾ *Rosa mulliganii*

PHLOX

Annuelle et vivace   Zones : 4-8

Hauteur : *Phlox maculata* : 90 cm ; cultivars de *P. paniculata* : 1,20 m

Variétés à couper Les grosses têtes à odeur douce des phlox vivaces ressemblent à des pompons de parade. Plus court, *P. maculata,* aux fleurs en manchons, s'épanouit en début d'été, alors que *P. paniculata* et ses variétés viennent plus tard. Plantez *P. p.* 'White Admiral' ou *P. p.* 'Fujiyama', blanc pur, pour étoffer un bouquet de roses 'Iceberg' avec de l'aneth et des lisianthus violets. 'Fujiyama' et 'Graf Zeppelin' (voir p. 141), tardifs, donnent des fleurs jusqu'en fin d'automne. *P. paniculata* 'Amethyst' est parfait pour des bouquets colorés de buplèvre, soleils jaunes, artichauts violets, lychnis écarlates, arctotis orange et *Euphorbia griffithii* 'Fireglow'.

Préparation Si les phlox durent longtemps, quelques fleurons dans chaque tête fanent au bout de huit jours. Secouez la tige pour les faire tomber et donner de la place aux boutons suivants.

Culture Plantez-les en plein soleil ou à mi-ombre, en sol fertile et frais. Tuteurez. Arrosez le matin pour faire échec à l'oïdium et divisez les touffes régulièrement pour éviter l'étouffement. Propagez-les par boutures herbacées ou division au printemps. Replantez aussitôt les éclats (voir p. 37, 38 et 39).

ROSA
Rose

Voir généralités : Eté, Rose, page 124. *R. mulliganii,* grimpante, produit un doux parfum pénétrant et de ravissantes églantines. Les boutons jaune tendre s'ouvrent blanc pur, sur un fond brillant de feuilles vert bouteille. C'est une rose parfaite pour un simple pot ; ses longues tiges servent également aux boules estivales (voir p. 68-69).

Rose

AGROSTEMMA
Coquelourde

Annuelle rustique
Hauteur : 60-90 cm

Variétés à couper Faites une gerbe d'*Agrostemma githago,* aux délicates coupes roses sur de hautes tiges minces, dans un pot évasé, avec de l'avoine, du blé ou de l'orge, de l'herbe, des bleuets, des vipérines, des coquelicots et des boutons-d'or. *A. githago* 'Milas' est une version améliorée avec des soucoupes plus grandes, roses, de 5 à 8 cm de diamètre. Mêlez-la à la forme rouge pourpré, *A. g.* 'Purple Queen'.

Préparation Eliminez les feuilles de la base et faites tremper les tiges.

Culture Les coquelourdes poussent en plein soleil en sol drainant, pas trop riche. Pas d'engrais. Tuteurez avec un réseau de piquets, les tiges fines tendant à se coucher. Les coquelourdes se ressèment. Propagez-les par semis en place au printemps ou en octobre. Pour une belle récolte, faites un second semis deux à trois semaines après. Eclaircissez à 15 cm d'écart.

CENTAUREA
Centaurée, bleuet

Voir généralités : Eté, Bleu et violet, page 131. La centaurée vivace, *C. dealbata* 'Streenbergii', porte de grosses fleurs de chardon, ravissantes dans des bouquets bariolés avec de l'orange, du bleu et du jaune, et des bouquets champêtres.

COTINUS

Voir généralités : Automne, Orange et rouge, page 142. Les fleurs mousseuses, aériennes, de *Cotinus* 'Flame' donnent un lumineux brouillard rose qui capte la lumière. Utilisez-la comme verdure de fond où vous glisserez, tels des joyaux, des fleurs de couleurs contrastées, en soucoupe ou en boule.

DIANTHUS
Œillet de bordure, des fleuristes, de poète

Annuelle, bisannuelle et vivace Zones : 4-8
Hauteur : *Dianthus barbatus* : 45 cm ; œillets de bordure anciens et modernes : 25-30 cm ; *D. chinensis* : 25-35 cm

Variétés à couper Toutes les variétés de *Dianthus* sont d'excellentes fleurs à couper, presque toujours puissamment odorantes et tenant bien dans l'eau. Les œillets de poète, *D. barbatus,* sont les premiers à fleurir. Plantez-les en un joyeux mélange de roses, blancs et écarlates, unis ou bicolores, simples ou doubles, ou par coloris séparés. Parmi les bisannuels, on trouve *D. barbatus* type Nigrescens, à petites fleurs très parfumées, presque noires (voir p. 132-133). Prenez également un beau cramoisi, plutôt uni qu'avec œil, tel *D. b.* 'Dunnett', et un blanc pur, *D. b. albus.* A grandes tiges, les rouges profonds accompagneront de leur parfum des quarantaines et des mufliers bordeaux, contrastant avec des buglosses bleues et les clochettes soyeuses des digitales blanches. Employez *D. b.* type Nigrescens pour un chevet avec des pois de senteur et des roses (voir p. 70). Les tout récents œillets de poète annuels, semés tôt, donnent des fleurs dans la saison même.

Parmi l'immense gamme des œillets hybrides vivaces, prenez les variétés grandes à grosses fleurs, à utiliser seules ou en mélange. Les vieux œillets laciniés ne s'ouvrent qu'en été, mais il y a des fleurs irrésistibles dans ce groupe. Deux de mes favoris, au lourd parfum épicé, sont *D.* 'Alice', double, rose pâle, et *D.* 'Laced Monarch', cramoisi soutenu bordé de rose. Le meilleur parfum réside dans les vieilles variétés de Chabaud, épanouies en plein été, quand leurs frères ne sont plus. Cherchez également 'Old Crimson Clove'.

Préparation Les œillets durent quinze jours en vase. Enlevez les feuilles du bas.

Culture Tous les œillets aiment le soleil, les sols drainants et honnêtement alcalins. Semez les œillets de poète bisannuels à chaud en avril pour repiquer en été dehors. Ou bien semez en pépinière en mai et mettez en place en automne. Les annuels, pour être beaux, seront semés en début d'année. Les œillets vivaces se bouturent aisément. Placez des boutures à talon en pleine terre enrichie de sable, ou en pots de substrat léger, en fin d'été (voir p. 42).

DIGITALIS
Digitale

Voir généralités : Eté, Blanc, page 119. Les digitales du groupe Excelsior comptent de jolis roses unis ou tachetés. Garnissez le centre d'une grande table d'un feu d'artifice de sept à quinze tiges.

GLADIOLUS
Glaïeul

Voir généralités : Automne, Orange et rouge, page 143. Les fleurs carminées du glaïeul botanique *G. communis* subsp. *byzantinus*

❶ *Agrostemma githago* 'Milas'
❷ *Dianthus barbatus* 'Alice'
❸ *Dianthus* 'Laced Monarch'
❹ *Centaurea dealbata* 'Steenbergii'
❺ *Cotinus* 'Flame'

❻ *Digitalis* groupe Excelsior
❼ *Gladiolus communis* subsp. *byzantinus*
❽ Cultivar de *Matthiola*
❾ *Lonicera periclymenum* 'Serotina'

rappellent les saris les plus chatoyants. Pour un contraste frappant, mêlez-les à des euphorbes chartreuse et des cloches d'Irlande, des lisianthus et des buglosses bleu outremer.

LONICERA
Chèvrefeuille

Arbuste et lianes persistants et caducs
Zones : *Lonicera splendida* : 9-10 ; *L. periclymenum* : 5-9 ; *L.* x *brownii*, *L. sempervirens* : 4-9
Hauteur : 4-6 m

Variétés à couper Les chèvrefeuilles, sinuant et serpentant dans une composition, brisant symétrie et rigidité, méritent une culture en masse. Leur parfum suave et capiteux les rend irrésistibles. Si vous avez de la place, plantez-en deux ou trois variétés odorantes, à floraisons étalées. Prenez-en une jaune, une rose-rouge et peut-être une orange vif. Evitez les plus envahissantes (*L. japonica* ou *L. henryi*), dont les fleurs seront vite hors d'atteinte du sécateur et du nez. Parmi les jaunes, retenez *L. periclymenum* 'Graham Thomas' (voir p. 129). Pour les rouges et roses, prenez *L.* x *americana* et le plus parfumé de tous, *L. periclymenum* 'Serotina', épanoui tout l'été et jusqu'en automne. Mêlez cette variété rose carminé et jaune au *Cosmos bipinnatus* 'Versailles Carmin' et à de l'aneth, vert, en un bouquet léger et parfumé. En hiver, les chèvrefeuilles buissonnants, très parfumés, tel *L.* x *purpusii*, voient leur tour arriver (voir p. 157).

Culture Plantez les chèvrefeuilles au soleil ou à mi-ombre. Comme les clématites, ils doivent avoir le pied à l'ombre, mais sont indifférents au sol. Enrichissez-le de matières organiques, gardez-le frais en été et faites un paillis annuel de terreau de feuilles. A la plantation, mieux vaut raccourcir la tige principale pour la ramifier bas et produire de nombreux rejets. Une fois cette charpente obtenue, la taille est inutile, à part un éclaircissage périodique du vieux bois, sur les lianes. Agissez après floraison sur les espèces estivales ; pour les espèces automnales et hivernales, attendez le printemps.

Propagez-les par boutures demi-aoûtées en été, ou aoûtée en automne (voir p. 38-39 et 42).

MATTHIOLA
Quarantaine

Annuelle, bisannuelle ou vivace
Hauteur : *Matthiola incana* groupe Brompton et quarantaine blanche vivace : 45 cm ; *M. i.* Géante Impériale et Géante Excelsior : 60-75 cm

Variétés à couper La lourde senteur épicée des quarantaines me fait rêver aux douces soirées estivales embaumées. Plantez-les en touffes près d'un banc de jardin ou de la fenêtre de la cuisine, pour profiter d'un bain de parfum, plus puissant à la tombée de la nuit. Les roses vineux soutenus et les lie-de-vin profonds, annuels ou bisannuels, sont les meilleurs pour les bouquets. Repérez les bonnes couleurs et récoltez leurs graines pour les ressemer l'année suivante. Mêlez-les à du vert vif et de l'orange en bouquets riches et brillants (voir p. 70).

Recherchez également les blancs purs dans une des formes géantes, comme Géante Impériale ou Géante Excelsior. Vous pourrez toujours raccourcir une grande tige, mais pas en allonger une courte! La quarantaine vivace, trapue, aux fleurs blanches portées par des tiges courtes sur fond de feuilles grises, est utile aux petits bouquets de chevet. Mieux vaut mêler les quarantaines à d'autres fleurs : leur parfum est supérieur à leur aspect.

Préparation Retirez toutes les feuilles pouvant tremper : elles troublent l'eau et la rendent malodorante.

Culture Plantez les quarantaines au soleil ou à mi-ombre en sol fertile, drainant, si possible très alcalin. Semez les annuelles sous abri en fin d'hiver, en place en avril. Les bisannuelles, telles les Brompton, sont semées sous châssis en été pour fleurir au printemps suivant. Semez les vivaces sous abri au printemps (voir p. 32 et 34).

ROSA
Rose

Arbuste et lianes caducs ou semi-persistants   Zones : 6-10, sauf *Rosa mulliganii* : 5-10 ; *R.* 'Souvenir du Docteur Jamain' : 6-9 ; *R.* 'Cardinal de Richelieu', *R.* 'Charles de Mills', *R. gallica* 'Versicolor', *R. moyesii* 'Geranium', *R.* 'Nevada', *R.* 'Nuits de Young', *R.* 'Tuscany Superb', *R. xanthina* 'Canary Bird' : 5-9 ; *R. glauca* : 4-9
Hauteur et étalement : *R.* 'Iceberg' : 90 x 60 cm ; *R.* 'Cardinal de Richelieu', *R.* 'Charles de Mills', *R.* 'Felicia', *R. gallica* 'Versicolor', *R.* 'Graham Thomas', *R.* 'Heritage', *R.* 'Nuits de Young', *R.* 'Tuscany Superb' : 1,20 x 1,20 m ; *R.* 'Fritz Nobis' : 1,50 x 1,20 m ; *R. glauca, R.* 'Nevada', *R. xanthina* 'Canary Bird', *R. moyesii* 'Geranium' : 2,50 x 1,80 m ; *R.* 'New Dawn', *R.* 'Souvenir du Docteur Jamain' : 3 x 2,50 m ; R. *mulliganii* : 4,50 x 3 m

Variétés à couper   Optez pour les roses qui vous séduisent par leur couleur ou leur parfum, mais assurez-vous qu'elles durent bien. Je retiendrais tous les cramoisis à reflets bruns ou pourpres sombres, tels que 'Cardinal de Richelieu', ou mieux encore celles à cœur doré et au parfum soutenu, comme 'Nuits de Young' ou 'Tuscany Superb', qui ont la couleur et la texture de luxueux velours brochés d'or. Prenez aussi un rose profond comme 'Charles de Mills', lumineux et soutenu. 'Fritz Nobis' est une autre rose somptueuse, plus étalée et moins dense. J'adore les vieilles roses panachées. Optez pour *R. gallica* 'Versicolor' ('Rosa Mundi'), la plus ancienne, striée de carmin et de rose ; elle est parfaite en bouquets. Installez-les seules dans une coupe basse, sur pique-fleurs, ou mêlez-les à d'autres beautés royales, veloutées. Choisissez aussi des rosiers faciles, prolifiques, aux fleurs parfumées longuement épanouies. Très connu, bien que décrié, 'Iceberg' donne des roses d'un blanc pur, superbes et abondantes : il fleurit de l'été à l'hiver, avec encore une ou deux roses vers Noël. Dans cette catégorie entrent également trois roses rose pâle, 'New Dawn', 'Felicia' et la rose anglaise 'Heritage' : bonnes pour la coupe, elles fleurissent du début de l'été aux gelées, demandent peu de soins et sont odoriférantes. Dans le même genre en jaune, essayez la rose anglaise 'Graham Thomas' (voir p. 146). 'Souvenir du Docteur Jamain' est également un « must », parmi les meilleures en couleur et parfum : il fleurit de nombreux mois et jusqu'en automne.

Si vous avez de la place, installez un solide rosier printanier, pour les premières cueillettes. 'Nevada', crème, et *R. xanthina* 'Canary Bird', jaune primevère, fleurissent tout le printemps et sont assez luxuriants pour supporter des coupes importantes. Remplissez une jarre de leurs tiges arquées et placez-les au milieu d'une table. Elles ne tiendront que quelques jours, mais superbement.

Si vous disposez d'un mur ou d'une pergola, songez pour eux à une rose simple, estivale : *R. mulliganii,* aux boutons jaunes et aux fleurs blanches, est parfaite et pas trop luxuriante (voir p. 121). En automne, les fruits élégants de *R. moyesii* 'Geranium' (voir p. 144-145) et de *R. glauca* sont une providence.

Préparation   Coupez toujours les tiges en biais pour dégager la moelle centrale, qui boit l'eau : la surface d'absorption est ainsi augmentée. Plongez les coupes dans l'eau bouillante pendant 20 secondes, avant de les laisser tremper longuement dans l'eau tiède (voir p. 48).

Culture   Tous les rosiers cités ci-dessus sont faciles à cultiver et supportent même les sols pauvres. La plupart aiment le soleil et un emplacement frais mais drainant. Pour les plantes à racines nues, faites un trou assez grand pour installer celles-ci sans les courber. Placez l'arbuste dans le trou, le collet (point de jonction des tiges et des racines) à 2,5 cm sous terre. Rebouchez en deux ou trois fois en secouant la plante, puis en tassant avec le talon. Rajoutez de la poudre d'os. Ne plantez pas sur l'ancien emplacement de rosiers, pour éviter les problèmes phytosanitaires.

Apportez en fin d'hiver un engrais équilibré et un paillis de fumier. Les rosiers apprécient un apport d'engrais hebdomadaire au printemps et en été. Nettoyez les remontants. Propagez les rosiers par boutures demi-aoûtées en été (voir p. 38-39), ou à bois sec en hiver (voir p. 43).

❶ *Rosa* 'Charles de Mills'
❷ *Rosa* 'Fritz Nobis'
❸ *Rosa gallica* 'Versicolor'
❹ *Rosa* 'Nuits de Young'

❷

❶

❸

❹

Orange et rouge

ALSTROEMERIA
Alstromère, lis des Incas

Vivace tubéreuse   Zones : 7-10
Hauteur : hybrides de *Alstroemeria ligtu* : 50-75 cm ; hybrides à grandes fleurs de *A. aurea* : 60-90 cm

Variétés à couper Les compositions de supermarché, sous Cellophane, avec des chrysanthèmes, trois brins de fougère et des alstromères ne rendent pas justice à ces derniers. Leur popularité tient à leur longue durée en vase et au jardin, et au large éventail de couleurs qu'ils offrent. Ne jetez donc pas le bébé avec l'eau du bain. Commencez par sélectionner des variétés dénommées, parmi les hybrides à grandes fleurs de *A. aurea* disponibles créés pour la fleuristerie. Osez un orange chaud comme *A.* 'Princess Margaret' ou un blanc à lignes noires, comme *A.* 'Bianca', pour des bouquets plus tranquilles. Les hybrides rustiques de *A. ligtu* ont des fleurs plus petites et des tiges plus courtes mais proposent une large gamme de tons rose vif, corail, orange, cuivre et jaunes.

Préparation Faites-les tremper longuement.

Culture Les alstromères sont parfois difficiles à établir. Plantez-les par trois ou cinq en sol riche, bien drainé, au soleil. Ces fleurs s'étendent à l'aide de stolons charnus et, si elles se plaisent, peuvent proliférer : donnez-leur donc un coin à conquérir sans problème. Durant les hivers froids, protégez les souches d'un épais paillis de compost sec.

Propagez les alstromères par division ou, si possible, par semis, car ils n'aiment pas les déménagements (c'est le seul recours, pourtant, pour certains *A. ligtu* hybrides, stériles).

ANTIRRHINUM
Muflier

Sous-arbrisseau vivace, semi-persistant, employé comme annuelle   Zones : 5-9
Hauteur : cultivars courts (tel *Antirrhinum majus* 'Black Prince') : 45 cm ; cultivars élevés, telle la série Forerunner : 90 cm

Variétés à couper Les bons vieux mufliers évoquent pour moi le jardin à l'ancienne et n'en ont que plus de charme. Avec des couleurs bien choisies, ils peuvent être élégants, voire royaux. Cultivez le bien nommé *A. majus* 'Black Prince', aux grands épis cramoisi foncé et au feuillage pourpre. *A. m.* 'Crimson Monarch' est un peu plus pâle, un ton au-dessous du précédent, avec un feuillage vert. Tous deux font de l'effet, seuls, par botte de 15 ou 20, mais se marient fort bien avec d'autres fleurs veloutées et soutenues. Le cultivar blanc 'White Wonder' est une autre beauté (voir p. 118). Il existe des variétés plus grandes, excellentes pour les bouquets, mais souvent offertes en mélange. Optez pour les séries Forerunner ou Rocket, qui atteignent 90 cm. Evitez les formes compactes, dont les tiges courtes ont peu d'emploi, ainsi que les doubles, chez qui les jolies « lèvres » sont déformées.

Préparation Supprimez les feuilles inférieures et faites tremper longuement.

Culture Pépiniéristes et jardineries offrent des caissettes de mufliers, mais généralement en mélange. Mieux vaut les semer. Traitez-les comme des annuelles semi-rustiques en les semant sous abri ou en miniserre en fin d'hiver (voir p. 32 et 34). Ne pincez pas les pointes si vous voulez de longues tiges. Plantez en place après les gelées en terrain enrichi à l'avance. Les mufliers demandent du soleil et un sol riche et drainant. Plantez plus serré qu'il n'est indiqué : les tiges vont s'allonger dans leur lutte pour conquérir la lumière. Arrosez et cueillez les mufliers régulièrement : ils fleuriront jusqu'au cœur de l'automne.

Les vieux pieds sont sensibles à la rouille. Si l'endroit est abrité, ils se ressèment.

ARCTOTIS FASTUOSA
Arctotis

Annuelle ou vivace rustique   Zone : 10
Hauteur : 60 cm

Variétés à couper Orange vif, ce « souci africain » (syn. *Venidium fastuosum*) semble maquillé pour une fête, avec ses taches noires sur chaque ligule et un cœur chocolat éclairé d'orange. Faites-en une botte de 15 à 20 unités dans un vase en porcelaine, dans la cuisine, ou mêlez-le à des buplèvres ou aux épis bleu vif de *Salvia patens*. Il dure deux fois plus que le vrai souci. Cultivez également 'Zulu Prince', aux grandes fleurs crème à cœur brun, semblables à des soleils (voir p. 118).

Préparation Supprimez les feuilles du bas.

Culture Installez-les en plein soleil et en sol très filtrant, sableux si possible. Longeant l'allée ou la pelouse, ils s'y étaleront. Les tiges molles et tendres ont peu tendance à se dresser et mieux vaut les laisser en avant des massifs. Arrosez-les et cueillez-les régulièrement, et ils fleuriront jusqu'en automne.

❶ *Alstroemeria ligtu* hybride
❷ *Antirrhinum majus* 'Black Prince'
❸ *Arctotis fastuosa*
❹ *Calendula* Art Shades

Semez en fin d'hiver sous abri tempéré (d'ordinaire, la germination est excellente). Eclaircissez dès que possible et mettez en place après les dernières gelées.

CALENDULA
Souci

Annuelle rustique
Hauteur : 60 cm

Variétés à couper Le classique souci est peu apprécié. Il est doté d'un parfum étrange, aimé ou détesté, et de couleurs voyantes, clinquantes. J'ai fait partie du club des « pas-d'orange-ni-de-jaune-au-jardin » ; depuis que je pratique l'arrangement floral de façon régulière, j'ai changé de camp. Toutes les plantes faciles, gaies et lumineuses ont ma faveur, et le souci est désormais une de mes préférées.

Sélectionnez un des meilleurs mélanges, type 'Art Shades', et vous aurez l'orange classique, plus des jaunes, du crème, du chamois et de l'abricot avec des cœurs noirs. En couleurs séparées, 'Indian Prince' est un des meilleurs, avec son cœur orange foncé sur fond cuivre brûlé. Jaune, simple, 'Muselli' est excellent pour mêler à du cramoisi et du bordeaux foncé. Evitez les formes naines, trop courtes pour les bouquets.

Mélangez-les dans un pot bleu en terre, dans la cuisine, ou faites des bouquets ronds de soucis orange associés à des bleuets. Leur éclat chaleureux et leur présence leur permettent par contraste de relever les grands bouquets d'apparat (voir p. 70-71).

Préparation Retirez les feuilles du bas. Ils tiendront une semaine en vase.

Culture Cultivez-les au soleil en tout sol drainé. Cueillez-en ou nettoyez-les pour avoir des fleurs jusqu'aux gelées. Semez-les en place au printemps et éclaircissez à 25-30 cm d'écart. Le semis d'automne donne des plantes très charpentées. Ils se ressèment volontiers.

CLEMATIS
Clématite

Voir généralités : Printemps, Blanc, page 99. Parmi les clématites d'été, j'aime surtout les *Viticella* 'Royal Velours', 'Rouge Cardinal' et 'Jackmanii', cramoisi foncé et pourpre. Je ne prends pas des branches entières comme sur *Clematis montana* ; je coupe simplement, sur ces plantes moins vigoureuses, les tiges florales au ras du bois.

COSMOS

Voir généralités : Eté, Blanc, page 118. J'emploie sans doute les grandes pâquerettes des cosmos plus que toute autre fleur. *Cosmos bipinnatus* 'Versailles Carmin', d'un beau velours soutenu, se marie parfaitement avec la clématite 'Royal Velours', les pavots d'Islande jaune et orange et les tabacs verts, en un étourdissant bouquet de fête. Faites-en des coiffures assorties pour une mariée et ses demoiselles d'honneur.

HELIANTHUS
Soleil, tournesol

Voir généralités : Eté, Jaune, page 128. Une tige isolée d'*Helianthus annuus* 'Velvet Queen', rouge soutenu, dans une carafe haute, donnera un effet insolite. Il est tout aussi frappant mêlé à d'autres fleurs vives et brillantes (voir p. 74-75).

IRIS

Voir généralités : Hiver, Bleu et violet, page 158. Je cultive 'Ruby Mine', rouge bronzé, grand iris des jardins à longue floraison, pour le mêler à des fleurs orange et jaunes.

KNAUTIA MACEDONICA

Voir généralités : Scabiosa ; Eté, Bleu et violet, page 135. Les knautias, vivaces proches des scabieuses, s'épanouissent de la fin du printemps au cœur de l'automne. Leurs jolies fleurs aux tons profonds s'associent ou s'opposent à n'importe quelle couleur. On les trouve en blanc, rose et mauve, mais ma préférence va au rouge sombre. Même culture que la scabieuse.

❶ *Clematis* 'Royal Velours'
❷ *Cosmos bipinnatus* 'Versailles Carmin'
❸ *Knautia macedonica*
❹ *Helianthus annuus* 'Velvet Queen'
❺ *Iris* 'Ruby Mine'

LILIUM
Lis

Voir généralités : Eté, Blanc, page 120. *Lilium* 'Fire King', au riche ton orange vif, est superbe en contraste avec des couleurs opposées et des verts vifs.

LYCHNIS
Croix-de-Jérusalem

Annuelle, bisannuelle et vivace Zones : 4-8
Hauteur et étalement : *Lychnis* x *arkwrightii* 'Vesuvius' : 45 cm ; *L. chalcedonica* : 90 cm-1,20 m x 30-45 cm

Variétés à couper Vous aurez peine à trouver plus brillant que l'écarlate pur de *L. chalcedonica* et le violent orange brique de *L.* x *arkwrightii* 'Vesuvius'. Ce sont des couleurs dignes d'une parade. Les étoiles nettes de leurs fleurs, aux pétales bifides qui ressemblent à une langue de serpent, ajoutent à leur puissance et à leur beauté. L'hybride *L.* x *a.* 'Vesuvius' fleurit plus longtemps que l'espèce, et le coloris intense de ses fleurs contraste avec le feuillage brun. Mêlez-les tous deux aux bleus modérateurs des buglosses, avec des buplèvres et de l'aneth chartreuse, des soleils or et les ombelles bleu foncé des agapanthes. Avec les rouges, pas de nuances ; laissez-vous donc aller au plus chatoyant mélange !

Culture Les lychnis poussent aisément en tout bon sol frais, au soleil, dans un coin abrité. *L.* x *arkwrightii* vit peu et est meilleur comme annuelle. Semez-le à chaud et repiquez-le après les gelées. Propagez *L. chalcedonica* par division ou semis d'automne ou de printemps ; il fleurira deux ans après.

PAPAVER
Pavot

Annuelle rustique, bisannuelle ou vivace
Zones : 4-9
Hauteur : *Papaver nudicaule* : 35-40 cm ; *P. commutatum* : 45 cm ; *P. somniferum* 'Danebrog', cultivars *P. rhoeas* : 45-60 cm ; *P. orientale* : 60-90 cm

Variétés à couper On croit les pavots trop fragiles pour supporter la coupe. Révisez ce jugement : ils comptent parmi les meilleures fleurs pour un jardin à bouquets. Le pavot d'Islande, *P. nudicaule,* est le plus robuste et celui qui tient le mieux en vase. Une fois les tiges ébouillantées, les pétales émergent des boutons serrés et vous aurez des fleurs pendant près de quinze jours. Quoi de plus beau qu'un vase en verre plein de 10 à 15 de ces fleurs de soie crème, jaunes, roses, orange et brique ?

Les meilleurs pavots vermillon, *P. n.* 'Matador' et 'Red Sail', sont parfaits en mélange avec *Euphorbia cornigera, Lychnis* x *arkwrightii* 'Vesuvius' de même couleur, et *Salvia superba,* pourpre. Utilisez-les aussi pour les guirlandes, bariolées comme des drapeaux (voir p. 64-67). Pour plusieurs jours de spectacle, les coquelicots sont également parfaits. Employez seul *P. rhoeas,* écarlate, aux branches et boutons soyeux et retombants, ou bien faites un mélange des coloris variés disponibles (*P. r.* Shirley ou *P. r.* Mother of Pearl), blancs, roses et mauves, simples ou doubles, en un bouquet plein d'élégance et de grâce. Seule condition : maintenez le vase à l'abri du vent et loin des fenêtres ouvertes, ou un courant d'air éparpillera les pétales sur la table. Cultivez, bien sûr, des curiosités annuelles, comme l'extraordinaire *P. somniferum* 'Danebrog' (syn. *P. s.* 'Drapeau Danois') à grandes fleurs laciniées écarlate et blanc. Prenez aussi *P. commutatum* 'Ladybird', rouge à taches noires, comme une coccinelle.

Les pavots d'Orient, *P. orientale,* vivaces, tiendront plusieurs jours si vous les ébouillantez à la cueillette. Tous sont fabuleux en vase, du blanc *P. o.* 'Perry's White' à l'écarlate cendré 'Patty's Plum'. Les capsules vert amande de *P. somniferum* et *P. orientale* sont également excellentes.

Préparation Plongez les coupes dans l'eau bouillante pendant 20 secondes, puis dans l'eau tiède, longuement (voir p. 48). Il faudra parfois aider les fleurs de *P. nudicaule* à sortir de leurs fourreaux qui, blessés, se recroquevillent.

Culture Ce sont des plantes faciles, installées au soleil ou à mi-ombre, en sol frais mais bien drainé. Plantez de grosses touffes d'annuelles et de bisannuelles dans les plates-bandes, à 25-30 cm d'écart. Installez les vivaces par groupes de trois à 40 cm d'écart.

Semez les annuelles rustiques à l'automne ou au printemps, en place, car elles ne supportent pas la transplantation ; puis éclaircissez à 20-25 cm d'écart. Les variétés bisannuelles de *P. nudicaule* seront semées sous abri en fin d'hiver, repiquées en godets et mises en place en début d'automne (voir p. 38). Ou bien semez en planches et éclaircissez à 25-30 cm. Les cultivars de *P. orientale* sont propagés par boutures de racines en hiver (voir p. 43).

❻ *Lilium* 'Fire King'
❼ *Lychnis chalcedonica*
❽ *Papaver nudicaule* 'Matador'
❾ *Papaver orientale*
❿ *Papaver rhoeas*
⓫ *Papaver somniferum* 'Danebrog'

Jaune

ALCEA
Rose trémière

Annuelle, bisannuelle et pluriannuelle
Zones : 3-9
Hauteur : 1,50-2 m

Variétés à couper Peu de bouquets sont aussi majestueux qu'une masse de gigantesques épis de roses trémières aux grandes fleurs étalées en papier crépon, réparties sur toute la tige. Garnissez un vase imposant de pousses entières, en mélange ou en une couleur. Evitez les doubles, en pompons, et les naines, mais retenez les vivaces jaune pâle, *Alcea rugosa* ou *A. pallida,* et le pourpre foncé de *A. rosea* 'Nigra'. Si vous avez de la place pour les mélanges, cultivez les *A. rosea* blanches, roses, jaunes et rouges. Elles fleurissent dès juin et remontent jusqu'en automne.

Préparation Ebouillantez les tiges durant 20 secondes, puis donnez-leur un bon bain frais.

Culture Plantez les roses trémières à 50 cm d'écart, par trois à sept, suivant la place. Faciles, elles prospèrent en sol maigre mais drainant. Parmi les simples, *A. rugosa* est la plus résistante à la rouille. Si celle-ci apparaît, coupez les feuilles et inondez la plante de fongicide. Si ce traitement chimique vous rebute, cultivez ces fleurs en annuelles demi-rustiques ou bisannuelles.

Semez-les. Les annuelles, semées tôt et repiquées après les gelées, fleurissent dans la saison. Cultivées en bisannuelles, les plantes sont plus grandes et plus belles. Semez-les sous châssis en été, et plantez-les en automne pour une floraison l'année suivante. Elles se ressèment volontiers.

CALENDULA
Souci

Voir généralités : Eté, Orange et rouge, page 125. Mêlez les soucis jaune d'or de la gamme Art Shades à d'autres, orange, crème et chamois, ou utilisez-les pour éclairer une botte de roses et de pois de senteur (voir p. 70).

EREMURUS
Lis des steppes

Vivace tubéreuse Zones : *Eremurus robustus, E.* hybrides de Ruiter : 6-9 ;
E. stenophyllus subsp. *stenophyllus* : 5-9 ;
E. himalaicus : 3-9
Hauteur : *E. stenophyllus* : 90-120 cm ;
E. Hybrides de Ruiter : 1,50 m ;
E. himalaicus, E. robustus : 1,80- 2,50 m

Variétés à couper Ces épis effilés, majestueux, de petites fleurs étoilées, évoquent plutôt le panache d'un gigantesque oiseau exotique. On les imagine pendant des branches hautes d'un acajou, cernés d'orchidées et de fougères, dans une odeur de sous-bois humide.

Ils fournissent des fleurs à couper luxueuses et capiteuses, blanches, roses, crème, orange et jaune vif. Mêlez-les à de grands bouquets estivaux (voir p. 70-71) ou employez-les seuls, en mélange de couleurs, comme un feu d'artifice. Pour avoir un beau mélange et des plantes de belle taille, choisissez les hybrides de Ruiter. Le premier du genre, *E. himalaicus,* élevé, porte d'immenses épis cylindriques, blanc pur. *E. robustus,* rose pâle, s'épanouit ensuite et *E. stenophyllus* en dernier. C'est celui qu'il faut prendre si vous avez peu de place : plus court et dense que les autres, il épanouit des fleurs jaune d'or.

Préparation Comme chez toutes les plantes en épis, les fleurs du bas fanent avant que celles du haut ne s'épanouissent. Cueillez l'épi quand la moitié est en fleurs et retirez les fleurons fanés ensuite. Il durera, à l'abri de la chaleur, de sept à dix jours.

Culture Achetez les griffes chez un bon marchand de bulbes, en veillant à ce qu'elles soient souples et charnues. Plantez-les à 30-40 cm d'écart, dans une terre additionnée de gros sable, et vous aurez des fleurs dès la première année. Recouvrez à peine les souches. Repérez-les à l'aide de tuteurs, pour éviter d'abîmer les racines en plantant alentour. En lieu venté, palissez la tige sur un rameau de noisetier.

On propage les *Eremurus* par division en fin d'hiver ou en automne (voir p. 37). Creusez un grand cercle autour de leurs racines étoilées.

❶ *Calendula* Art Shades
❷ *Alcea pallida*
❸ *Eremurus stenophyllus*
❹ *Eremurus* hybride de Ruiter

HELIANTHUS
Soleil, tournesol

Annuelle rustique
Hauteur : 1-3 m

Variétés à couper Les faces rayonnantes, joyeuses, des soleils *Helianthus annuus* revêtent tous les tons de jaune, crème, plus, désormais, le brun et l'acajou. Souvent, les pétales contrastent avec des cœurs sombres, assortis aux bourdons qui y déambulent. Si le soleil est cueilli en bouton ou juste ouvert, ses fleurs restent fermes et fraîches, dans l'eau, pendant quinze jours. Prenez la nouvelle vedette, *H. a* 'Velvet

❺ *Helianthus annuus* 'Henry Wilde'
❻ *Lilium monadelphum*
❼ *Helianthus annuus* 'Italian White'
❽ *Lonicera periclymenum* 'Graham Thomas'
❾ *Papaver nudicaule,* groupe Oregon Rainbow

Queen' (p. 126), 'Lemon Queen', jaune pâle, et quelques classiques jaune d'or, tels *H. a.* 'Henry Wilde' et 'Valentine', plus les mélanges multicolores crème, jaune, orange, cramoisi et acajou. 'Italian White', crème pâle, fleurit tout l'été et jusqu'aux gelées.

Préparation Installez six à huit plants par mètre carré en plein soleil, en sol frais bien drainé. Ils supportent un peu d'ombre, mais rappelez-vous que les fleurs suivent le soleil. Tuteurez-les, car le vent couche leurs lourdes têtes.

Semez-les au printemps, en place, soit en poquets dans un massif, soit en ligne dans votre jardin de fleurs à couper. Arrosez bien. Ou bien semez tôt sous abri en godets, en miniserre ou sous tunnel, pour planter après les gelées (voir p. 34).

LILIUM MONADELPHUM
Lis

Voir généralités : Eté, Blanc, page 120. L'élégant *Lilium monadelphum,* à fleurs en turban jaune d'or, est beau en longues tiges, associé à des bleus et à des violets. Mariez-le à des buplèvres et des *cotinus,* des pieds-d'alouette, des lupins et des lisianthus. Court, il soulignera le cœur doré des roses cramoisies et lie-de-vin 'Tuscany Superb' et 'Nuits de Young'.

LONICERA
Chèvrefeuille

Voir généralités : Eté, Rose, page 123. L'un des meilleurs chèvrefeuilles jaunes est *Lonicera periclymenum* 'Graham Thomas', caduc. Rabattu au printemps, il fleurit jusqu'en fin d'automne. Associez-le à sa rose homonyme *Rosa* 'Graham Thomas' en un bouquet rond, simple et parfumé.

PAPAVER
Pavot

Voir généralités : Eté, Orange et rouge, page 127. Les pavots d'Islande offrent une gamme de tons jaunes, crème, orange et roses. D'un doux jaune pâle, le groupe Oregon Rainbow de *Papaver nudicaule,* aux fleurs soyeuses et froissées, est une beauté à installer seule en vase de verre, sur un bureau. Ou bien mêlez-la à des pourpres fumés : quelques brins de sauge ou de pois de senteur.

Bleu et violet

AGAPANTHUS
Agapanthe

Vivace, parfois persistante   Zones : 8-10 ; *Agapanthus* Headbourne Hybrides : 6-9
Hauteur : 60 cm-1,50 m (en moyenne)

Variétés à couper Ces grosses ombelles rondes, bleues, sur leurs tiges élancées, évoquent une procession enturbannée. Employez-les seules dans un vase étroit, ou mêlées, en bouquets éblouissants, à des érémurus et des ails (voir p. 70-71). Les plus rustiques, les Headbourne Hybrides, offrent une gamme de coloris allant du bleu foncé au blanc. Hauts et imposants, retenez 'Lock Hope', bleu moyen, aux tiges de 1,50 mètre. 'Buckingham Palace' est plus lumineux et encore plus grand, mais moins florifère. Parmi les variétés courtes, à mêler à des roses, phlox et buplèvres, optez pour *A.* 'Lilliput', bleu foncé, qui n'atteint que 30 cm de haut. Plus pâles, caduques, les variétés de *A. campanulatus* sont quasi rustiques. Recherchez les plus résistantes : *A. c.* subsp. *patens* et *A. c.* var. *albidus* (voir p. 118). Les fruits anguleux des agapanthes sont superbes en bouquets automnaux (voir p. 136).

Préparation Cueillez-les quand elles portent encore de nombreux boutons et éliminez les fleurons fanés.

Culture Pour avoir les meilleures variétés bleu nuit, choisissez les plants en fleurs. Plantez de beaux groupes de trois à cinq, suivant leur taille. Ces amateurs de soleil prospèrent en sol fertile, frais mais bien drainé, surtout en hiver. L'abri d'un mur ensoleillé est particulièrement indiqué. Protégez les souches, en hiver, d'un épais paillis (voir p. 37). Les touffes épaississent lentement, mais peuvent être éclatées après quelques années.

❶ *Agapanthus* 'Loch Hope'
❷ *Allium cernuum*
❸ *Allium cristophii*
❹ *Allium giganteum*
❺ *Anchusa azurea* 'Royal Blue'

ALLIUM
Ails ornementaux

Bulbe vivace Zones : *Triteleia laxa* : 7-10 ; *Allium giganteum, A.* 'Globemaster', *A. narcissiflorum* : 6-10 ; *Triteleia hyacinthina* : 5-10 ; *Allium aflatunense, A. cristophii, Nectaroscordum siculum* : 4-10 ; *Allium flavum* : 3-9 ; *A. cernuum, A. sphaerocephalon* : 3-8
Hauteur : *A. narcissiflorum* : 30 cm ; *Triteleia laxa* : 30-50 cm ; *Allium cernuum, A. cristophii, A. flavum* : 30-70 cm ; *A. sphaerocephalon* : 90 cm ; *A.* 'Globemaster' : 90 cm -1,20 m ; *Triteleia hyacinthina, Nectaroscordum siculum* : 1,20 m ; *Allium aflatunense* : 1,50 m ; *A. giganteum* : 2 m

Variétés à couper Il existe tant de remarquables ails à couper qu'il est impossible de les citer tous. Mis ensemble, on dirait une boule de feu d'artifice. *A. cristophii*, aux étoiles effilées à cœur vert, *A. giganteum* et *A.* 'Globemaster' sont les plus gros et les plus spectaculaires : ils seront destinés à des bouquets géants (voir p. 70-71). Les têtes, de la taille d'un petit melon, de *A. giganteum*, se marient aux lourdes fleurs des lis blancs, tel 'Casa Blanca', dont le délicieux parfum masque la typique odeur piquante des ails. De surcroît, ces deux fleurs durent de 10 à 15 jours, sans entretien. (Changez seulement l'eau tous les deux jours.) Plantez *A. aflatunense* pour avoir des fleurs semblables, plus petites et plus précoces de six semaines.

Parmi les variétés plus courtes, à ombelles plus réduites, on trouve *A. sphaerocephalon*. Ses têtes échevelées, magenta pourpré, s'allient en beauté aux verts et aux blancs, ou à un mélange de couleurs chaudes. Recherchez aussi *A. flavum*, jaune citron, aux fleurons en cascade. Sa jolie version rose pourpré est *A. cernuum*.

Moins rustiques, les *Triteleia* (syn. *Brodiaea*), très proches, portent des fleurons en étoiles à six branches, deux fois plus gros. *T. hyacinthina*, d'un joli blanc ombré de rose, rappelle l'ail sauvage, sans le parfum. *T. laxa* est d'un bon bleu moyen (voir p. 134-135). Egalement remarquable, *Nectaroscordum siculum* subsp. *bulgaricum* est très proche des ails. Aux clochettes printanières, pendantes, où se mêlent blanc, pourpre et vert, succèdent des capsules anguleuses rappelant celles des agapanthes.

Préparation Changez souvent l'eau des grandes variétés pour réduire leur senteur âcre.

Culture Les ails sont faciles à cultiver en plein soleil, en sol drainé. Plantez-les abondamment en automne, à 10 cm de profondeur. Laissés tranquilles, la plupart forment vite des touffes. Vous diviserez les espèces printanières en fin d'été, et les estivales au printemps (voir p. 37 et 41). Le semis – parfois spontané – est aisé, et certaines espèces peuvent être envahissantes. Choisissez donc bien leur emplacement.

ANCHUSA
Buglosse

Annuelles, bisannuelles et vivaces, parfois persistantes Zones : 4-8
Hauteur et étalement : cultivars de *Anchusa azurea*, 1,20 m x 60 cm ; variétés de *A. capensis* : 20-45 cm x 20 cm

Variétés à couper Les fleurs de *A. azurea* évoquent pour moi un clown faisant danser 30 à 40 assiettes sur des badines. Chaque soucoupe bleu de Chine de la tige porte un œil blanc sur fond d'azur. Ce sont de solides fleurs à couper, durables et élégantes. Parmi ces vivaces à vie courte, choisissez *A. azurea* (syn. *A. italica*) 'Loddon Royalist', plus soutenu, bleu indigo, et *A. a.* 'Royal Blue', bleu gentiane. Mêlez-les avec de l'écarlate et de l'orange vif, pour le contraste (voir p. 73). Evitez blancs et roses, qui semblent alors délavés.

A. capensis, bisannuelle sud-africaine souvent cultivée comme annuelle à massifs, convient à de petits bouquets. *A. c.* 'Blue Angel' est trop petite, sauf pour des boutonnières, mais 'Blue Bird', sorte de myosotis violacé géant, atteint 60 cm ; c'est un excellent bouche-trou en bordure de plates-bandes.

Préparation Renversez les tiges et éliminez d'une secousse toutes les fleurs fanées.

Culture Cette plante méditerranéenne demande du soleil et un sol bien drainé, sans humidité hivernale. Plantez les vivaces par trois à cinq à 45 cm d'écart. Tuteurez les tiges florales. Si vous empêchez les buglosses, par la cueillette, de faire des graines, vous aurez des fleurs tout l'été et jusqu'au cœur de l'automne.

Vous les propagerez aisément en hiver, par bouturage de racines. Les variétés de *A. azurea* peuvent également être employées comme bisannuelles, semées en avril-mai et repiquées en planches en été. Vous les mettrez en place en automne pour les voir fleurir l'année suivante. Les annuelles frileuses, comme *A. capensis,* sont semées à chaud en fin d'hiver et plantées après les gelées (voir p. 32 à 35). Toutes se ressèment et se transplantent bien.

CAMPANULA
Campanule

Annuelles, bisannuelles et vivaces, parfois persistantes Zones : 3-8 ; *Campanula pyramidalis* : 8
Hauteur : *C.* 'G. F. Wilson' : 8-10 cm ; *C. portenschlagiana* : 15 cm ; *C. glomerata, C. persicifolia* : 75-90 cm ; *C. lactiflora, C. pyramidalis* : 1,50 x 2 m

Variétés à couper Les campanules, aux silhouettes simples et aux clochettes pendantes, sont pour moi les plus apaisantes des fleurs. Cultivez les formes bleues et blanches de la campanule à feuilles de pêcher (*C. persicifolia*) pour la mêler à des alchémilles, des mufliers, des roses et autres fleurs surannées. Solides fleurs à couper, elles conviennent à des guirlandes estivales, piquées dans de l'Oasis. Evitez les formes doubles, moins naturelles, telles 'Fleur de Neige' et 'Pride of Exmouth'. Retenez aussi les longs épis imposants de *C. pyramidalis,* bisannuelle, en bleu et blanc, et *C. lactiflora* 'Superba', superbe géante de fin d'été. Placez-les seules dans un grand pot de faïence au milieu d'une table, ou mêlez-les simplement à des masses de roses.
A l'autre bout de la gamme, prenez *C.* 'G.F. Wilson', semblable à une jacinthe sauvage, ou *C. portenschlagiana,* plus vigoureuse, pour les boutonnières. *C. glomerata* 'Superba', solide et prolifique, est déjà plus élaborée, mais reste excellente pour la coupe. Mariez-la à des oranges et des écarlates intenses, sur fond de verts acides.

Préparation Ebouillantez les coupes de *C. lactiflora* pendant 20 secondes.

Culture Les campanules sont des plantes sans histoires, poussant au soleil ou à mi-ombre ; elles aiment un sol frais mais bien drainé. Les variétés les plus vigoureuses, comme *C. glomerata,* doivent être arrachées et divisées régulièrement, leurs cœurs se dégarnissant. *C. pyramidalis* et *C. lactiflora* demandent un tuteurage (voir p. 37).

Propagez les vivaces en été, par boutures de tiges tendres ou de rejets (voir p. 36, 38-39), ou par division en automne et au printemps (voir p. 37 et 41). Cette méthode vaut pour les variétés dénommées et les coloris remarquables. Sinon, employez le semis. Vous sèmerez C. *pyramidalis* sous abri en fin de printemps pour la planter en pépinière en été.

CENTAUREA
Centaurée, bleuet

Annuelle et vivace Zones : 4-8
Hauteurs : cultivars de *Centaurea moschata* (officiellement, *Amberboa moschata*) : 45-60 cm ; *C. cyanus* : 30-90 cm ; *C. dealbata, C. macrocephala* : 90 cm

Variétés à couper Les lumineuses fleurs en pompons du bleuet *C. cyanus,* bleu clair, se marient à toutes les couleurs. Cultivez les variétés améliorées, à grosses fleurs, comme *C. c.* 'Blue Diadem', pour un plus bel effet. Essayez *C. c.* 'Black Ball', presque noir, excellent en mélange avec le pois de senteur 'Pageantry', très sombre, en contraste avec le *Lychnis* x *arkwrightii* 'Vesuvius', vermillon.

Evitez les variétés naines, tassées, qui se révèlent peu utiles en bouquets. Nombre de centaurées vivaces conviennent à la fleur coupée. Les variétés roses de *C. dealbata,* telle

❻ *Campanula persicifolia*
❼ *Centaurea cyanus* 'Black Ball'
❽ *Centaurea cyanus* 'Blue Diadem'

'Steenbergii' (voir p. 122), font d'excellents éléments.

Préparation Cueillez la centaurée entrouverte et retirez les feuilles du bas ; elles tiennent cinq jours environ en vase.

Culture Les centaurées poussent en plein soleil, même en sol pauvre. Si vous voulez de grosses têtes, vous pouvez éboutonner les tiges jeunes, mais je n'en vois pas l'intérêt : des masses de fleurs plus petites sont aussi jolies que des grosses fleurs en petit nombre. Si vous ne les cueillez pas régulièrement, retirez les fleurs fatiguées avant qu'elles ne grainent. L'oïdium s'y attaque quand l'été est chaud.

Semez les annuelles rustiques en place au printemps et éclaircissez à 10-15 cm. Mieux encore, semez en début d'automne pour qu'elles fassent de grosses rosettes pleines de réserves avant la floraison. Les vivaces sont semées, puis divisées, ou bouturées de racines (voir p. 32-34, 37 et 43).

CLEMATIS
Clématite

Voir généralités : Printemps, Blanc, page 99.

J'emploie, seules, quelques touffes des fleurs veloutées de *Clematis* x *durandii*, comme centre de table.

En fin d'été et en automne, je mêle ses duveteux fruits bouclés à des baies de chèvrefeuille et à des roses tardives comme 'Heritage', rose.

CYNARA
Cardon, artichaut

Vivace Zones : 7-9

Hauteur et étalement : *Cynara cardunculus* : 2-2,50 x 1 m ; *C. c.* groupe Scolymus : 1-1,20 m x 60 cm

Variétés à couper Ce genre, qui regroupe cardons et artichauts, se prête aux grands bouquets en jarres ou en grands vases, pour des fêtes. Cueillez les feuilles du cardon et associez-les à des delphiniums bleu vif et à des érémurus, en leur donnant 90 cm de tige environ. Au printemps, les jeunes feuilles d'artichaut sont ravissantes en compagnie d'hellébores orientaux hybrides (voir p. 56 à 58). Coupez leurs fleurs en boutons ou épanouies. Encore vertes, elles donnent une excellente charpente à des fleurs écarlates et orange (voir p. 73). Ouvertes, quand pointe leur duvet violet, associez-les à des gros tournesols et à des acanthes, ou gardez-les seules.

Préparation Retirez les feuilles de la base sur les hampes florales et changez souvent l'eau, qui brunit.

Culture Faites une belle touffe de trois à cinq artichauts et, si vous avez la place, au moins un cardon. Plantez au printemps en sol chaud, bien drainé, ensoleillé. Rabattez les plantes en automne et couvrez la souche d'une épaisse couche de feuilles ou de paille. Tuteurez les fleurs des cardons quand elles atteignent leur haute taille. Propagez-les par semis ou division au printemps.

DELPHINIUM et CONSOLIDA
Delphinium et pied-d'alouette

Annuelles et vivaces Zones : *Delphinium* groupe Belladonna : 3-8 ; hybrides à grandes fleurs : 2-8 ; *D. grandiflorum* : 4-9

Hauteur : *D. grandiflorum* : 45 cm ; hybrides nains à grandes fleurs, *Consolida regalis, D.* groupe Belladonna : 0,90-1,50 m ; hybrides à grandes fleurs 1,50-1,80 m

Variétés à couper Les delphiniums constituent un apport élégant dans les bouquets et en bordure de massif. On y trouve des bleus, du blanc et du rose ; plus récemment, des tons jaunes, rouges et crème sont apparus. Parmi les hybrides à grandes fleurs, retenez le groupe Black Knight, violet foncé, *D.* 'Nobility', ou *D.* 'Cristella', plus clair (voir p. 70-71), qui donnent tous une succession d'épis de l'été à l'automne. Placez-les à l'arrière de la bordure, en compagnie d'un chardon ; vous cueillerez les deux pour avoir un décor de 1,50 m de feuilles et de fleurs. Retenez-en aussi un blanc (voir p. 119) et peut-être un crème. Parmi les bons nains, optez pour 'Blue Tit', bleu indigo, de 1,20 m de haut.

Nombre d'espèces-types et de vieux hybrides sont recommandables. Les *D.* Belladonna, finement ramifiés, portent de larges fleurs simples, bleu soutenu à œil blanc. Essayez également *D. grandiflorum* (souvent appelé *D. chinense*), vivace de peu de durée, généralement employé comme annuel. *D. g.* 'Blue Butterfly' est très intéressant pour ses grandes fleurs bleu roi.
Les delphiniums annuels, *Consolida regalis* ou pieds-d'alouette, sont aussi précieux. Retenez les bleus soutenus comme *C.* 'Blue Spire (série Exquisite), et 'White King', blanc pur, de type Géant Impérial. Evitez les roses, tantôt un peu grisés, tantôt trop légers et difficiles à associer.

Préparation Cueillez les delphiniums assez épanouis. Ils sont très sensibles à l'éthylène, gaz émis par les fruits mûrs, dont vous leur éviterez le voisinage.

Culture Les delphiniums poussent volontiers sur de nombreux sols bien drainés, au soleil. Certains, bien arrosés, nourris et désherbés, supportent la mi-ombre. Paillez au printemps et engraissez régulièrement durant la saison.
Plantez les vivaces à 60 cm d'écart, par groupes de trois à cinq. Plantez les annuels plus serrés, en masses, dans la bordure, ou en lignes dans le jardin. Un bon écartement permettra une aération efficace du feuillage : delphiniums annuels et vivaces sont sensibles à l'oïdium, surtout en fin d'été. La cueillette régulière suscite des latérales qui prolongent la floraison. Les variétés élevées demandent un tuteurage (voir p. 37).

Les annuels sont semés en fin d'hiver sous abri et plantés après les gelées, ou bien en place en automne ou au printemps (voir p. 32 à 35). Les cultivars des vivaces du groupe Belladonna sont propagés au printemps par boutures de jeunes tiges. Prélevez-les, à 5-8 cm de long, quand elles émergent en fin d'hiver, avant que la tige ne se creuse. Placez-les en godets de 8 cm, au frais, pour qu'elles s'enracinent.

❶ *Clematis* x *durandii*
❷ *Dianthus barbatus* groupe Nigrescens
❸ *Consolida* (série Exquisite) 'Blue Spire'
❹ *Eustoma grandiflorum* Hybride F_1

DIANTHUS BARBATUS
Œillet de poète

Voir généralités : Eté, Rose, page 122.

Dianthus barbathus groupe Nigrescens porte des fleurs acajou foncé qui se marient bien à des pois de senteur ou des roses roses, en bouquets capiteusement parfumés (voir p. 70).

ECHIUM
Vipérine

Annuelles et bisannuelles ; également vivaces et arbrisseaux

Hauteur : *Echium plantagineum* 'Blue Bedder' : 30 cm ; *E. vulgare* : 60 cm

Variétés à couper *E. vulgare*, bisannuelle, est une espèce sauvage qui pousse près des plages de galets. Ses fleurs bleu, rose et violet mêlés, enchâssées dans un calice velu et piquant, sont ravissantes avec de l'aneth, vert acide, des quarantaines et des œillets de poète bordeaux. Employez ses épis pour rompre la symétrie d'un bouquet. Parmi les variétés annuelles rustiques, *E. plantagineum* 'Blue Bedder' est le meilleur et le plus répandu.

Préparation Supprimez les feuilles inférieures.

Culture Plantez-les par cinq dans un endroit ensoleillé, sec, même caillouteux. Mieux vaut employer *E. vulgare* comme une bisannuelle, semée sous abri en fin de printemps, repiquée dehors en été et mise en place en automne. On peut en faire une annuelle rustique, mais les plantes sont alors plus petites. *E. p.* 'Blue Bedder' demande les mêmes soins. Tous deux se ressèment et se transplantent volontiers.

ERYNGIUM
Chardon bleu

Voir généralités : Été, Vert et gris, page 116.
Mêlez les boules épineuses d'*Eryngium* x *zabelii* 'Violetta' à des capsules de pavot, des buplèvres, des alstromères jaunes et orange et des épis d'érémurus, opposés au somptueux lisianthus violet foncé.

EUSTOMA
Lisianthus

Vivace rustique cultivée en annuelle demi-rustique

Hauteur : 45-60 cm

Variétés à couper Parmi les annuelles, *Eustoma grandiflorum* (syn. *Lisianthus russellianus*) est une des plus richement colorées. Les lisianthus sont des fleurs de grande durée. Plantez-en beaucoup, à mêler à des bouquets qu'ils relèveront. Mariez-les à de l'orange, du bleu et du vert en une composition luxueuse, insolite, chaleureuse. Ou mêlez-les avec du vert et du blanc en bouquets de mariée. Cultivez *E. g.* Série Yodel, hybrides F1 améliorés. Les formes crème et blanches prendront la vedette dans un bouquet apaisant, frais. Leurs fleurs en coupes larges ressemblent à de gros pavots. Evitez les formes doubles, qui font « chiffonnées ».

❺ *Cynara cardunculus*
❻ *Delphinium* 'Nobility'
❼ *Echium vulgare*
❽ *Eryngium* x *zabelii* 'Violetta'
❾ *Iris* 'Jane Phillips'

Préparation Recoupez les tiges en retirant au moins 2,5 cm. Ne mouillez pas les fleurs, qui deviendraient translucides.

Culture C'est une annuelle difficile, mais qui vaut des efforts. Semez des graines fraîches en hiver, sous abri tiède, et plantez en plein soleil, en terre drainée. Pincez les plants pour avoir de nombreuses tiges florales.

IRIS

Voir généralités : Hiver, Bleu et violet, page 158. 'Jane Phillips', bleu moyen, est un iris des jardins de mi-saison, à grandes fleurs élégantes et au parfum exotique. Il tient plus d'une semaine dans l'eau, où ses boutons continuent à s'ouvrir.

LATHYRUS ODORATUS
Pois de senteur

Voir généralités : Eté, Blanc, page 120. *Lathyrus odoratus* 'Pageantry', lie-de-vin, est superbe mêlé à *L. o.* 'Matucana', bicolore, carmin et pourpre. Ils seront accueillis au jardin d'ornement, à côté des haricots mange-tout pourpres, grimpants ; en vase, on les verra seuls ou associés en mélange parfumé aux pourpres et aux rouges de roses, de quarantaines et d'œillets de poète (voir p. 70).

LAVANDULA
Lavande

Arbrisseau persistant Zones : *Lavandula stoechas* 8-9 ; variétés de *L. angustifolia* : 6
Hauteur et étalement : 60-90 cm

Variétés à couper Bien que délicieusement parfumée, la lavande est un peu maigre en bouquets. Il en faut beaucoup pour qu'on commence à la voir. *L. a.* 'Munstread', mauve pourpré, et *L. a.* 'Hidcote', violet sombre, sont intéressantes à cultiver pour la coupe. Cependant, ce sont surtout les lavandes peu rustiques, à grandes bractées spectaculaires, qui l'emportent pour les bouquets. *L. stoechas* subsp. *pedunculata* est une superbe fleur à couper (voir p. 113). Si vous craignez qu'elle gèle dans votre région, cultivez-la en pots que vous rentrerez à l'abri.

Préparation Pour conserver le parfum, les fleurs à sécher seront cueillis le matin et étalées au frais et à l'ombre, jamais au soleil.

Culture Pour avoir beaucoup de fleurs, plantez les lavandes en plein soleil en sol drainé, plutôt calcaire. Malheureusement pour moi, elles n'aiment pas l'argile collante. Rabattez-les bien après floraison, en été, sans toucher au vieux bois. Les lavandes se bouturent aisément en été, à bois demi-aoûté (voir p. 38-39).

LUPINUS
Lupin

Annuelles, bisannuelles et arbrisseaux
Zones : 3-9
Hauteur : 90 cm, sauf *Lupinus luteus*, *L. varius* : 45-60 cm ; *L. mutabilis* var. *cruckshanksii* 'Sunrise' : 1 m

Variétés à couper J'aime beaucoup les épis de lupins, tels des panaches de faisans exotiques. Il en existe de nombreux coloris, jolis regroupés. Cultivez *L. polyphyllus*, bleu indigo, et 'Le Gouverneur', bleu et blanc. 'Blue Jacket' est un autre bleu et blanc, excellent, de surcroît parfumé et à longue floraison. Les blancs du groupe 'La Demoiselle' sont d'autres beautés raffinées, excellentes en mélange (voir p. 120-121).Toutes sont fantastiques en mélange bariolé. Plantez *L.* 'Les Pages', carminé, à côté de la variété 'Le Chandelier', de divers jaunes. Rajoutez quelques rouges, roses et pourpres pour faire bonne mesure. Tentez aussi les assortiments du type La Noblesse. Coupez-les et placez-les tels quels dans un grand pot de couleur contrastée.

Quelques lupins annuels valent d'être cultivés. Rustique, parfumé, *L. mutabilis* var. *cruckshanksii* 'Sunrise', aux fleurs en blanc, bleu et jaune, est excellent. Demi-rustiques, *L. luteus*, ocre vif, et *L. varius*, bleu nuit, font aussi de beaux bouquets. Comme toujours, évitez les nains, sans grand intérêt en vase.

Préparation Pour éviter que les tiges ne se tournent vers le soleil, ne les mettez pas dans un panier : aussitôt cueillies, plongez-les dans un seau d'eau. Leurs fleurons ont tendance à tomber en quatre ou cinq jours, surtout au chaud.

Culture Les lupins poussent au soleil ou à mi-ombre, en tout bon sol non calcaire (*L. polyphyllus* déteste la craie), bien drainé et, si possible, sableux. La cueillette favorise la remontance et évite la fructification, qui épuise les plantes. Les feuilles sont parfois victimes de l'oïdium ; pour l'éviter, cultivez les lupins en bisannuels et supprimez-les après floraison.

Vous propagerez les lupins vivaces par bouturage de rejets printaniers (voir p. 38-39). Beaucoup peuvent aussi être semés en avril-mai. Ils fleuriront l'année suivante. Frottez quelques instants les graines sur du papier de verre et faites-les gonfler dans l'eau, pendant un ou deux jours. Recouvrez-les de 5 mm de terre, dans des godets de 8 cm. Rempotez-les quand ils ont trois à quatre vraies feuilles, puis repiquez-les en pépinière. Le lupin annuel *L. mutabilis* var. *cruckshanksii* est facile à semer, directement en place. Les espèces demi-rustiques demandent un semis d'automne pour épaissir à l'aise.

MATTHIOLA
Quarantaine

Voir généralités : Eté, Rose, page 123. Les quarantaines pourprées sont magnifiques mêlées à des bruyères et des molucelles. Toutes les formes sombres donneront parfum et profondeur aux bouquets d'été.

❶ *Lathyrus odoratus* 'Pageantry'
❷ *Lathyrus odoratus* 'Matucana'
❸ *Lavandula angustifolia* 'Munstead'
❹ *Salvia* x *superba*
❺ *Triteleia laxa*

NIGELLA
Nigelle

Annuelle rustique
Hauteur : cultivars de *Nigella damascena, N. hispanica* : 35-45 cm ; *N. damascena* 'Oxford Blue', *N. hispanica* 'Curiosity' : 75 cm

Variétés à couper Les fleurs en collerettes comme les capsules gonflées des nigelles sont parfaites en bouquets. Cultivez-les comme bouche-trou dans les plates-bandes, pour les intégrer à des compositions champêtres. Faites des bouquets ronds, serrés, avec des capsules et du joli feuillage plumeux Cultivez la plus belle, *N. hispanica,* à grandes fleurs bleu foncé et étamines marron foncé ; ou essayez 'Oxford Blue', forme géante, bleu vif, de *N. damascena,* à capsules striées de noir. On trouve aussi de belles formes blanches ou roses et des bons assortiments, comme les Persian Jewel. *N. orientalis* est également intéressante.

Préparation Retirez les feuilles inférieures.

Culture Les nigelles aiment les sols fertiles, ensoleillés et drainés. Cueillez-les en laissant toutefois grainer quelques fleurs, pour avoir les capsules. Semez clair, en place, car elles détestent les transplantations. Pour avoir tôt de fortes plantes, semez en automne plutôt qu'au printemps. Elles se ressèment dans tous les coins et, laissées tranquilles, sont là pour toujours.

SALVIA
Sauge

Voir généralités : Automne, Bleu et violet, page 147. Une des premières à fleurir, *Salvia* x *superba*, violette, est splendide aussi bien en bordure qu'en bouquet avec des pavots d'Islande 'Matador', orange foncé, *Lychnis* x *arkwrightii* 'Vesuvius' et des lanternes à peine orangées de *Physalis*.

SCABIOSA
Scabieuse

Vivace ou annuelle rustique Zone : 4
Hauteur : cultivars de *Scabiosa caucasica*, 60 cm ; *S. atropurpurea* Double en mélange : 90 cm

Variétés à couper Les mauves, le cuivre sombre et le rose de *S. atropurpurea* Doubles en mélange se prêtent aux bouquets libres, mais c'est l'acajou foncé que je préfère. Les larges fleurs sombres, bombées, portées par de fines et longues tiges, font un bon duo avec le zinnia 'Envy' et se marient bien aux quarantaines, œillets de poète et mufliers cramoisis, opposés à des vipérines et des buglosses. Les vivaces comportent de belles variétés à grandes fleurs bleu pâle, mauves et blanches. Prenez *S. caucasica* 'Fama', à longue floraison mauve fluorescent, à mêler à des cardères, des capsules de nigelles et de l'aneth. *S. c.* 'Clive Greaves', rose-mauve, s'accorde bien au vert acide et à l'orange. J'emploie *S. c.* 'Perfecta Alba', blanche, ou 'Miss Willmott', crème, dans de classiques bouquets de mariée.

Préparation Donnez-leur un bain avant de les arranger.

Culture Les scabieuses poussent au soleil, en sol alcalin riche et drainé. Plantez une touffe de trois à cinq pieds de chaque variété vivace, chacune ne portant que peu de fleurs à la fois. La floraison dure longtemps toutefois, et peut avoir lieu jusqu'aux gelées, surtout si vous cueillez régulièrement pour empêcher la fructification. Donnez-leur le soutien d'un réseau de fils et de tuteurs.

Les annuelles sont semées en place ou sous abri, en automne, pour une floraison précoce. Elles y passeront l'hiver pour être mises en place en avril. Pincez les plantules pour les ramifier.

Propagez les vivaces par bouturage des bourgeons au printemps, par semis en automne, ou par division en mars.

TRITELEIA LAXA
Ail ornemental

Voir généralités : Allium, page 130. Cette sorte d'ail bleu-mauve est une des fleurs coupées les plus durables. Faites-en de vifs mélanges avec des alstromères orange, des pavots variés et des buplèvres.

❻ *Lupinus*
❼ Cultivar de *Matthiola*
❽ *Nigella damascena* 'Oxford Blue'
❾ *Scabiosa atropurpurea*
❿ *Scabiosa caucasica* 'Clive Greaves'

Automne

L'arrivée de l'automne est l'occasion de créer des bouquets « sauvages », libres, de feuillages colorés, de capsules de graines, de baies et fruits divers. Faites d'imposantes œuvres d'art et, alors que la lumière décline, apportez chez vous les couleurs chaudes des éclatants dahlias, glaïeuls et zinnias en pleine floraison.

Argent, vert et brun

AGAPANTHUS
Agapanthe

Voir généralités : Eté, Bleu et violet, page 130. Les imposants agapanthes en graines, aux capsules pendantes vert jade sur de fins pédoncules, sont œuvre d'orfèvre. Mêlez-les à des dahlias chaleureux, des physalis et des soleils tardifs.

AMARANTHUS CAUDATUS
Queue-de-renard

Annuelle semi-rustique
Hauteur : 90 cm-1,20 m

Variétés à couper La version vert vif de la queue-de-renard est une aubaine pour les grands bouquets d'automne. Cette annuelle tardive se marie élégamment au blanc et au bleu, et contraste bien avec les tons orange, cramoisis, bruns et écarlates des baies et feuillages mûrissants. Faites-en – vous pouvez aussi utiliser la forme classique (voir p. 22) – de grands bouquets où leurs épis retomberont comme des glaçons d'une cascade gelée. Certaines amarantes dressées, comme 'Green Thumb' et 'Pygmy Torch', sont un peu trop élaborées et raides à mon goût. Avec les grandes formes retombantes, vous n'aurez pas de surprise.

Préparation Retirez les feuilles de la base et ébouillantez les coupes 20 secondes, avant de les baigner longuement.

Culture Plantez-les à 40-60 cm d'écart (ce sont de grosses plantes), en terre riche, drainée, ensoleillée. Elles n'atteindront leur maturité qu'en fin d'été mais dureront jusqu'à l'orée de l'hiver : ce sont les dernières fleurs à couper. Bien nourries, elles dépasseront 1,50 mètre.

Les amarantes sont aisées à obtenir de semis, à chaud, en fin d'hiver. Les graines fines donnent des plantules grêles, à repiquer au stade de deux feuilles (voir p. 34). Elles se ressèment volontiers.

ARTEMISIA
Armoise

Vivaces et arbrisseaux caducs ou demi-persistants Zone : *Artemisia arborescens* 'Faith Raven', *A.* 'Powis Castle' : 7-10 ; *A. pontica* : 5-10 ; *A. absinthium* 'Lambrook Silver' : 4-10
Hauteur et étalement : *A. pontica* : 60 x 20 cm ; *A. absinthium* 'Lambrook Silver' : 80 x 50 cm ; *A.* 'Powis Castle' : 60-90 x 90-120 cm ; variétés de *A. arborescens* : 90-120 x 90 cm

Variétés à couper Nombre d'armoises, au feuillage aromatique feutré d'argent, fournissent un excellent fond aux couleurs chaudes et fortes, fréquentes au jardin à cette époque. Elles allègent les excès lumineux des tons orange, rouges et ocre. Très belles en été, mêlées à des nigelles, des ammis et des roses, c'est en automne qu'elles prennent toute leur valeur.

A. arborescens 'Faith Raven' (dédiée à ma mère, qui l'a trouvée à Rhodes) forme vite un dôme argenté brillant ; en cueillant seulement les branches basses, vous ne laisserez pas de traces de vos récoltes. Comme 'Powis Castle', semblable, elle garde sa forme ronde car elle fleurit peu en climat frais.
A. absinthium 'Lambrook Silver', au feuillage clairsemé, plumeux, et *A. pontica*, dressée, élégante, sont plus raffinées encore ; cette dernière est parfaite, glissée dans un petit bouquet serré, très vif. Elles se marient bien aux sauges, dahlias et asters (voir p. 78).

Préparation Les armoises retombent vite. Ebouillantez les coupes (voir p. 48), puis laissez-les tremper à peine une nuit.

Culture Ces plantes méditerranéennes poussent en situation aérée, ensoleillée, sèche. Nettoyez les arbrisseaux en les taillant court, au printemps, pour former des dômes serrés. Ils repousseront vite sur

❶ *Agapanthus* (fruits)
❷ *Amaranthus caudatus* 'Viridis'
❸ *Artemisia absinthium* 'Lambrook Silver'
❹ *Artemisia arborescens* 'Faith Raven'

le vieux bois. Pincez les jeunes plantes pour les ramifier, puis coupez les pousses dégingandées.

Propagez *A. pontica*, stolonifère, par division, au printemps ou en automne. Les arbrisseaux se bouturent aisément à bois tendre ou demi-aoûté en été.

CLEMATIS
Clématite

Voir généralités : Printemps, Blanc, page 99. Les fruits soyeux des Clematis 'Bill Mackenzie', *C.* x *durandii* ou *C. tangutica* me rappellent des lévriers russes bien peignés. Associez-les à des cosmos 'Versailles Carmin' et des tithonias.

CYPERUS
Papyrus

Vivace persistante Zones : 4-8

Hauteur : *Cyperus albostriatus* : 60 cm

Variétés à couper La plupart des « papyrus », comme *C. involucrata* et *C. papyrus* (le vrai), craignent le gel ; c'est bien dommage, car ce sont des plantes à couper de qualité, donnant du piquant aux bouquets. *C. albostriatus,* lui, supporte le froid. C'est une plante précieuse en automne, donnant un feuillage vert vif quand les euphorbes sont passées et la plupart des annuelles similaires, comme les buplèvres, sur le déclin. Vous le mêlerez tout comme *C. eragrostis,* comparable, aux asters, dahlias et *Iris foetidissima* (voir p. 78) ou aux voyantes nérines roses.

Culture Les *Cyperus* poussent en tout sol, au soleil ou à l'ombre, et demandent peu de soins. Propagez-les par division au printemps ou en automne. Ils se ressèment bien.

EUPHORBIA
Euphorbe

Voir généralités : Printemps, Vert et gris, page 96. *Euphorbia marginata,* jolie annuelle vert amande bordée de blanc, est à son apogée en fin d'été et en automne. Mariez-la à des roses 'Iceberg', des houblons et des crinums en un frais centre de table, pour une fête.

HUMULUS LUPULUS
Houblon

Liane caduque Zones : 3-9

Hauteur et étalement : 3-6 m

Variétés à couper Les branches contournées des houblons, garnies de grappes de fruits vert vif, fortement odorants, qui succèdent aux fleurs des plantes femelles, sont un des cadeaux de l'automne. Longues ou courtes, elles garniront toute la maison. Longues, elles serviront dans un bouquet serré ou une couronne (voir p. 78-79) ; en guirlandes, pour une fête, elles donneront le ton aux invités dès l'arrivée. Le type classique, à feuilles vertes, *Humulus lupulus,* est toujours cultivé universellement pour parfumer la bière. *H. lupulus* 'Aureus' fleurit et fructifie moins, mais son feuillage doré est plus beau.

Préparation Suspendez les fruits immédiatement, pour qu'ils sèchent vite sans moisir. Vaporisez sur la branche une laque à cheveux sans odeur pour maintenir les pompons en place et ralentir la chute, inévitable.

Culture Cultivez le houblon au soleil ou à mi-ombre, en tout sol drainé. Il lui faut un support où grimper. Mieux vaut cultiver *H. l.* 'Aureus' en plein soleil, en sol toujours frais. Propagez-le par division en fin d'hiver.

NICANDRA PHYSALODES

Annuelle rustique

Hauteur : 1 m

Variétés à couper Les calices hypertrophiés, vert vif ou vert et noir, des nicandras, donnent une touche élégante à une botte de dahlias proches du noir ou à des zinnias rose vif, orange et jaunes ; leur verdure tempère ces couleurs violentes. Procurez-vous la variété à grandes fleurs, aux clochettes estivales bleu ciel et blanc et aux fruits graphiques. Les fleurs garnissent agréablement un jardin encore jeune, mais ne durent qu'un seul jour en vase (voir p. 78-79).

Préparation Retirez tout ou partie des feuilles : les fruits dureront plus longtemps.

Culture Annuelle de culture facile, le nicandra aime le plein soleil et un sol riche et bien drainé. Semez sous abri en fin d'hiver et plantez après les gelées. Vous pourrez aussi semer en place, en sol chaud, au printemps.

PENNISETUM

Vivace herbacée Zones : *Pennisetum alopecuroides* 'Woodside' : 7-10 ; *P. orientale* : 5-6 ; *P. villosum* : 5-10

Hauteur : *P. alopecuroides* 'Woodside' : 60 cm ; *P. orientale* : 75 cm ; *P. villosum* : 90 cm

Variétés à couper Les panaches duveteux de ces graminées, à cœur vert entouré d'un velours rosé, sont une des merveilles de l'automne. Cultivez aussi bien *P. orientale* brun rosé que *P. villosum,* plus clair, et employez-les tous deux dans une boule de sauge et d'asters lumineux (voir p. 78) ou de dahlias cramoisi soutenu et de zinnias 'Envy'. Placez-les devant une fenêtre, où la lumière soulignera leur silhouette fantomatique. *P. alopecuroides* 'Woodside', sorte d'écouvillon indigo, est une autre vivace intéressante, presque rustique.

Culture Plantez les pennisetums en tout sol drainé pas trop riche, mais chaud et ensoleillé ; trop nourris, ils deviennent mous et meurent en hiver. Ils demandent,

❺ *Clematis* 'Bill Mackenzie'
❻ *Cyperus albostriatus*
❼ *Humulus lupulus*
❽ *Euphorbia marginata*
❾ *Nicandra physalodes* (capsules)

❶ *Pennisetum villosum*
❷ *Rubus cockburnianus* 'Golden Vale'
❸ *Rubus fruticosus*
❹ *Typha latifolia*
❺ *Zinnia* 'Envy'

cependant, un bon paillage qui les protégera du froid vif.

Propagez-les par division au printemps ou en automne. Hivernez les jeunes éclats sous châssis froid. *P. orientale,* tout spécialement, est assez frileux, et vous devrez conserver une relève à l'abri.

RUBUS
Ronce, framboisier

Arbuste caduc Zone : 6
Hauteur : *Rubus cockburnianus* : 3,50 m ; *R. fruticosus, R. idaeus* : 90 cm-1,80 m ; *R. phoenicolasius* : 1,80-2,50 m

Variétés à couper Un bouquet de leurs baies rouges ou noires fait souvent tout dans une composition de fin d'été. Les fruits satinés, luisants, y contrastent avec du rouge, du jaune et de l'orange lumineux, ou se mêlent aux piments rouges ou jaunes, aux zinnias et aux mufliers rouges. Cultivez un roncier sans épines tel que *R. fruticosus* 'Loch Ness'. La ronce japonaise, *R. phoenicolasius,* aux tiges rouge vif, hérissées, et aux grappes denses de baies tenaces est également une bonne recrue.

En été, mêlez les feuilles vert acide des branches des framboisiers *R. idaeus,* en fruits, à des roses roses ou des lis 'Casa Blanca'. Pour un imposant bouquet d'automne ou d'hiver, songez aux tiges blanches élancées de *R. cockburnianus.*

Préparation Munissez-vous de gants épais pour la cueillette. Conservez les variétés fruitières au frais, pour éviter les moisissures.

Culture Mieux vaut, en général, planter les ronces en automne, en sol riche, profond, frais mais bien drainé et en plein soleil. Rabattez les tiges fructifères de ronces et de framboisiers et palissez les jeunes pousses. Rabattez d'un tiers les tiges de *R. phoenicolasius* et *R. cockburnianus* chaque printemps, pour encourager la repousse. Surfacez de fumier en fin d'hiver et de nouveau au printemps. Donnez aux framboisiers un engrais riche en potasse (la cendre de bois est excellente) et arrosez-les bien durant la fructification.

Propagez-les par boutures demi-aoûtées en été (voir p. 38-39) ou par division en automne. *R. phoenicolasius,* en outre, est facile à semer. Mieux vaut marcotter l'extrémité des ronces à fruits en été, ou repiquer leurs stolons en automne.

TYPHA
Massette

Vivace caduque Zones : 3-9
Hauteur : 1,80-2m

Variétés à couper Le cylindre brun que nous prenons pour l'inflorescence des massettes est en fait leur fructification. Prenez *Typha latifolia* ou *T. angustifolia,* plus réduit, et associez-les en un mélange spectaculaire, en vase, avec une bonne brassée de crinums blancs, ou utilisez-les pour donner plus de hauteur à une grosse masse de dahlias, sauges, feuillages et fruits d'automne (voir p. 82-83).

Préparation Ne conservez pas trop longtemps les massettes chez vous. Après deux ou trois semaines, elles se défont en moussant comme du champagne.

Culture Plantez les massettes au soleil ou à l'ombre, en lisière de mare ou dans un endroit détrempé. Ce sont des plantes envahissantes : attention donc à leur emplacement. Propagez-les au printemps par semis ou division.

ZINNIA

Annuelle demi-rustique
Hauteur : 30-90 cm

Variétés à couper Cet énorme genre fait dans le clinquant comme dans le soyeux, dans le moderne comme dans le vieillot. Je les aime tous, mais le meilleur reste 'Envy', double, vert vif. Faites-le contraster avec des cramoisis foncés et des rouges, ou installez simplement une ou deux tiges, pour apprécier leur couleur déroutante mais apaisante. Pour des rouges et des orange, puisez dans les séries Cactus Double et A Fleur de Scabieuse (voir p. 145).

Préparation Contentez-vous de retirer les feuilles du bas. Ces fleurs de longue durée tiendront au moins quinze jours chez vous.

Culture Plantez les zinnias dehors, dans un coin ensoleillé, dans un sol fertile et drainé. Cueillis régulièrement dès le début, ils s'épanouiront jusqu'aux gelées. Les étés brûlants leur vont bien. Prenez garde de ne pas les noyer, par crainte de l'oïdium. Vous les sèmerez sous abri au printemps. Eclaircissez les plantules, puis repiquez-les en godets sans les tremper.

Blanc

ANEMONE x HYBRIDA
Anémone du Japon

Voir généralités : Printemps, Blanc, page 98.
Les fleurs en coupelles blanc pur, à cœur vert et jaune, frisé, de *Anemone* x *hybrida* 'Honorine Jobert' sont des compagnes idéales pour des fleurs éclatantes. Employez-les, coupées long, en grosses jarres, ou, courtes, dans un mélange raffiné de crocus d'automne et de colchiques.

CRINUM x POWELLII
Crinum, crinole

Bulbe Zones : 7-10
Hauteur : 1,20 m

Variétés à couper Quand vos lis auront fini de fleurir, les crinums joueront mieux que les doublures. Les trompettes blanc pur de *Crinum* x *p.* 'Album' sont des beautés précieuses. Huit ou neuf des vingt boutons de chaque tige se succéderont en répandant leur senteur par bouffées.

Sept ou neuf tiges seules dans un vase, embaumant l'atmosphère, donneront une touche de luxe sans pareille. Sinon, mêlez-les à *Euphorbia marginata,* annuelle, panachée, et à des roses blanches à grosses fleurs pour en faire les vedettes sophistiquées d'une soirée.

Les crinums existent aussi en rose. Recherchez les plus foncés, tels que *C.* x *p.* 'Krelagei' et 'Ellen Bosanquet', à associer aux blancs, mêlés ou non à *Euphorbia schillingii* et *Rosa* 'New Dawn' en une composition jolie et parfumée.

Culture Plantez les crinums au soleil, leur col dépassant un peu du sol. Ils aiment les terres riches et fraîches. Tous les deux ans, surfacez au fumier. Achetez chez un bon fournisseur cinq à dix des gros bulbes. Vous les propagerez au printemps par caïeux qui mettent quelques années à fleurir.

NICOTIANA
Tabac

Annuelle semi-rustique et vivace cultivée en annuelle
Hauteur : *Nicotiana alata* : 60 cm ; *N. langsdorffii, N. sylvestris* : 1,50 m

Variétés à couper Nombre de tabacs, aux élégantes fleurs tubulaires et au parfum nocturne, sont excellents pour la coupe. Géant, *N. sylvestris* est spectaculaire, en automne, dans le jardin ou en bouquets unis (voir p. 82). Mariez-le aux gigantesques plumets de l'*Amaranthus caudatus* 'Viridis' et aux dahlias 'Edinburgh', pourpre et blanc.

Pour les petits bouquets d'été délicats, cultivez *N.* 'Lime Green', annuel (voir p. 117), ou *N. langsdorffii,* vêtu de fourreaux vert électrique.

Préparation Les tabacs durent bien dans l'eau. Faites-les boire avant de les installer et retirez les fleurs fanées.

Culture Plantez-les en plein soleil ou à mi-ombre, en sol riche et drainé. La cueillette engendre la repousse et prolonge la floraison. Le semis, sous abri, en fin d'hiver, est aisé (voir p. 32-34) ; plantez après les gelées. *N. sylvestris* se ressème volontiers.

ROSA
Rose

Voir généralités : Eté, Rose, page 124.
'Iceberg', conduite en buisson ou en arbuste, est une perle pour le plus modeste jardin de fleurs à couper. Il épanouit sans cesse des roses blanches à odeur discrète, et aux formes opulentes, du printemps à la fin de l'automne.

1 *Anemone* x *hybrida* 'Honorine Jobert'
2 *Crinum* x *powellii* 'Album'
3 *Nicotiana sylvestris*
4 *Rosa* 'Iceberg'

Rose

ASTER

Vivace herbacée Zones : 5-10
Hauteur : *Aster amellus* : 30 cm ; *A. frikartii* 'Mönch' : 90 cm ; *A. novi-belgii* : 90-120 cm

Variétés à couper Ces pâquerettes neigeuses, simples ou doubles, offrent une gamme riche de bleus, pourpres, mauves et blancs. J'ai beaucoup de tendresse pour *A.* x *frikartii* 'Mönch', mauve pâle à cœur jaune, longtemps fleuri, *A. amellus* 'Veilchenkönigin', plus soutenu, *A. novi-belgii* 'Sailor Boy', pourpre clair, et *A. n. b.* 'Carnival', rose cerise soutenu. Faites-en un joyeux mélange avec des sauges et des dahlias (voir p. 76-78).

Préparation Retirez les feuilles du bas. Faites tremper une nuit, et les fleurs dureront quinze jours dans l'eau.

Culture Plantez les asters au soleil ou à mi-ombre, en sol riche et drainé, bien frais tout l'été. Les variétés élevées demandent un tuteurage. Luttez contre l'oïdium, surtout sur les cultivars modernes de *A. novi-belgii*.

La propagation est aisée, par boutures tendres ou division au printemps.

COLCHICUM
Colchique

Bulbe Zone : 6`
Hauteur : *Colchicum autumnale* : 10-15 cm ; *C. speciosum* 'Album', *C.* 'The Giant' : 15-20 cm

Variétés à couper Les grosses fleurs en coupe des colchiques rappellent des crocus géants. Mettez-les seules en vase, ou avec trois brins de l'herbe où ils poussent. Choisissez 'The Giant' à fleurs trapues roses ou violettes à base blanche. Joli dans un verre de couleur, seul ou en compagnie de *C. speciosum* 'Album', blanc pur, ou de son frère lie-de-vin *C. s.* 'Atrorubens'. Prenez aussi le classique *C. autumnale.*

Culture Commandez les cormes au printemps pour une livraison et une plantation estivales. Les colchiques demandent un sol sec, drainé, en plein soleil ou à mi-ombre. Ils garnissent parfaitement un verger. Découpez un bouchon de gazon, plantez-les sous 5 cm de terre et replacez le bouchon. Dès que les boutons apparaissent, mettez de l'anti-limaces ou il ne vous restera que des lambeaux : limaces ou colchiques, il faut choisir !

Propagez les touffes établies par division, sitôt après la floraison.

CYCLAMEN

Voir généralités : Hiver, Rose, page 153.
Le délicat *Cyclamen hederifolium* rose est ravissant seul, par grandes bottes dans une jatte posée sur un rebord de fenêtre ou sous la lumière d'une lampe. Mêlez-le également à ses propres feuilles et à sa forme blanche.

DAHLIA

Voir généralités : Automne, Orange et rouge, page 143. Le dahlia 'Edinburgh', aux longues tiges et aux pompons pourpre velouté profond à pointe blanche, est une fantastique fleur à bouquets. Associez-le à des brassées de chêne en fruits, ou à des feuillages et fruits d'automne (voir p. 82-83).

NERINE

Bulbe Zone : 8-10
Hauteur : 45-60 cm

Variétés à couper Je n'aimais guère les nérines. La plus rustique, *Nerine bowdenii,* au rose fluorescent, me semble trop vive

❶ *Colchicum autumnale*
❷ *Colchicum* 'The Giant'
❸ *Cyclamen hederifolium*
❹ *Aster novi-belgii* 'Carnival'
❺ *Dahlia* 'Edinburgh'
❻ *Penstemon* 'Blackbird'
❼ *Rosa* 'New Dawn'
❽ *Schizostylis coccinea* 'Major'
❾ *Nerine bowdenii* 'Mark Fenwick'
❿ *Phlox paniculata* 'Graf Zeppelin'

dans sa bordure ensoleillée. Vous pouvez cependant en tirer parti. Faites-en un bouquet de style Art nouveau, dans le vase approprié, ou mêlez-les à des *Cyperus*, des buplèvres ou à *Salvia uliginosa* bleu ciel. Evitez le mélange banal avec les bleus et blancs. Il existe de beaux cultivars, qui craignent le gel. Essayez *N. flexuosa* 'Alba', blanche, ou *N. b.* 'Mark Fenwick', à grandes fleurs plus soutenues. Les formes cuivrées, encore plus voyantes, accompagneront des dahlias noirs et des physalis.

Préparation Après un bon bain, elles dureront plus d'une semaine.

Culture Plantez les variétés rustiques en fin d'été ou après floraison, en les enfouissant à peine. Choisissez un coin abrité, brûlant, si possible au pied d'un mur. Elles préfèrent les sols sableux. Cultivez les formes frileuses en serre et plantez-les après les gelées.

Les feuilles apparaissent après la floraison et disparaissent en été. Pour avoir une belle floraison, arrosez jusqu'à maturité des feuilles, puis laissez au sec complet. Paillez abondamment pour l'hiver. Les nérines aiment la tranquillité, mais, en cas de surpopulation, arrachez-les et divisez-les, tous les quatre à cinq ans, en juin. Le semis de graines fraîches est aussi possible.

PENSTEMON

Arbrisseau et vivace herbacée persistante

Zones : 8-10

Hauteur et étalement : 45-90 x 30-60 cm

Variétés à couper Les jolis épis des gros penstemons à bordures, aux nombreuses fleurs tubulaires en rangs serrés, comptent parmi les personnalités automnales des bouquets. Leurs tons soyeux vont du blanc au rose, de l'écarlate au noir. Mes préférés sont Penstemon 'Raven' ou 'Blackbird' – à mélanger aux tritomes orange et jaune et aux physalis (voir p. 80-81) –, 'Sour Grapes' et 'Stapleford Gem', bleutés, 'Blue Bedder', mauve clair, et 'Burgundy', rouge sombre. Parmi les tons plus délicats, choisissez 'White Bedder', à grandes fleurs blanches, ou les hybrides de *P. campanulatus*, rose ou mauve pâles.

Préparation Certains penstemons s'évanouissent après la cueillette. Retirez les feuilles du bas et ébouillantez la coupe avant un bain d'une nuit.

Culture Plantez les penstemons en sol fertile, bien drainé, face au sud ou à l'ouest, et à l'abri du vent. Cueillis ou nettoyés souvent, ils fleurissent durant trois ou quatre mois, jusqu'au cœur de l'automne. Mieux vaut les cultiver comme des vivaces frileuses et les renouveler de boutures en fin d'été.

Vous les protégerez pour leur premier hiver en serre ou sous châssis froid. Le pied mère peut être rempoté et abrité. Rabattez-le en fin d'hiver et, au moment de la mise en place, après les gelées, il sera couvert de pousses luisantes.

❻ ❼ ❽

PHLOX

Voir généralités : Eté, Blanc, page 121.
Le *Phlox paniculata* 'Graf Zeppelin', blanc rosé, est excellent associé aux anémones du Japon blanches et à la rose 'Iceberg'.

ROSA
Rose

Voir généralités : Eté, Rose, page 124.
Grimpant, 'New Dawn' est un rosier à longue et abondante floraison rose pâle, sur des coupes larges, aimablement odorantes.

SCHIZOSTYLIS COCCINEA

Bulbe Zones : 8-9

Hauteur : 60 cm

Variétés à couper Coupez à foison ces mini-glaïeuls rose vif ou rouges. Les élégants épis aux fleurs en coupe, portés par des tiges fines, sont plus beaux en masse. Bien épanouis au soleil, les plus sombres semblent découpés dans de la soie. Ces bulbes un peu frileux fournissent une couleur vive même après les assauts des premières gelées. Cultivez *Schizostylis coccinea* 'Major', écarlate, ou *S. c. alba,* plus réduit, et 'Sunrise', saumon.

Culture Ces bulbes demandent du soleil et n'importe quel sol, bien frais en été, pour fournir une belle floraison automnale.

Les racines serrées se gênent vite. Pour maintenir le niveau de floraison, divisez-les tous les deux ou trois ans pour les repiquer en sol neuf.

❾ ❿

Orange et rouge

ABUTILON

Vivace herbacée et arbuste Zones : 9-10
Hauteur et étalement : *Abutilon* 'Ashford Red', 'Canary Bird' : 90 cm-1,80 m x 45-90 cm ; cultivars de *A.* x *suntense*, *A. vitifolium* : 1,80-3 m x 90 cm

Variétés à couper Les abutilons, avec de grandes fleurs en coupe ou en cloche rouges, jaunes, orange, pourpres et blanches, donnent du panache à tout bouquet. Une seule branche suffit sur un bureau ou une table de chevet. 'Ashford Red', aux fleurs épaisses rouge orangé sur un calice vert contrastant, fleurit de l'été aux gelées. 'Canary Bird' est un excellent jaune clair de port identique. Pour l'été, le joli *A. vitifolium* 'Veronica Tennant' porte de larges soucoupes mauve pâle à cœur doré. Procurez-vous également le blanc pur *A. v.* var. *album*. Le meilleur des abutilons précoces pour lieux abrités est *A.* x *suntense* 'Violetta', bleu violet sombre.

Préparation Ebouillantez les coupes durant 20 secondes après avoir retiré les feuilles.

Culture Cultivez les variétés les plus frileuses, comme 'Ashford Red' et 'Canary Bird', en gros pots, à rentrer l'hiver. Ils aiment les sols frais, mais non détrempés. Nourrissez-les bien pour soutenir la floraison. Recépez-les en hiver et ils se revêtiront de neuf au printemps.

A. vitifolium et *A.* x *suntense* préfèrent l'abri d'un mur chaud, ou bien un coin particulièrement protégé ; ils pousseront en tout sol sec. Cueillez-en des brins, en ayant la main légère pour ne pas gâter la forme des arbustes. Par prudence, couvrez-les d'un voile de protection en hiver.

En été, propagez-les par boutures demi-aoûtées. *A. vitifolium* pousse vite de graines et se ressème autour du pied mère.

ASCLEPIAS
Asclépiade

Vivace tubéreuse Zones : 4-9
Hauteur et étalement : *Asclepias tuberosa*, *A. t.* groupe Gay Butterflies : 45-60 x 30-60 cm

Variétés à couper J'ai longtemps cru que ces plantes curieuses, exotiques d'aspect, poussaient en serre. Certaines craignent le gel, certes, mais les autres sont bien rustiques sous nos climats. *A. tuberosa* est une excellente plante, fleurie durant des semaines en été et en automne. Ses fleurs légères, soyeuses, se marient aux tithonias et s'opposent au vert acide de l'aneth, aux buplèvres et aux lisianthus violets. Employez-les mélangées à des pommes d'ornement rouges ; ajoutez des soleils jaune pâle et vous aurez un chef-d'œuvre.

Préparation Retirez les feuilles du bas et ébouillantez la coupe dès la cueillette. Comme les euphorbes, elles exsudent une sève collante qui fait obstacle à l'eau.

Culture Plantez les souches rhizomateuses à 10 cm sous terre. *A. tuberosa* apprécie un coin abrité, sableux et sec, où ses racines peuvent s'étendre.

Propagez-la par division au printemps. Les graines fraîches germent bien ; moins si elles viennent d'un sachet.

❶ *Asclepias tuberosa*
❷ *Abutilon* 'Ashford Red'
❸ *Cosmos atrosanguineus*
❹ *Dahlia* 'Arabian Night'
❺ *Dahlia* 'Bishop of Llandaff'
❻ *Dahlia* 'Queen Fabiola'

COSMOS

Voir généralités : Eté, Blanc, page 119.
Cosmos atrosanguineus, d'un superbe acajou profond, exhale un étonnant parfum chocolaté aux effluves orientaux. Les fleurs sont belles seules ou associées à une seule autre espèce (voir p. 78-79).

COTINUS
Arbre-à-perruques

Arbuste caduc Zones : 5-8
Hauteur et étalement : *Cotinus coggygria* : 2,50-4 x 2,50-4 m ; *C. obovatus* : 6 x 4,50 m

Variétés à couper Pour un jardin classique, *C. coggygria* est une grosse plante, mais ses fleurs et feuilles d'été (voir p. 122) et, plus encore, ses éclatants tons d'automne orange, roses, rouges et pourpres sont remarquables en vase. Prenez *C. c.* 'Royal Velours' ou 'Notcutt's Variety', lie-de-vin, pour avoir le plus beau feuillage. Si vous disposez d'assez de place, *C. obovatus* (voir p. 82-83) offre des feuilles plus grandes où se mêlent cramoisi, rose vif, jaune d'or, orange et rouge feu.

Préparation Ecrasez les coupes.

Culture Ces arbustes peu exigeants demandent juste un sol plutôt drainé. Un sol trop riche inhibe l'apparition des couleurs automnales et rend les arbustes mous et avachis. Ils réussissent en plein soleil, où ils sont éblouissants : à l'ombre, les variétés pourpres redeviennent vertes. Retirez le bois mort au printemps. Si vous recépez, vous vous priverez de la floraison estivale plumeuse, née sur les bois de trois ans et plus ; mais les feuilles seront plus grandes.

DAHLIA

Vivace tubéreuse   Zone : 9
Hauteur : 90 cm

Variétés à couper Je cultive presque toutes les formes et tailles de dahlias. Vous en trouverez de grands alanguis comme 'Edinburgh' (voir p. 140) ou comme 'Glow', d'un chaud orange brûlé, à mêler à 'Queen Fabiola', cramoisi foncé, et 'Natal' ou 'Arabian Night', presque noirs (voir p. 76-78). 'Bishop of Llandaff', écarlate à centre ruché, et 'Mount Noddy', cramoisi vif, sont plus délicats ; chacun avec son feuillage bronze se marie à merveille au zinnia 'Envy'.

Préparation Cueillez les dahlias une fois épanouis, car les boutons flétrissent sans s'ouvrir. Recoupez les tiges creuses dans l'eau pour éviter les bulles d'air.

Culture Choisissez les plantes en fleurs ou dans un catalogue sérieux, illustré : la seule description de couleurs est toujours aléatoire. Démarrez-les au premier printemps pour avoir de belles plantes en juin, où vous les mettrez au soleil, en sol léger. Ajoutez une poignée d'os à la plantation et enfouissez les souches sous 10 cm de terre. Quand ils sont bien partis, pincez les pointes pour les faire se ramifier. Tuteurez les plus grands. Arrosez bien en été et, si vous ne les cueillez pas, éliminez les fleurs fanées. En fin de saison, relevez les tubercules et stockez-les à l'abri. Faites-en des boutures à talon (voir p. 36).

EUPHORBIA
Euphorbe

Voir généralités : Printemps, Vert et gris, page 96. *Euphorbia griffithii*, orange vif au printemps et en été, vire à un mélange de rouge et or en automne et donne du piquant à un bouquet (voir p. 82-83).

GLADIOLUS
Glaïeul

Bulbe   Zones : *Gladiolus communis* subsp. *byzantinus* : 6-9 ; hybrides 9-10
Hauteur et étalement : 90 cm-1,50 m

Variétés à couper Les glaïeuls voient leur réputation entachée par les roses ternes, les orange délavés et les jaunes anémiques qu'on retrouve aux enterrements et concours floraux. Pauvres fleurs ! Il en existe pourtant de somptueuses, cramoisies, violettes, chartreuse, cuivre et presque noires, sans oublier *G. communis* subsp. *byzantinus*, d'un stupéfiant magenta (voir p. 122-123). Procurez-vous 'Green Woodpecker', à gorge rouge et pétales jaune-vert, à associer à 'Queen of Night', brun-rouge presque noir, et 'Plum Tart', d'un magnifique rouge pourpré, ou 'Video', pourpre à gorge blanche. Un de mes préférés est 'Black Lash', lie-de-vin clair. Il est parfait pour affiner de gros tournesols, des chardons et dahlias et rompre la symétrie dans une boule (voir p. 74-75).

Préparation Retirez les feuilles inférieures. Certains suppriment 5 cm de la pointe pour s'assurer la floraison des boutons inférieurs. Je trouve ça regrettable, les contours de l'épi faisant partie de son charme.

Culture Choisissez les glaïeuls d'été en fleurs, ou dans un catalogue illustré, pour être sûr des couleurs. Plantez-les après les gelées et échelonnez les plantations, tous les 10 jours, jusqu'en juin, pour allonger la saison. Choisissez un endroit ensoleillé, en sol léger et riche en humus. Couvrez-les de 10 cm de terre et écartez-les de 10 à 15 cm, en touffes ou en lignes, au jardin. Arrosez généreusement durant toute la saison et tuteurez les plus grands. Relevez

7 *Cotinus coggygria* 'Royal Purple'
8 *Euphorbia griffithii* 'Dixter'
9 *Gladiolus* 'Black Lash'
10 *Helenium* 'Moerheim Beauty' (voir page 144)

❶ *Iris foetidissima* (fruits)
❷ *Leonotis ocymifolia*
❸ *Physalis alkekengi* var. *franchetii*
❹ *Rosa moyesii* 'Geranium' (fruits)

les cormes après les premières gelées, coupez les tiges, laissez-les sécher, nettoyez-les et jetez tous ceux qui semblent malades. Poudrez-les de fongicide et rangez-les dans un coin frais et aéré, à l'abri du gel. Plantez ceux de printemps, comme *G. c.* subsp. *byzantinus,* en automne.

Propagez-les par bulbilles détachées en automne : soyez patients, elles fleuriront en deux ou trois ans.

HELENIUM
Hélénie

Vivace herbacée Zones : 4-8
Hauteur : 90 cm-1,50 m

Variétés à couper Les pétales de ces robustes marguerites, tuyautés, rayonnent autour du pompon central, comme les ailes de certains insectes. Les hélénies marient le rustique et le raffiné, elles jouent tous les rôles des asters, plus quelques autres. Ma préférée est 'Moerheim Beauty', brun orangé (voir p. 143) au cœur velouté comme un bourdon noir et aux pétales frisés. Faites-en un bouquet serré, avec des physalis orange et vert et des rudbeckias 'Nutmeg', relevés par le pourpre du glaïeul 'Video' et le vert acide de buplèvres. Ou bien mêlez-la à *H.* 'Butterpat', jaune moutarde (voir p. 146) et à des sauges bleu foncé.

Préparation Retirez les feuilles inférieures : elles dureront au moins une semaine.

Culture Plantez-les en plein soleil. Ces plantes accommodantes, faciles, acceptent tous les sols non trempés. Soutenez les lourdes tiges florales par un réseau de brindilles. Les touffes épaississent vite et demandent des divisions fréquentes (voir p. 37 et 42), au printemps ou en automne. Avec une seule plante, vous aurez vite une belle population.

IRIS

Voir généralités : Hiver, Bleu et violet, page 158. Les fruits de *Iris foetidissima,* cueillis verts, encore fermés, ou ouverts et montrant leurs graines corail vif, donnent du relief à tout bouquet d'automne (voir p. 76-78).

LEONOTIS OCYMIFOLIA

Arbuste demi-persistant Zones : 9-10
Hauteur et étalement : 1,50 m x 75 cm

Variétés à couper Les hauts épis orange vif des léonotis portent des collerettes de fleurs, séparées par des tronçons nus, évoquant les étages éclairés d'un gratte-ciel. Opposez-les au dahlia pourpre 'Edinburgh', avec des massettes et des feuillages (voir p. 82-83) ou mariez-les au glaïeul 'Queen of Night' et à *Helianthus annuus* 'Velvet Queen'.

Préparation Ebouillantez la coupe sur 2 à 3 cm avant de la laisser tremper.

Culture Cette plante frileuse ne supporte que les climats très doux. Arrachez-la, recépez-la et rempotez-la dans un substrat léger pour l'hiverner à l'abri. Elle repart au printemps, et vous la planterez après les gelées : elle sera fleurie en fin d'été et à l'automne. Choisissez-lui un coin ensoleillé, en sol fertile et drainé.

Propagez-la par semis au printemps ou par boutures herbacées prises en été et hivernées en serre.

PHYSALIS ALKEKENGI
Amour-en-cage

Vivace herbacée Zones : 5-8
Hauteur : 60 cm

Variétés à couper *Physalis a.* var. *franchetii,* aux délicats fruits en lampion de papier, est une charmante plante de fond pour l'automne. Les lanternes, de tons pâles en haut et soutenus en bas des tiges, sont lumineuses. Les tiges sont anguleuses et l'ensemble est digne d'un décor de Noël. Recherchez aussi *P. a.* var. *f.* 'Gigantea', plus spectaculaire, à grandes feuilles et aux fruits impressionnants. Associez-les au *Penstemon* 'Blackbird', cramoisi foncé, à des tritomes et des

rudbeckias bruns, acajou ou orange (voir p. 80-81), ou simplement à des gentianes bleu roi. En été, les fruits verts donnent un « feuillage » qui relève les velours des cosmos, des roses et des mufliers.

Préparation Retirez les feuilles, qui fanent vite. Les lanternes persistent durant des mois.

Culture Les physalis sont parfaits comme bouche-trous, au soleil ou à l'ombre, et se moquent du sol. Soyez attentif cependant au fait que leurs racines sont envahissantes et éloignez-les de vos plantes fragiles. Les hautes tiges tendent à retomber et vous les soutiendrez par un réseau de tuteurs et de fils (voir p. 37).

Propagez-les par division en automne ou au printemps en recouvrant les racines charnues de 10 cm de terre. Ou bien semez-les en fin d'hiver ; ils fructifieront à l'automne de l'année même.

❺ *Rudbeckia* 'Nutmeg'
❻ *Tithonia rotundifolia*
❼ et ❽ *Viburnum opulus*
❾ *Zinnia* A Fleur de Scabieuse
❿ *Zinnia* Cactus Géant

ROSA
Rosier

Voir généralités : Eté, Rose, page 124.
Pour avoir des fruits durables, cultivez *Rosa moyesii* 'Geranium' et *R. glauca*. Le premier forme un buisson élancé, aux églantines écarlates en juin, suivies de brillantes baies vermillon, qui résistent, même au sec, durant des semaines. Je les mêle à des feuilles mortes et autres trouvailles, dans des coupes et vasques dispersées dans la maison. Les branches entières accompagneront celles des *Cotinus* et des chênes rouges, des léonotis et des symphorines ou bien des fruits de clématites, des glands et des chatons de noisetier. Ajoutez les fleurs de votre choix.

Les jolies fleurs discrètes de *R. glauca* sont suivies de baies sphériques, rouge luisant, jolies sur le délicat feuillage grisé. Les branches sont assez belles pour être employées seules.

La plupart des rosiers *Rugosa* donnent également de belles baies, de la taille d'une noix ; leurs tiges plus courtes les destinent aux petits bouquets ronds.

RUDBECKIA

Voir généralités : Automne, Jaune, page 146.
Les grands rudbeckias 'Nutmeg' offrent une belle palette d'oranges et de bruns. Tous sont splendides dans un grand pot sur une table de cuisine. J'aime bien cueillir les fleurs les plus foncées pour en faire un bouquet dense avec le soleil 'Velvet Queen'.

TITHONIA ROTUNDIFOLIA

Annuelle demi-rustique
Hauteur et étalement : 1,20 m x 60 cm

Variétés à couper Imaginez un sofa proustien velouté, moelleux, profond, accueillant... Voilà *Tithonia* : aussi confortable que peut l'être une fleur. Cultivez *T. r.* 'Torch', orange vif, ou 'Goldfinger', un peu moins voyant. Mariez-les à des sauges bleues, des dahlias cramoisi foncé et des glaïeuls.

Préparation Les fleurs de tithonias ont une base creuse qui casse ou se plie aisément. Prudence, donc, en les cueillant.

Culture Plantez les tithonias en plein soleil, en sol drainé, à 30 cm d'écart, ou dans les trous laissés par des plantes plus précoces.

Semez-les sous abri en mai. Conservez les plantules à l'abri des coups de froid, qui les feraient jaunir et mourir.

VIBURNUM
Viorne

Voir généralités : Hiver, Rose, page 154.
Les brillantes groseilles de *Viburnum opulus* existent en rouge, orange et jaune (*V. o.* 'Xanthocarpum'). Elles étoffent tout bouquet automnal (voir p. 80-81). En fin d'été, *V. lantanoides* porte une ombelle de baies rouges et vertes.

ZINNIA

Voir généralités : Automne, Argent, vert et brun, page 138. Les zinnias du groupe Cactus Géant, élancés, rappellent les chapeaux surannés des élégantes. Ceux du groupe A Fleur de Scabieuse, à collerette de ligules pointues autour d'un ruché central, semblent proprement guerriers, comme une panoplie d'épées.

❶ *Capsicum annuum*
❷ *Helenium* 'Butterpat'
❸ *Kniphofia* 'Yellow Hammer'
❹ *Rosa* 'Graham Thomas'
❺ *Rudbeckia hirta* 'Green Eyes'

Jaune

CAPSICUM ANNUUM
Piment

Annuelle demi-rustique
Hauteur : 45 cm

Variétés à couper Les piments existent en orange, rouge et jaune, ou en vert bouteille avant maturité. Mêlez les fruits colorés à des mûres, des prunelles ou des physalis, ou à tout bouquet qu'ils éclaireront.

Préparation Retirez les feuilles, et les fruits tiendront plus d'un mois dans l'eau. Vous pouvez aussi les suspendre, la tête en bas, dans une pièce chaude, aérée, pour les faire sécher.

Culture Semez-les à chaud en fin d'hiver, éclaircissez-les et gardez-les sous abri avant de les planter dans un endroit brûlant, contre un mur ensoleillé.

HELENIUM
Hélénie

Voir généralités : Automne, Orange et rouge, page 144. *Helenium* 'Butterpat', jaune, l'une des plus brillantes hélénies, aux tiges de 90 cm, peut s'associer aux soleils et à des brassées de pommes d'ornement vertes et rouges.

KNIPHOFIA
Tritome

Vivace, parfois persistante Zone : 5-9
Hauteur : 90 cm-1,20 m

Variétés à couper Les écouvillons des cultivars de tritomes existent en une gamme de couleurs vives. Optez pour les formes courtes, raffinées, où les fleurons sur chaque épi sont épanouis presque tous à la fois. 'Yellow Hammer', jaune éclatant à boutons verts, contraste avec le penstemon 'Blackbird', ou accompagne des rudbeckias bruns et jaunes et des viornes orange (voir p. 80-81). Cultivez aussi 'Mount Etna', rose orangé en boutons et jaune pâle en fleurs. Il est superbe associé à *Salvia uliginosa* bleu vif et à *S. patens* 'Cambridge Blue'.

Préparation Si les rangs de fleurons du bas sont fanés, retirez-les.

Culture Plantez-les en plein soleil, dans un sol sableux restant frais en été. L'humidité hivernale étant l'ennemi n° 1 des tritomes, le drainage est capital. En régions froides, paillez-les bien dès l'automne. Vous les diviserez au printemps, mais les touffes grossissent lentement (voir p. 37). Ils grainent volontiers, mais leurs rejetons sont bigarrés.

ROSA
Rosier

Voir généralités : Eté, Rose, page 124.
La récente rose anglaise 'Graham Thomas', aux gros choux jaune tendre, incroyablement productive, s'épanouit de juin à l'automne.

RUDBECKIA

Annuelle demi-rustique et vivace herbacée
Zones : 4-9
Hauteur : 60-90 cm

Variétés à couper Les fleuristes vendent des rudbeckias à cœurs tout nus, sans leurs ligules : on les retire car ils ne tiennent que trois ou quatre jours et faneraient avant d'arriver chez le consommateur. Raison de plus pour cultiver les vôtres. On en trouve une gamme somptueuse en acajou, brun, jaune et cuivre brûlé. Cultivez les annuels, à fleurs de 20 cm de diamètre : *R. hirta* 'Green Eye', jaune vif à cœur vert, et 'Nutmeg' (voir p. 145), dans toute une gamme de bruns. Très original, *R. occidentalis* 'Green Wizard', vivace de 1,50 m de haut, porte des cœurs noirs cernés de sépales vert électrique. Cette curiosité est plus en valeur seule, ou en compagnie de fleurs aux couleurs fortes.

Préparation Cueillez régulièrement ces fleurs, et jetez-les dès qu'elles fanent. Retirez les feuilles et baignez les tiges.

Culture Plantez-les au soleil, à l'ombre, au sec, au frais, partout sauf dans un marais. Cueillez-les et ils fleuriront sans arrêt. Propagez les vivaces par division au printemps (voir p. 37) et les annuels par semis en avril, sous abri (voir p. 32 à 34).

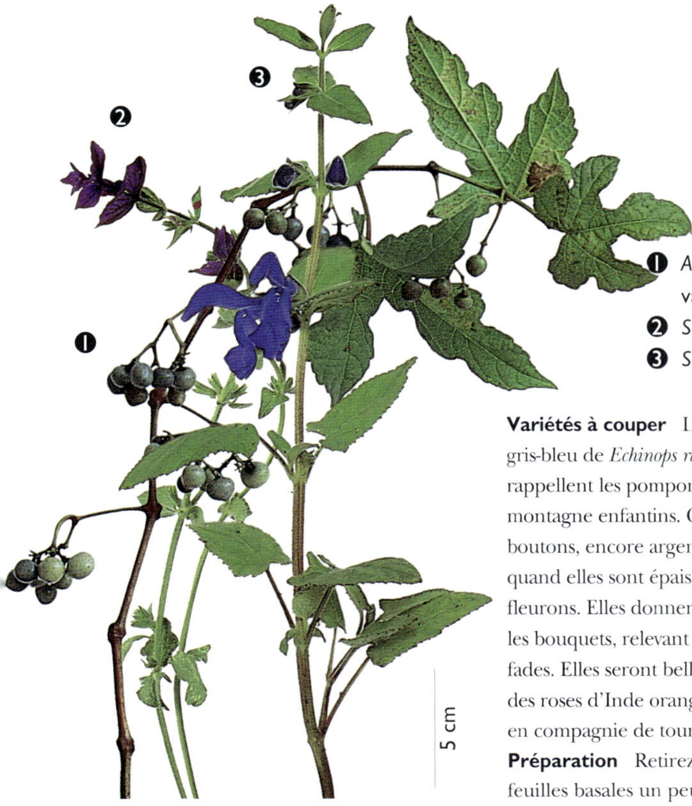

❶ *Ampelopsis glandulosa* var. *brevipedunculata*
❷ *Salvia viridis*
❸ *Salvia patens*

Bleu et violet

AMPELOPSIS

Liane caduque Zones : 5-8
Hauteur : 5 m

Variétés à couper *Ampelopsis glandulosa* var. *brevipedunculata,* aux feuilles découpées, se couvre de baies bleu porcelaine en automne. Dépouillez les tiges pour faire ressortir les baies et faites-en un bouquet uni, aux tiges échevelées, ou utilisez-le en fond avec *Salvia uliginosa,* des zinnias orange et des roses d'Inde. Recherchez le ravissant cultivar *A. g.* var. *b.* 'Elegans', plus frêle, aux petites feuilles marbrées de rose. Il est parfois vendu comme plante d'intérieur.

Culture L'ampélopsis pousse vite en s'accrochant seul et demande de la place. Choisissez soigneusement son coin : retenez un mur chaud en sol pauvre, pour avoir beaucoup de fruits. Propagez-le par boutures demi-aoûtées en été (voir p. 38-39), par marcottage (voir p. 42) ou par semis.

ECHINOPS
Chardon bleu

Vivace herbacée Zones : 3-9
Hauteur : 1,20-1,80 m

Variétés à couper Les boules plumeuses gris-bleu de *Echinops ritro* 'Veitch's Blue' rappellent les pompons des passe-montagne enfantins. Coupez-les soit en boutons, encore argentés, soit bien ouverts, quand elles sont épaisses et hérissées de fleurons. Elles donneront de l'allure à tous les bouquets, relevant les couleurs les plus fades. Elles seront belles aussi bien avec des roses d'Inde orange que, coupées long, en compagnie de tournesols.

Préparation Retirez simplement les feuilles basales un peu piquantes.

Culture Donnez-leur le plein soleil ; toutefois, les variétés de *E. ritro* supportent un peu d'ombre. Ces plantes aiment les sols pauvres : oubliez-les lors des apports d'engrais, sans quoi elles deviendront molles et étirées. Propagez-les par division en automne ou boutures de racines en hiver (voir p. 42 et 43).

GENTIANA
Gentiane

Vivace herbacée ou plante alpine
Zones : 6-9 Hauteur : *Gentiana triflora* : 45 cm ; *G. asclepiadea* : 90 cm

Variétés à couper Les grandes gentianes sont un trésor pour les bouquets d'automne. Les fleurons de *G. triflora,* nés par paires sur la tige, sont d'un bleu profond. Quelques baies donneront vie à un bouquet. Opposez-les à des dahlias orange et des asclépiades. Mieux encore, faites-en un bouquet bigarré avec des zinnias roses et orange, des rudbeckias jaunes et orange, des asters et des dahlias capiteux. Procurez-vous *G. t.* var. *japonica,* dont les épis atteignent 80 cm. Un peu plus pâle, *G. asclepiadea* est excellente également, ainsi que *G. a. alba,* blanche, moins spectaculaire.

Préparation Retirez les feuilles de la base et faites-les tremper une nuit. Elles demandent un lieu très lumineux pour bien s'ouvrir.

Culture *G. asclepiadea* et *G. triflora* préfèrent les sols acides mais les tolèrent alcalins. La première, issue de sous-bois, requiert un terrain frais et très humifère. La seconde demande un sol frais et tourbeux, drainé, ensoleillé. Propagez-les en automne par semis de graines mûres, que vous laisserez au froid pour faciliter la germination ; ne les recouvrez pas. *G. asclepiadea* se ressème volontiers.

SALVIA
Sauge

Annuelle, vivace ou arbrisseau Zones : *Salvia patens* : 9-10 ; *S. uliginosa* : 8-9 ; *S.* x *superba* : 5-9 Hauteur : *S. patens,* *S.* x *superba* : 75 cm ; *S. uliginosa* : 1,50 m

Variétés à couper L'énorme famille des sauges, aux fleurs en bec vivement colorées et aux matières soyeuses, est vitale en automne. *S. patens* offre un joli bleu pâle, 'Cambridge Blue', et un mauve, 'Chilcombe', qui s'épanouissent dès l'été ; 'Royal Blue', bleu roi, se mêlera aux feuillages rouges d'automne (voir p. 73). La forme géante 'Guanajuato' est du même bleu. Importante aussi, *S. uliginosa* donne des épis bleu ciel. Prenez encore *S.* x *superba,* précoce, à fleurs violettes et *S. guaranitica,* bleu sombre. Je coupe aussi *S. elegans* et *S. fulgens,* rouge vif, pour les mêler à de l'orange et de l'ocre. Parmi les sauges annuelles, choisissez *S. viridis,* à bractées striées de vert sur fond violet, bleu et rose, et *S. farinacea* 'Victoria' à fleurs bleu-violet ; toutes deux atteignent 45 cm de haut.

Préparation Retirez les feuilles inférieures de *S. patens.* Pour les autres, ébouillantez la base avant de les laisser boire.

Culture Plantez les sauges au soleil, pour avoir beaucoup de fleurs. Beaucoup aiment boire en été, et les espèces frileuses apprécient le drainage. Tuteurez les plus hautes. En hiver, protégez les rhizomes de *S. uliginosa* par un paillis. Les variétés qui craignent le gel sont bouturées en fin d'été et hivernées en châssis froid ou en véranda. Arrachez la plante mère avec sa motte, laissez-la sécher et elle repartira au printemps. Plantez après les gelées. Pour avoir des plantes résistantes, traitez *S. patens* comme une annuelle demi-rustique et ressemez chaque année. *S. uliginosa* et *S.* x *superba* sont plus belles provenant de division. Les annuelles sont semées en place en avril (voir p. 34-35).

❹ *Echinops ritro* 'Veitch's Blue'
❺ *Gentiana triflora*
❻ *Salvia uliginosa*

Hiver

Peu de gens cultivent ou cueillent des fleurs pour les bouquets d'hiver. Pourtant, nombre de ces fleurs comptent parmi les plus parfumées : elles doivent à tout prix attirer les rares pollinisateurs. Songez au capiteux parfum des chèvrefeuilles et à l'odeur suave des daphnés.

Beaucoup de ces fleurs d'hiver sont délicates et élégantes, ce qu'on apprécie mieux pour de petits bouquets ou en branches solitaires. Les fines fleurs échevelées des hamamélis sont plus belles seules et je préfère avoir séparément diverses variétés de Iris unguicularis, *chacune dans un verre coloré haut et étroit.*

J'ai ajouté quelques bulbes printaniers à forcer et les amaryllis, hivernales, pour l'intérieur. Elles sont faciles à cultiver et donnent un supplément bienvenu à la gamme des bouquets dans la période de creux au jardin. Lorsque je me suis mariée, au Nouvel An, en Écosse, mon mari avait déposé dans chaque pièce des narcisses parfumés 'Paper White' et 'Soleil d'Or', sur les tables, le rebord des fenêtres et des cheminées. Ces narcisses sont également beaux en centre de table, avec des chandelles ivoire.

❶ *Arum italicum* 'Marmoratum' (feuilles)
❷ *Clematis cirrhosa* var. *balearica*
❸ *Clematis vitalba* (graines)

Vert et gris

ARUM

Vivace tubéreuse Zones : 7-9
Hauteur : 20-30 cm

Variétés à couper Pour avoir tout l'hiver un feuillage intéressant, élégant, prenez *Arum italicum* 'Marmoratum', forme horticole de l'arum du Midi *A. italicum.* Quand presque tout se met en sommeil en automne, lui, comme les cyclamens, fonctionne à l'envers et donne ses feuilles.

Celles de *A. i.* 'Marmoratum' sont lancéolées, brillantes, vert vif veiné d'argent, avec des bords ondulés. Mariez-les à celles des cyclamens, à des narcisses odorants et des chèvrefeuilles d'hiver en un joli bouquet parfumé (voir p. 84-86).

A. creticum, jaune pâle ou blanc, se prête à des cueillettes raffinées. C'est une rareté. En fin d'hiver, il donne des cornets graphiques, alanguis, fortement odorants, autour d'un appendice quelque peu phallique.
Peu souvent disponibles, on trouve encore *A. palaestinum, A. rupicola* (syn. *A. conophalloides*) et *A. nigrum* à spathes chocolat foncé en été. (*Dracunculus vulgaris,* comparable, est extraordinaire avec ses fleurs acajou sombre, veloutées, mais sent la viande pourrie. Dommage : il ferait des bouquets sensationnels !)

Culture Plantez au printemps ou en automne, au soleil ou à mi-ombre. *A. italicum* 'Marmoratum' est aisé à cultiver en sol frais, drainé. En cas de forte gelée annoncée, protégez-le d'un paillis de feuilles. *A. creticum* est réputé moins rustique et préfère être en pot ; protégez-le des froids vifs et laissez-le au sec en été.

Propagez-les par semis ou division en automne (voir p. 34, 35 et 42). Pour les arracher, souvenez-vous que les tubercules sont enfouis loin. Une fois établi, *A. i.* 'Marmoratum' se ressème volontiers et se répand bien.

4 *Daphne laureola*
5 *Helleborus argutifolius*
6 *Helleborus foetidus*
7 *Helleborus orientalis* horticole

CLEMATIS
Clématite

Voir généralités : Printemps, Blanc, page 99.
Dans mes bouquets d'hiver, des masses de fruits plumeux de la *Clematis vitalba* (voir p. 88-89), sauvage, ont une place de choix. Moins envahissantes et meilleures au jardin, on trouve *C. tangutica* et *C.* 'Bill Mackenzie', aux jolies fleurs automnales jaunes qui donnent toujours du piment à un bouquet. Leurs fruits tiennent mieux que ceux de *C. vitalba*.

Je cueille encore les fleurs vertes, tachetées, de *C. cirrhosa* var. *balearica* et *C. c.* 'Freckles'. J'aime presque toutes les fleurs vertes et celles-ci comptent parmi mes préférées, l'hiver, peut-être parce que leur épanouissement généreux est des plus inattendus à cette époque.

Pas de mise en forme spéciale pour ces fleurs, mais mieux vaut vaporiser une laque à cheveux inodore sur les fruits fragiles pour les voir durer. Ils resteront en place au lieu de tomber à vos pieds en laissant des branches dénudées, comme cela m'est arrivé.

DAPHNE
Daphné

Voir généralités : Hiver, Rose, page 153.
Daphne laureola est une jolie plante pour bouquets d'hiver, très parfumée le soir. Retirez les grosses feuilles inférieures pour dégager les fleurs vert frais et mêlez-en quelques brins à des hellébores et des perce-neige en un petit bouquet. Plus longs, ils accompagneront saules et clématites en compositions libres (voir p. 84 à 86).

HELLEBORUS
Hellébore

Vivace herbacée Zones : *Helleborus argutifolius, H. foetidus* : 6-9 ; *H. orientalis* : 4-8
Hauteur et étalement : 45-60 x 30-60 cm
Variétés à couper Toutes ! Les hellébores, aux formes fantastiques et aux subtiles nuances de vert, rose et gorge-de-pigeon, sont des vedettes au jardin et en bouquets d'hiver (voir p. 84 à 86).

L'hellébore oriental, *H. orientalis,* porte des fleurs en coupe de divers tons de vert, rose (voir p. 154), lie-de-vin, blanc et brun-noir (voir p. 158). Certains sont joliment mouchetés. Choisissez des plantes fleuries pour être sûr des couleurs. Prenez des cultivars aux fleurs dressées (et non modestement inclinées vers le sol). Ce seront les meilleurs pour les bouquets. L'hellébore de Corse, *H. argutifolius,* est le plus vigoureux. Ce persistant à feuilles dentelées porte des fleurs larges et ouvertes vert clair, du cœur de l'hiver à celui du printemps ; ses capsules géométriques donnent un relief supplémentaire à tout bouquet hivernal ou pré-printanier.

L'hellébore fétide, *H. foetidus,* porte de jolies grappes de clochettes vertes dont les bords semblent trempés dans le pourpre. Sa déplaisante odeur n'apparaît que si on froisse ses feuilles. Tentez de vous procurer la forme aimablement parfumée, *H. f.* 'Gertrude Jekyll'.
Préparation Dès la cueillette, ébouillantez les tiges sur 2,5 cm, puis plongez-les dans l'eau tiède ; ainsi traités, ils durent trois à quatre jours ou plus. Si l'inflorescence penche, recoupez la tige, répétez le traitement et elle se redressera. L'Oasis ne leur vaut rien.
Culture Tous ces hellébores sont faciles. Ils aiment la fraîcheur et un peu d'ombre, en sol lourd, riche, limoneux, qui ne sèche pas en été. Ils sont parfaits pour une bordure ombrée bien drainée. Plantez-les en automne ou en fin d'hiver en sol bien fumé et laissez-les faire : aucun d'eux n'aime le changement, surtout *H. orientalis.* Les différentes variétés se croisent. Séparez-les donc, sauf si vous espérez créer des nouveautés. Paillez-les au printemps avec du fumier ou du compost mûrs et apportez un engrais liquide en été. Remettez de la poudre d'os en automne. Arrosez copieusement par temps sec.

H. argutifolius demande un abri contre le vent et les froids vifs. Rabattez toutes les feuilles et fleurs fanées au printemps : vous diminuez les risques de taches noires, faites de la place aux pousses neuves et donnez de la lumière aux semis éventuels.

Propagez les hellébores par division en fin d'hiver, ou repiquez des semis, de votre jardin ou de jardins amis. Pour encourager leur apparition, nettoyez le pourtour de la plante mère en fleur. Repiquez les plantules, encore jeunes, en juin. Vous pouvez semer vous-même en été, en tranchées de 3 mm de profondeur, dans des caissettes de terre sableuse, mises sous châssis. Repiquez en plein air les plants d'un an. Ils fleurissent l'année suivante et se ressèment ensuite spontanément.

SALIX
Saule

Arbre et arbuste caducs Zones : 5-9
Hauteur et étalement : *Salix daphnoides* 7,50 x 7,50 m ; *S. caprea* 10 x 7,50 m ; variété de *S. alba* : 15 x 7,50 m ; *S.* x *sepulcralis* var. *chrysocoma* : 12 x 12 m

Variétés à couper J'apprécie surtout les saules pour leurs chatons, mais ils ont d'autres talents. Leurs jeunes branches (de un à deux ans) souples servent d'armature aux guirlandes, globes et couronnes (voir p. 88-89). Couleur et port sont également exploitables : l'écorce aux vives parures de *S. alba* var. *vitellina* (dorée) et de *S. a.* var. *v.* 'Britzensis' (orange), tous deux dressés, se marie bien à celle du saule doré, *S.* x *sepulcralis* var. *chrysocoma*, plus ondoyant. Leur mélange est spectaculaire, dans un grand vase en verre. Le saule à chatons (*S. caprea*) porte ses coussinets en fin d'hiver. Les femelles sont gris argenté, et les mâles, gris à anthères jaunes. Le saule à chatons géant, *S. acutifolia*, porte des coussinets de 8 cm de long.

Le saule violet, *S. daphnoides*, plus court, est mon préféré, pour les chatons, en hiver, *S. d.* 'Aglaia' étant la meilleure forme. C'est un saule étalé, aux branches contournées sur une silhouette libre qui se prêtent à des bouquets simples. Elles se marient à merveille aux amaryllis et aux noisetiers (voir p. 87).

Si vous coupez une branche de saule à chatons en début d'hiver, vous devrez retirer les cuticules brunes des fleurs femelles. Plus tard, elles tombent spontanément. Les pompons gonflés ressemblent alors, de loin, à des fleurs blanc argenté, ceux de *S. d.* 'Aglaia' contrastant vivement avec les branches pourprées.

Culture Les saules, dans l'ensemble, sont d'une grande vitalité et poussent en tout sol un peu frais (excepté *S. daphnoides* et *S. caprea*, qui supportent un sol plus sec). Sans taille, la plupart deviennent des arbres ; mais l'étêtage est bien supporté et réduit leur volume. N'intervenez qu'au bout de deux ans pour qu'ils soient établis, puis coupez les branches, là où vous voulez des rejets, en fin d'hiver, avant la montée de sève. Cette technique donne des branches plus colorées mais, appliquée tous les ans, réduit la floraison, plus belle sur vieux bois. Le moyen terme consiste à rabattre la moitié des tiges, un an sur deux, au lieu de tout couper, pour avoir de belles tiges et des chatons.

Toutes les variétés de saule peuvent s'enraciner à partir de boutures demi-aoûtées (voir p. 38-39). Plongez jusqu'à mi-hauteur les boutures en terre humide ou, en été, simplement dans l'eau. Si vous ne pouvez les enfoncer aisément, c'est que le sol est trop sec. En plantant des bois mûrs de 1 m, en fin d'automne ou en fin d'hiver, en les enterrant à demi, vous aurez vite des arbres.

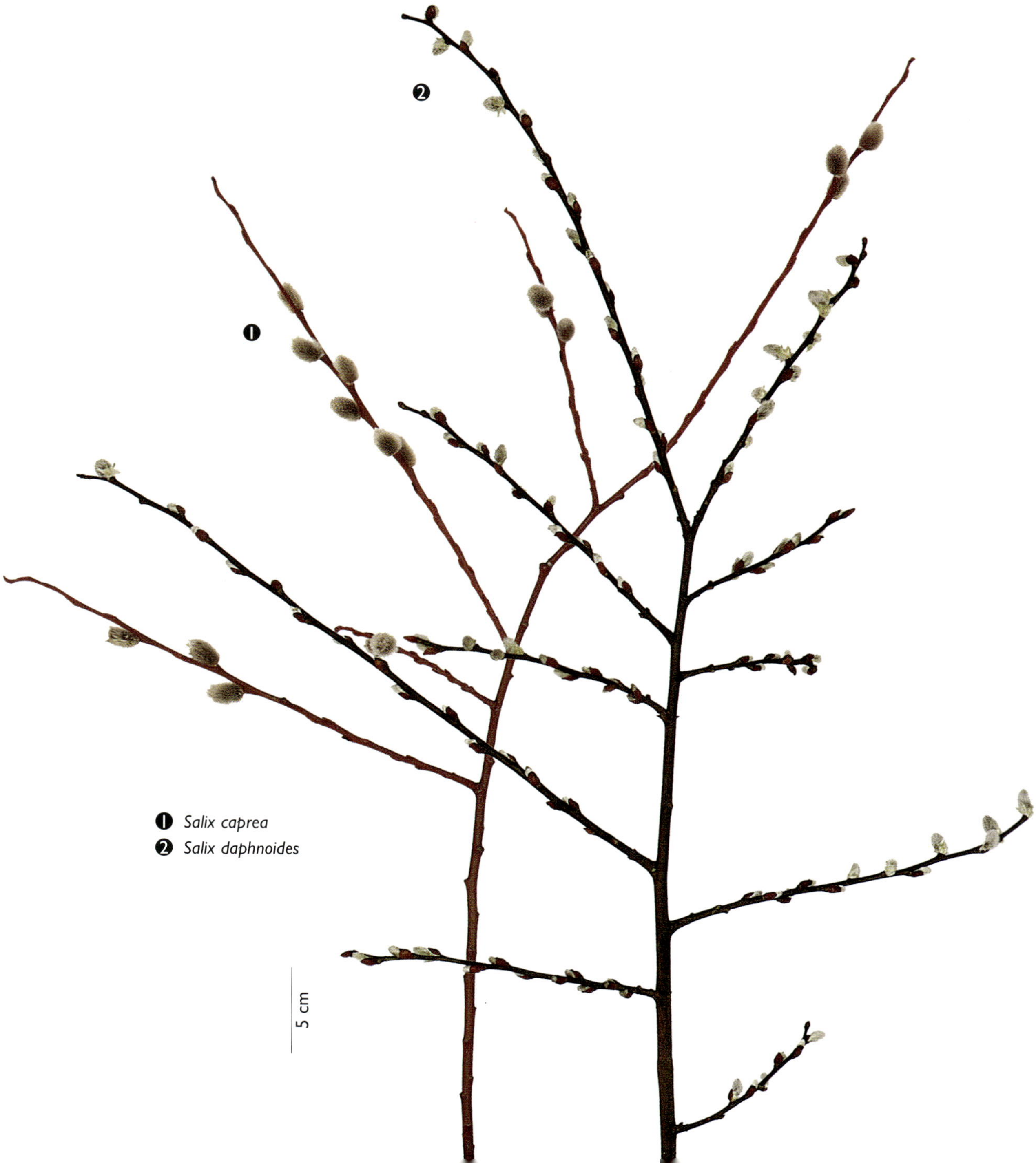

❶ *Salix caprea*
❷ *Salix daphnoides*

❶ *Camellia japonica* 'Alba Simplex'
❷ *Chaenomeles speciosa* 'Nivalis'
❸ *Galanthus nivalis* 'Flore Pleno'
❹ *Galanthus* 'S. Arnott'

Blanc

CAMELLIA
Camélia

Arbrisseau ou arbuste persistants Zones : *Camellia japonica* et *C.* x *williamsii* : 7-10
Hauteur et étalement : *C.* x *williamsii* : 1,20 x 2,50 m ; *C. japonica* : 3 x 8 m

Variétés à couper Certains camélias fanent trop vite pour les bouquets. Mes favoris, blanc pur comme *C. japonica* 'Alba Simplex' et *C. j.* 'Devonia' ou, à l'autre bout de la gamme, *C. j.* 'Tricolor', demi-double, d'un vif rose framboise, cueillis à peine éclos, tiennent une semaine.

J'aime moins les camélias rouge foncé ou rose foncé ; ils me rappellent trop les fleurs funéraires en plastique. Mais, si vous les appréciez, cherchez dans les *C.* x *williamsii* : plus faciles à cultiver, bien rustiques, ils laissent choir leurs fleurs dès qu'elles brunissent (il faut nettoyer à la main certains des *C. japonica*).

Préparation Fendez les coupes avant de mettre à tremper.

Culture Les camélias poussent bien en sol non calcaire (pH 4 - 6,5), frais, drainé et humifère. Bien qu'ils puissent tolérer quelques rafales, ils souffriront d'une exposition constante au vent. Les coins abrités, ombrés, tels les murs peu ensoleillés, font leur bonheur. Ne les placez pas face au soleil du matin où les fleurs, en cas de gelée, se réchauffent trop vite et brunissent.

Plantez en automne et au printemps. Creusez un trou du double du diamètre et de la hauteur de la motte et garnissez-le de tourbe (pour les plantes acidophiles, c'est le seul produit adéquat). Installez la plante et comblez de terre additionnée de terreau de feuilles ; elle partira du bon pied et gardera ses boutons.

En avril, griffez le sol et apportez du sang séché et de l'os broyé autour du pied puis paillez au terreau. Pour obtenir une belle floraison, maintenez de copieux arrosages jusqu'en automne, quand les boutons apparaissent, sinon, ils tombent avant de s'ouvrir. Vous pouvez propager les camélias par boutures tendres ou demi-aoûtées de la mi-été à la fin de l'automne (voir p. 38-39 et 43).

CHAENOMELES
Cognassier du Japon

Arbuste caduc Zones : 5-9
Hauteur et étalement : jusqu'à 3 m, mais on taille avant.

Variétés à couper Les cultivars de *Chaenomeles speciosa* comptent parmi les plus hâtifs à s'épanouir, du cœur de l'hiver au printemps. Mes préférés sont ceux à grandes fleurs, blanc pur, tel *C. s.* 'Nivalis', qui apparaissent tout le long des tiges nues. Palissées sur un mur, les branches maîtresses se couvrent à même l'écorce de brillantes coupes charnues, en un décor posé là pour embellir le jardin hivernal. Les fruits jaunes, parfumés, leur succèdent.

Culture Plantez *C. japonica* en sol drainé, dans un coin chaud et abrité. Faites échec aux moineaux et aux étourneaux, qui adorent les boutons, en couvrant l'arbuste d'un filet noir. Coupez à deux ou trois yeux, dès la formation, les branches du fond, ou celles qui s'écartent du mur sur un arbuste palissé, pour faire apparaître de fortes pousses qui fleuriront l'année suivante.

Si nécessaire, propagez-les par boutures à bois tendre en été (voir p. 38-39).

CROCUS

Voir généralités : Hiver, Jaune, page 156.

L'un des plus charmants crocus d'hiver est *Crocus versicolor* 'Picturatus', aux éclatantes fleurs blanches, lignées de veines pourpres sur un cœur orange.

GALANTHUS
Perce-neige

Bulbe Zones : 2-9
Hauteur : 10-15 cm

Variétés à couper Tous les perce-neige ont un air frais et net en bouquets. Mieux vaut en faire des bottes : isolés, ils sont noyés. Ils sont parfaits, simplement associés à du lierre.

Galanthus nivalis est l'élégante forme sauvage. Son cultivar *G.* 'S. Arnott', parfumé, est plus grand et fleurit longtemps. *G.* 'John Gray' et *G.* 'Atkinsii' ont les plus grosses fleurs, alors que *G. n.* 'Flore Pleno', à pompons doubles, a une longue tenue en vase. Si vous aimez beaucoup les perce-neige et souhaitez prolonger la saison, cultivez *G. reginae-olgae,* à floraison automnale.

Culture Les espèces d'hiver et de printemps, rustiques, demandent du froid pour fleurir et apprécient les coins où l'hiver frappe fort. Trouvez-leur un endroit ombré et frais, mais non détrempé, en sol lourd, humifère, où les bulbes ne sécheront pas trop. Il faudra un coin plus chaud pour *G. reginae-olgae,* qui demande à bien mûrir en été.

Les perce-neige n'aiment pas être plantés à partir des bulbes. Si vous partez de rien, persuadez un ami de vous laisser diviser une touffe. Une fois établis, ils s'étendent vite et vous pouvez diviser votre propre production. Agissez toujours avec des plantes « poussantes », juste après la floraison et avant que les feuilles ne jaunissent. Creusez profond sous les grosses touffes pour les relever ; éclatez-les à la main en touffettes et replantez-les à la même profondeur.

❺ *Crocus versicolor* 'Picturatus'
❻ *Muscari azureum* 'Album'
(voir page 152)

❶ *Hyacinthus orientalis* 'Sneeuwwitje'
❷ *Pulmonaria officinalis* 'Sissinghurst White'

HELLEBORUS
Hellébore

Voir généralités : Hiver, Vert et gris, page 149. Les formes blanches de *Helleborus orientalis* sont répandues. Celui-ci porte les fleurs crème et les anthères jaunes de la rose de Noël (*H. niger*) mais est beaucoup plus florifère.

HIPPEASTRUM
Amaryllis

Voir généralités : Hiver, Orange et rouge, page 155. *Hippeastrum* 'White Dazzler', à larges coupes veinées, est comme un lis d'hiver. Laissez-le seul en vase ou, à la rigueur, en compagnie de branches moussues ou de chatons de saule.

HYACINTHUS
Jacinthe

Voir généralités : Printemps, Blanc, page 100. La délicieuse jacinthe romaine *Hyacinthus orientalis* 'Sneeuwwitje' a un aspect plus naturel que les grosses formes classiques, lourdes.

MUSCARI

Bulbe Zones : *Muscari armeniacum*, *M. azureum* : 4-9 ; *M. macrocarpum* : 7-10
Hauteur : 15-20 cm

Variétés à couper *M. azureum* 'Album', une forme blanche du muscari typique, est parfait en gai mélange avec d'autres bulbes précoces. Parmi les bleus foncés, retenez *M. armeniacum*, à épis denses et compacts (voir p. 159). Plantés au soleil, ils fleurissent parfois à travers la neige. Si vous possédez un coin chaud, ensoleillé, à l'abri d'un mur, songez à cultiver l'étrange *M. macrocarpum*, un peu frileux, odorant, à fleurs jaune-vert et noir.

Culture Ces bulbes ne coûtent rien. Plantez-les, en automne, à 5-8 cm de profondeur et 8-10 cm d'écart par touffes de 15 ou 20 semées dans le jardin. Ils formeront vite de solides colonies que vous pourrez diviser deux automnes plus tard. Ils poussent en plein soleil, en sol drainé.

NARCISSUS
Narcisse

Voir généralités : Printemps, Jaune, page 109. Les narcisses 'Paper White' sont une des joies de l'hiver. Plantez-en dès le début de l'automne, tous les quinze jours, en gardant le reste au frais et au sec, et vous aurez tout l'hiver de fabuleuses fleurs parfumées. Maintenez la terre humide et les pots au frais – mais non au froid – durant la formation des feuilles et des boutons.

PULMONARIA
Pulmonaire

Voir généralités : Hiver, Bleu et violet, page 159. *Pulmonaria officinalis* 'Sissinghurst White' offre des fleurs d'un blanc éclatant et de brillantes feuilles peu marbrées. Mêlez-la à des perce-neige et à d'autres bulbes hâtifs (voir p. 93).

SARCOCOCCA

Arbuste persistant Zones : 6-8
Hauteur et étalement : *Sarcococca humilis* : 60 cm ; *S. hookeriana* var. *digyna* : 60-90 x 90 cm

Variétés à couper Mon premier sarcococca m'a paru vert, sans intérêt, jusqu'à ce que je le cueille et découvre son parfum sensationnel. *S. humilis* porte des feuilles vert foncé, luisantes, effilées, et des fleurs blanches plumeuses suivies de baies noires, au printemps. Mêlez les sarcococcas aux hellébores roses.

Culture Plantez-les en automne ou au printemps, en sol fertile, pas trop sec, au soleil ou à l'ombre. Ils supportent l'ombre des arbres.

VIBURNUM

Voir généralités : Hiver, Rose, page 154. Employez le laurier-tin, *Viburnum tinus*, persistant à larges fleurs roses et blanches, comme base de bouquets de toute taille.

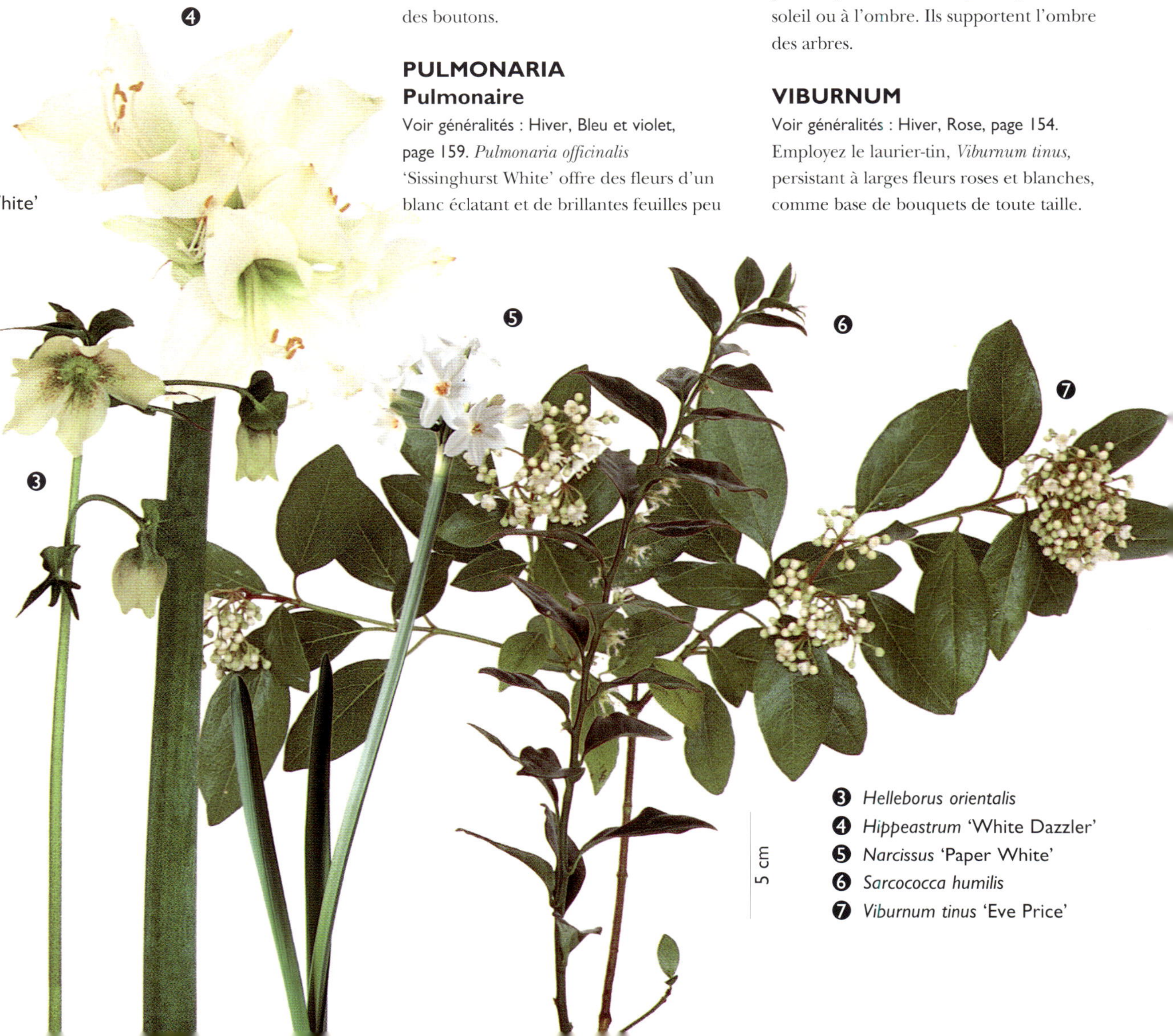

❸ *Helleborus orientalis*
❹ *Hippeastrum* 'White Dazzler'
❺ *Narcissus* 'Paper White'
❻ *Sarcococca humilis*
❼ *Viburnum tinus* 'Eve Price'

Rose

CARDAMINE

Voir généralités : Printemps, Rose, page 104.
Cardamine quinquefolia, très précoce, est une aimable surprise à cette époque de l'année. Faites-en des bouquets unis ou mêlez ses fleurs mauve clair à des anémones ou des pulmonaires bleu foncé.

CHAENOMELES
Cognassier du Japon

Voir généralités : Hiver, Blanc, page 151.
Les formes rose pâle de *Chaenomeles speciosa* sont parmi les plus jolies. Tout comme *C. speciosa* 'Simonii', rouge violent, elles font de l'effet en bouquets dépouillés japonisants, avec seulement quelques branches.

CYCLAMEN

Rhizomes Zones : *Cyclamen coum* : 6-9 ; *C. repandum* : 7 ; *C. hederifolium* : 5
Hauteur : 10 cm
Variétés à couper Ce sont les formes de *C. coum*, rose soutenu, qui ont ma faveur pour les bouquets d'hiver, relayés au printemps par *C. repandum*, très parfumé. Tous deux sont beaux, en petits bouquets bien contrastés, avec des crocus orange ou améthyste, et des pulmonaires violettes et bleues. Les feuilles aplaties, marbrées d'argent, de *C. hederifolium*, apparaissent après les fleurs automnales (voir p. 140) et conviennent aux bouquets d'hiver.

Culture Les cyclamens aiment les sols riches, drainants, légers, riches en humus. Les recoins un peu secs parmi les arbres ou les rochers sont parfaits, sauf pour *C. coum*, qui préfère un sol frais, au soleil ou à mi-ombre. Protégez, l'hiver, *C. repandum*. Faites un surfaçage annuel de fumier ou de compost, une fois les feuilles fanées, après avoir supprimé le paillis précédent. Agissez en juin pour *C. hederifolium* et en automne pour *C. coum* et *C. repandum*. Enterrez les souches superficiellement.

Les cyclamens se ressèment abondamment. On peut donc en acheter peu et les laisser s'étendre. Plantez-les en fin d'été, à 5-8 cm d'écart et à 2-3 cm de profondeur, la face aplatie vers le sol et le haut juste visible.

1. *Cardamine quinquefolia*
2. *Chaenomeles speciosa* 'Versicolor Lutescens'
3. *Daphne odora* 'Aureomarginata'
4. *Cyclamen coum*
5. *Cyclamen hederifolium* (feuillage)

DAPHNE
Daphné

Arbrisseau persistant Zones *Daphne laureola*, *D. odora* : 8-9 ; *D. mezereum* : 3-7
Hauteur et étalement : *D. mezereum* : 60 x 60 cm ; *D. laureola* 90 x 90 cm ; *D. odora* : 1,50 x 1,50 m
Variétés à couper *D. odora* et ses cultivars exhalent un mélange parfait de citron et d'épices. Trois brins à votre chevet suffisent à embaumer la pièce pendant quinze jours. Ce buisson compact donne des boutons rose vif s'ouvrant rose pâle regroupés au-dessus d'un collet de feuilles vert clair.
D. o. 'Aureomarginata', plus rustique que le type, porte sur ses feuilles un liseré crème, ce qui le rend intéressant même fané. *D. mezereum*, fleuri rose vif, est aussi parfumé mais moins fort. *D.* x *burkwoodii* 'Somerset' est également une beauté (voir p. 104).

Culture Les daphnés aiment la tranquillité. Plantez-les jeunes, par groupes de trois si possible, la cueillette devant rester discrète. Ils poussent en sol fertile, drainé, sans excès ; *D. mezereum* et *D. laureola* se moquent de la craie. La plupart aiment le soleil, mais *D. laureola* préfère un coin ombré, frais. Abritez-les du vent et, pour *D. odora,* des froids vifs.

Nourrissez-les régulièrement par des surfaçages. Ils se bouturent bien à bois demi-aoûté en été ; ou à partir de graines fraîches. *D. mezereum,* en particulier, se ressème bien. Il est prudent de conserver les jeunes plants, les daphnés vivant peu.

HELLEBORUS
Hellébore

Voir généralités : Hiver, Vert et gris, page 149. Il existe de ravissantes formes de *Helleborus orientalis.* Certaines, telle 'Zodiac', sont sélectionnées pour leurs ponctuations, nombre d'autres sont des semis de hasard.

HYACINTHUS
Jacinthe

Voir généralités : Printemps, Blanc, page 100. Le rose éblouissant de *Hyacinthus orientalis* 'Jan Bos' est un peu déplacé au jardin, mais rend très bien sur quelques tiges logées dans un verre chartreuse.

PRIMULA
Primevère

Voir généralités : Printemps, Jaune, page 110. Les jolies primevères roses sont sans égales avec des bulbes précoces et des pulmonaires, en brillants petits bouquets hivernaux (voir p. 93).

SARCOCOCCA

Voir généralités : Hiver, Blanc, page 152. *Sarcococca hookeriana* var. *digyna,* à tiges rouges et fleurs rosées, est une de mes variétés favorites de cette espèce hautement parfumée.

VIBURNUM

Arbuste et arbrisseau caducs et persistants
Zones : *Viburnum tinus* : 8-10 ; *V.* x *bodnantense, V. sargentii* : 7-8 ; *V. farreri* : 6-8 ; *V. carlesii, V.* x *burkwoodii, V. opulus* : 5-8
Hauteur et étalement : *V. carlesii, V. farreri, V. opulus* 'Compactum' : 1,50 x 1,50 m ; variété de *V.* x *burkwoodii* : 2,50 x 2,50 m ; variétés de *V.* x *bodnantense* : 3 x 2 m ; *V. tinus, V. sargentii* : 3 x 3 m
Variétés à couper Tout le genre fait partie de mes champions pour une cueillette toute blanche. Les espèces hivernales sont essentielles à cette saison. Le laurier-tin *V. tinus,* persistant (voir p. 152), à inflorescences roses et blanches, convient aux bouquets de toutes tailles. Pour les plus petits, cependant, je retire quelques feuilles, pour alléger l'ensemble. Les baies bleu acier, fruits des floraisons de la saison précédente, sont un attrait de plus de ce bel arbuste ; 'Gwenllian', rose pâle, a les plus jolies.

Recommandées pour les grands jardins, les variétés de l'hivernal *V.* x *bodnantense,* comme 'Dawn', rose vif en boutons puis rose pâle épanoui, et 'Deben', blanc ombré de rose. Toutes deux tiennent bien, et leurs branches dénudées garnies de fleurs sont parfaites pour un chevet, où l'on profite du parfum dès le réveil. *V. farreri* (syn. *V. fragrans*) ne tient pas autant, et ses fleurs s'alanguissent souvent. Les variétés, pré-printanières, de *V.* x *burkwoodii* (voir p. 103) et *V. carlesii* sont également belles et parfumées. En mai, *V. opulus* 'Roseum' est excellent comme, en automne, la forme type de *V. opulus,* aux baies rouges, orange ou jaunes (voir p. 145).
Culture Tous les viburnums poussent en bon sol fertile, frais, et la plupart supportent le calcaire comme l'acidité. Plantez-les en fin d'automne au soleil ou à mi-ombre et paillez en fin d'hiver. La taille est inutile, mais, quand vous cueillez, songez à la forme future des buissons. Pour de si grosses plantes, je vous invite à n'en acheter qu'un pied, de belle taille, car les boutons mettent des années à produire. Si vous êtes patient, prélevez des bois demi-aoûtés en été et plantez-les en mélange sableux (voir p. 38-39). *V. tinus* peut également se marcotter (voir p. 42).

❶ *Helleborus orientalis*
❷ *Hyacinthus orientalis* 'Jan Bos'
❸ *Sarcococca hookeriana* var. *digyna*
❹ Cultivar de *Primula*
❺ *Viburnum* x *bodnantense* 'Dawn'
❻ *Viburnum* x *burkwoodii*

Orange et rouge

HAMAMELIS

Voir généralités : Hiver, Jaune, page 157. *Hamamelis* x *intermedia* 'Diane' porte des fleurs cuivre brûlé autour d'un calice rouge. *H.* x *i.* 'Jelena', le plus vigoureux du genre, atteint 4,50 à 6 m, avec des fleurs d'un orange plus doux aux pointes jaune pâle. Tous deux voient leurs feuillages se colorer en automne d'orange vif, de rouge et d'écarlate.

HIPPEASTRUM
Amaryllis

Bulbe d'intérieur
Température minimale : 13 °C
Hauteur : 30-50 cm

Variétés à couper Tous ces gros bulbes d'intérieur se prêtent à la coupe. Mes préférés sont 'Red Lion' et 'Clove', aux riches tons rouges, et 'Lemons and Lime', vert pâle délicat. Pour une floraison printanière, recherchez l'espèce similaire, orange vif, *Rhodophiala pratensis*. Les fleurs géantes, de 15 à 20 cm de diamètre, sont élégantes avec quelques branches de noisetier ou de saule (voir p. 87). Ou bien faites-en le point de mire d'une botte serrée avec *Narcissus* 'Soleil d'Or'. Les plus petites fleurs sont belles seules.

Préparation Cueillez-les et disposez-les encore en boutons, puis n'y touchez plus. Les grosses fleurs se meurtrissent aisément et perdent leurs belles couleurs sous le choc. Elles tiennent jusqu'à trois semaines, mais leurs tiges plient souvent plus tôt, en raison de leur taille et du poids des fleurs. Remédiez-y en glissant, dans la hampe creuse, un tuteur, bloqué par un tampon de coton. Les coupes ont tendance à éclater et à se retourner après quelques jours dans l'eau, renforcez-les à l'aide d'un ruban adhésif.

Culture Plantez-les en automne. Le meilleur mélange est fait de 1 part de fumier mûr, 1 de sable et 2 de terreau de feuilles. Disposez quelques tessons, pour le drainage, dans un pot de 5 cm plus large que le diamètre du bulbe, que vous n'enfouirez qu'à moitié. Maintenez l'ensemble au chaud, près d'un radiateur, par exemple, jusqu'à ce que la pousse atteigne 10 cm ; placez-la alors plus au frais, au soleil ou à mi-ombre. Apportez un engrais liquide jusqu'à une semaine de la floraison, puis tous les 10 jours après celle-ci. Coupez le feuillage en été et laissez-les au repos, au sec complet, jusqu'à apparition des boutons. A ce moment-là, surfacez le pot sur 5 cm d'épaisseur. Rempotez tous les trois ou quatre ans.

Traitez *Rhodophiala pratensis*, l'espèce printanière, à l'inverse : arrosez-la en été et laissez-la au sec en hiver. Il lui faut aussi un sol riche, sableux. S'il est plus prudent de la cultiver en pot, tentez cependant de la planter contre un mur ensoleillé en climat doux.

Si vous êtes prêt à attendre les fleurs durant trois ans, vous pouvez semer les graines au printemps ou éclater les bulbilles en automne. Je manque de patience et j'achète des bulbes chaque année.

PULMONARIA
Pulmonaire

Voir généralités : Hiver, Bleu et violet, page 159. *Pulmonaria rubra* 'Redstart' est la plus dressée des formes rouges. Le ton des fleurs est un peu fumé, mais s'éclaire mêlé à *P. officinalis* 'Sissinghurst White' (voir p. 152) ou à des crocus blancs.

❶ *Hamamelis* x *intermedia* 'Jelena'
❷ *Hippeastrum* 'Red Lion'
❸ *Hippeastrum* 'Clove'
❹ *Pulmonaria rubra* 'Redstart'

Jaune

ACACIA
Mimosa

Arbuste et arbre persistants Zones : 9-10
Hauteur et étalement : *Acacia dealbata* et *A. longifolia* : 8 x 8 m (voire le double en climat méditerranéen)

Variétés à couper Nous sommes peu nombreux à disposer d'un coin assez abrité pour un mimosa, que j'ai inclus ici pour les privilégiés. En fleurs, couvert de duvets dorés, il offre un spectacle sans égal, au cœur de l'hiver, tant par l'aspect que par le parfum. *A. dealbata* porte des feuilles plumeuses gris-vert et des fleurs en pompons. *A. longifolia* produit des feuilles lancéolées et des fleurs en grappes.

Préparation Retirez les feuilles du bas.

Culture En climat doux, plantez-les en plein soleil à un emplacement abrité du vent. La plupart des mimosas aiment les sols frais et acides, bien que *A. longifolia* supporte un peu de calcaire et de sécheresse. Ils peuvent être rabattus par le gel mais reprennent le plus souvent de la base. En prenant un plant raisonnablement âgé, vous n'aurez pas à attendre longtemps pour la cueillette. La croissance étant rapide, vous pouvez cependant les propager par boutures à bois tendre en été (voir p. 38-39).

CORNUS
Cornouiller

Essentiellement, arbuste et arbre caducs Zones : 2-8 ; excepté *Cornus mas* : 5-8
Hauteur et étalement : *C. mas* : 5 x 5 m ; *C. alba* 'Sibirica' et *C. a.* 'Elegantissima' : 2 x 2 m ; *C. stolonifera* 'Flaviramea' : 2 x 4 m

Variétés à couper Un de mes cornouillers préférés pour les bouquets est *C. mas,* aux brillantes étoiles d'or en fin d'hiver. Quelques brins, simplement regroupés, sont ravissants ; ou bien mariez-les à des hamamélis. Si vous avez de la place, installez également un buisson de *C. stolonifera* 'Flaviramea', à tiges jaune-vert. Coupez les branches nues pour un grand bouquet dans un sobre vase de verre, ou faites-en l'armature de guirlandes et gerbes, toute l'année. Comme celles des saules, elles sont tendres et flexibles, jeunes. Au printemps et en été, il n'y a pas de meilleur feuillage que celui de *C. alba* 'Elegantissima', panaché, comme fond d'un grand bouquet vert et blanc.

Préparation Ebouillantez la base des tiges feuillées sur 2,5 cm pendant une minute avant de les faire tremper. Elles ont tendance à se flétrir.

Culture Les cornouillers, dans l'ensemble, sont bien résistants et poussent à peu près partout, mais *C. mas* préfère un coin ensoleillé, abrité, contre un mur. Plantez en fin d'automne.
Je les laisse devenir à leur gré de gros buissons ou des arbres. Comme les saules, on peut les contenir en les recépant en fin d'hiver, et en cueillant, bien sûr. Si vous recherchez leurs branches hivernales, rabattez-les chaque année au printemps ou tous les deux ans, les jeunes pousses étant les plus colorées.

Vous pouvez bouturer à bois tendre en été ou à bois sec en automne et hiver (voir p. 38-39 et 43).

CORYLUS AVELLANA
Noisetier

Arbuste et arbre caducs Zones : 3-8
Hauteur et étalement : *Corylus avellana* 4 x 6 m ; *C. a.* 'Contorta' : 5 x 5 m

Variétés à couper Si les noisetiers sont intéressants tout l'hiver pour leurs chatons qui s'allongent sans cesse, le point culminant est atteint en fin de saison quand le pollen se diffuse. Autour de chez moi, c'est une explosion de fusées dorées, dans les haies et les bois. Même avant ce stade, les chatons sont charmants, mêlés à *Salix daphnoides* et à des amaryllis (voir p. 87). Le noisetier *C. a.* 'Contorta', aux branches tordues et aux chatons jaunes de 5 cm, est spectaculaire tant au jardin que dans un vase.

Culture Regroupez les noisetiers à 3 m d'écart en tous sens. Ils poussent au soleil ou à mi-ombre. Taillez-les en fin d'hiver, en recépant les tiges de plus de deux ans. L'arbuste produit alors, à portée de main, des tiges florifères l'hiver suivant. Semez les noisettes sous 5 cm de terre, en plein air, et repiquez les semis deux ans plus tard. Ou bien détachez les drageons de la plante mère en automne.

CROCUS

Cormes Zones : *Crocus tommasinianus, C. versicolor* 'Picturatus' : 5-9 ; variétés de *C. chrysanthus* : 4-9 ; variétés de *C. vernus* : 3-9
Hauteur : variétés de *C. chrysanthus* : 5-8 cm ; *C. tommasinianus, C. versicolor* 'Picturatus' : 5-8 cm ; *C. vernus* à grosses fleurs : 9-10 cm

Variétés à couper Les crocus ont toujours quelque chose de brillant et d'optimiste, qualité appréciable aussi bien à l'intérieur qu'au jardin. Aux premiers rayons de soleil, ils s'ouvrent jusqu'au sol, comme on s'étire au sortir d'un long sommeil. Toutes les petites variétés de *C. chrysanthus,* le plus hâtif, sont bonnes à cueillir. Essayez *C. c.* 'Ladykiller', pourpre violacé au-dehors, lilas pâle à l'intérieur. J'aime les crocus orange vif, comme *C. c.* var. *fuscotinctus* ou le bien nommé 'Brass Band', cuivre, ainsi que ceux

❶ *Acacia longifolia*
❷ *Cornus mas*
❸ *Corylus avellana* (chatons)

à grosses fleurs comme *C. vernus* 'Remembrance', violet soutenu. Les crocus botaniques, raffinés et discrets, sont ravissants installés seuls dans de petits verres, où vous profiterez de leurs brillantes étamines et de leurs pollens safran ou ocre. J'apprécie également *C. versicolor* 'Picturatus' (voir p. 151) et *C. tommasinianus*, bien droit, au revers mauve laiteux et à l'intérieur plus soutenu. Tous les gros crocus font leur effet seuls, flottant dans une coupe en centre de table ou mêlés à d'autres fleurs de fin d'hiver. Coupés, ils ne durent que deux ou trois jours, mais la joie qu'ils donnent est aussi intense que brève.

Culture Plantez les crocus automnaux en été, les hivernaux et les printaniers en automne, sous 5 cm de terre et à 8 cm d'écartement, en sol bien drainé ou dans l'herbe rase, et en plein soleil. Je me contente d'en racheter et de les laisser s'étendre. Vous pouvez également les semer en automne ou éclater les touffes, si elles épaississent.

ERANTHIS
Aconit d'hiver

Vivace tubéreuse Zones : 4-7
Hauteur : 5-10 cm

Variétés à couper Ces gros boutons d'or à collerette rendent mieux seuls, dans des verres courts, ou flottant dans une coupe basse avec des feuilles sèches de hêtre (voir p. 90). Au soleil, ils s'ouvrent pleinement, mais restent jolis le soir sous une lampe. Choisissez *Eranthis hyemalis* du groupe Tubergenii 'Guinea Gold', à grandes fleurs.

Culture Comme pour les perce-neige, mieux vaut les diviser et replanter en pleine végétation et donc en quémander à des amis. Plantez-les en sol consistant, gentiment fertile, frais mais drainé. Ils préfèrent les terres alcalines, sous des arbres caducs où vous les laisserez s'étendre.

HAMAMELIS
Hamamélis

Arbustes caducs Zones : 5-9
Hauteur et étalement : 2,50 x 2,50 m

Variétés à couper Les fleurs laciniées, rustiques, de tous les hamamélis, tels des tentacules d'anémones de mer, sont très belles en bouquets, où elles durent jusqu'à quinze jours. Placez-en trois branches dans un vase installé à portée de nez. *Hamamelis* x *intermedia* 'Pallida' est le meilleur jaune, mais *H. i.* 'Jelena' a des fleurs plus raffinées (voir p. 155).

Culture Plantez-les en sol frais mais drainé, neutre ou acide (ils supportent un sol alcalin, mais non crayeux). La plupart d'entre eux aiment le soleil, bien que *H.* x *intermedia* prospère à mi-ombre. Ils poussent lentement mais vous pourrez les morceler en automne.

IRIS

Voir généralités : Hiver, Bleu et violet, page 158. Le petit iris bulbeux *Iris danfordiae*, jaune citron sablé de vert sur les pétales, se marie parfaitement avec *I. reticulata*, violet (voir p. 158).

LONICERA
Chèvrefeuille

Voir généralités : Eté, Rose, page 123. *Lonicera* x *purpusii* fait encore partie de ces hivernaux à lourd parfum. Il surpasse ses parents, *L. fragrantissima* et *L. standishii*, par sa floraison plus régulière. Retirez quelques feuilles pour dégager les fleurs.

NARCISSUS
Narcisse, jonquille

Voir généralités : Printemps, Jaune, page 109. Garnissez la table de cuisine d'un pichet où plongent quelques *Narcissus* 'Tête-à-tête' à petites fleurs jaune vif, seuls ou associés à des perce-neige doubles et un peu de lierre. 'Topolino' est également précoce et joli.

4 *Crocus chrysanthus* 'Brass Band'
5 *Eranthis hyemalis*
6 *Iris danfordiae*
7 *Hamamelis* x *intermedia* 'Pallida'
8 *Lonicera* x *purpusii*
9 *Narcissus* 'Tête-à-Tête'
10 *Narcissus* 'Topolino'

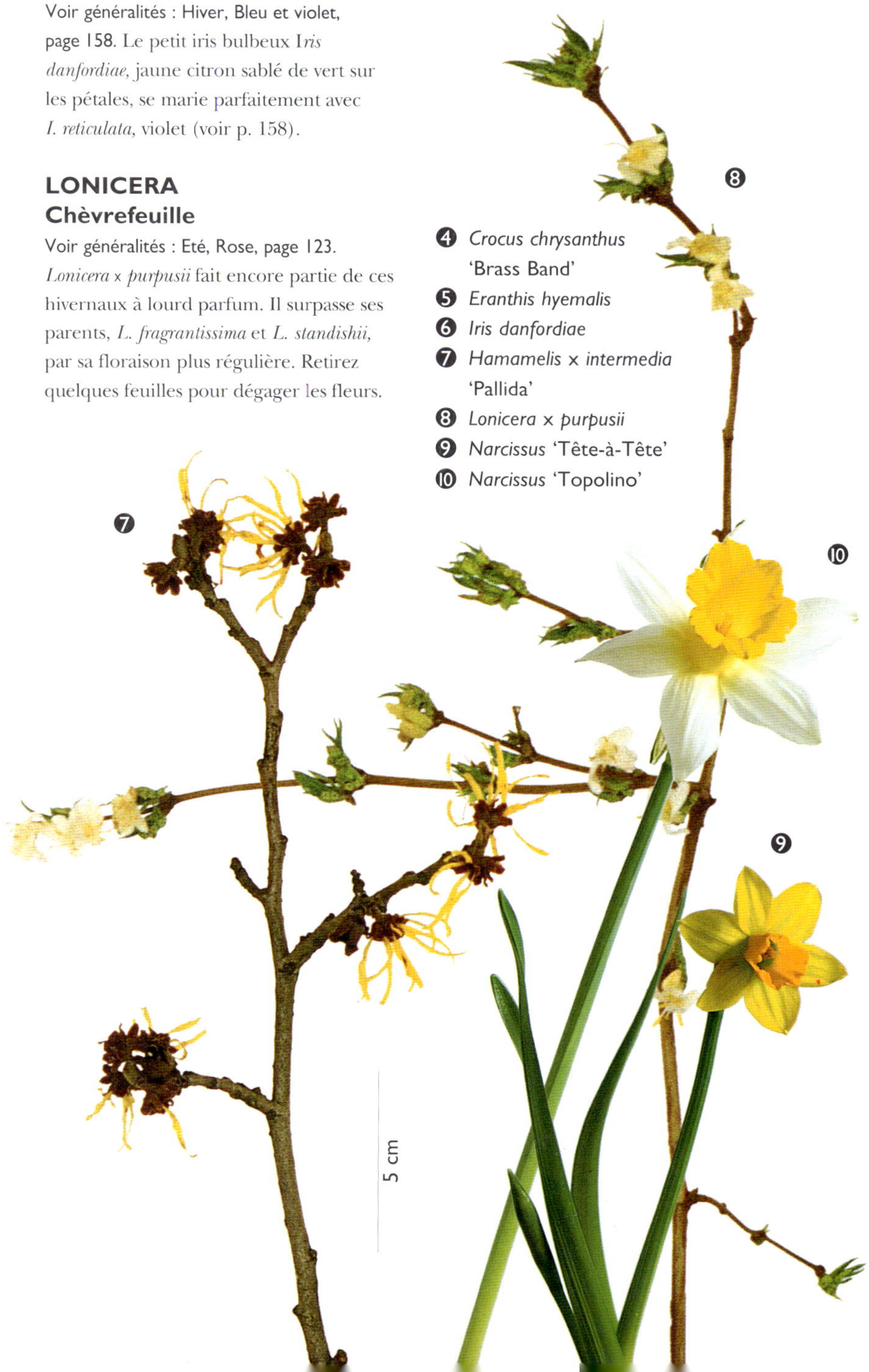

Bleu et violet

CROCUS

Voir généralités : Hiver, Jaune, page 156. *Crocus vernus* 'Remembrance', aux grosses fleurs, est parfait dans un petit bouquet d'hiver (voir p. 93).

HELLEBORUS
Hellébore

Voir généralités : Hiver, Vert et gris, page 149. J'adore les élégantes formes pourpres, presque noires, de *Helleborus orientalis* ; essayez aussi 'Queen of The Night' et 'Philip Ballard'.

IRIS

Vivaces rhizomateuses et bulbes, parfois persistants   Zones : 4-9

Hauteur : *Iris reticulata* : 10-15 cm ; *I. unguicularis* : 20 cm ; *I. foetidissima* : 30-90 cm ; *I. sibirica* : 50-120 cm ; Barbus intermédiaires : 40-70 cm ; Grands Barbus : 70-100 cm

Variétés à couper   Au cœur du triste hiver, les iris sont indispensables au jardin de fleurs à couper. Toutes les formes colorées de *I. unguicularis*, aux fleurs délicates qui se succèdent, donneront de frais bouquets pour votre bureau ou votre chevet. Plantez des touffes du somptueux *I. u.* 'Mary Barnard', bleu-violet velouté, à marier à quelques brins de *Cornus mas* ou d'hamamélis. Cultivez aussi *I. u.* 'Walter Butt', lilas pâle, odorant, plus joli dans un verre, seul ou par trois tiges. *I. lazica*, version plus robuste de *I. unguicularis*, est une autre beauté, épanouie dès la fin de l'hiver et tout le printemps. Plus gracieux encore, *I. reticulata*, violet foncé à marques or, apparaît en fin d'hiver ; hâtif et beau également, *Hermodactylus tuberosus*, vert et brun velouté. Au printemps apparaissent les Grands Barbus. Faites-en un choix de hâtifs, demi-hâtifs et tardifs, parmi les Intermédiaires, comme parmi les Grands, avec au moins un blanc, un bleu-violet ('Jane Phillips', voir p. 133), un rouge ('Ruby Mine', voir p. 126), un noir ('Sable') et un pourpre. *I. chrysographes*, indigo violacé sombre, voire noir, chez 'Black Knight', est tout aussi remarquable. Pour l'automne, prenez *I. foetidissima*, pour ses fruits (voir p. 144).

Préparation   Plongez-les dans un seau d'eau dès la cueillette. Retirez les fleurs fanées des iris Barbus, pour que les boutons s'épanouissent.

Culture   Excepté *I. foetidissima*, tous aiment le soleil. Les iris de Sibérie demandent un sol frais mais non trempé, si possible humifère, et dans un coin lumineux. *I. unguicularis* apprécie un site protégé et un terrain pauvre, graveleux, drainé. N'engraissez ni ne paillez ces iris, sinon vous aurez de belles feuilles mais pas de fleurs.

Contrairement à beaucoup de vivaces, les iris gagnent à être plantés en été, après la fanaison. Les Barbus et *I. unguicularis* aiment voir leurs souches baignées de soleil. Pour planter (avec un écart de 15 cm), creusez une cuvette peu profonde et faites un léger monticule au centre, genre château de sable, où vous posez le rhizome, en y étalant les racines, feuilles et bourgeons face au soleil ; recouvrez les racines à l'arrière du rhizome et tassez, le reste du rhizome devant émerger.

Les iris sont plus florifères si on les divise tous les trois ans. Après plantation

❶ *Crocus vernus* 'Remembrance'
❷ *Helleborus orientalis*
❸ *Iris reticulata*
❹ *Iris lazica*
❺ *Iris unguicularis* 'Mary Barnard'

et après floraison, rabattez les feuilles à 15 cm pour éviter que le rhizome ne soit déraciné par le vent.

Propagez les rhizomes par division, en plein été. Arrachez toute la touffe, en ne labourant pas trop près de la souche, pour l'épargner. Eclatez-les en morceaux de 10-15 cm. Jetez les vieux rhizomes, séparez les plus jeunes et nettoyez les coupes, puis poudrez-les de fongicide. Retaillez un tiers des racines les plus longues, ainsi que les feuilles. Replantez comme ci-dessus, tassez et arrosez.

Les bulbeux, comme *Reticulata,* sont divisés après floraison au printemps.

MUSCARI

Voir généralités : Hiver, Blanc, page 152.
Parfumé, bleu vif, *Muscari armeniacum* est ravissant, simplement accompagné de perce-neige, ou autres merveilles de fin d'hiver.

PULMONARIA
Pulmonaire

Vivace herbacée Zones : 3-8
Hauteur : 20-40 cm

Variétés à couper Les superbes cultivars de pulmonaires sont beaucoup plus intéressants que l'espèce sauvage, avec ses bleus et ses roses éteints. La plupart d'entre eux ont le feuillage caractéristique du genre, marqué d'argent, et les fleurs en forme de primevères. Les meilleurs coloris se trouvant souvent sur des hybrides non dénommés, mieux vaut les acheter en fleurs, comme les hellébores. Recherchez les bleus et violets vibrants à grosses fleurs et grandes tiges, comme *P. longifolia.* On peut aimer *P.* 'Frühlingshimmel', lavande pâle. Dans les rouges, on trouve *P. rubra* 'Redstart' (voir p. 155), et pour les blancs, il y a *P. officinalis* 'Sissinghurst White' (voir p. 152).

Les pulmonaires sont toujours jolies en petits bouquets unis.

Culture Les pulmonaires sont précieuses pour l'hiver, car elles supportent l'ombre : maintenez-les au frais et elles se ressèmeront vite dans vos recoins sombres. Divisez-les tous les trois-quatre ans, en automne ou au printemps.

ROSMARINUS
Romarin

Arbuste persistant Zones : 8-9
Hauteur et étalement : 2 x 2 m

Variétés à couper Je cueille le romarin toute l'année comme feuillage, mais il prend tout son éclat durant l'hiver et au printemps quand il se revêt de bleu. Avec ses feuilles rêches, odorantes, c'est alors un bon apport à un centre de table. Choisissez la forme bleu foncé comme 'Sissinghurst Blue', très florifère.

Employez les branches très ramifiées comme fond pour du blanc, du jaune, du bleu et du vert frais, ou en bouquets colorés avec des tulipes et des anémones.

Employez *Rosmarinus officinalis* 'Miss Jessop's Upright', forme dressée, très rustique, en haie autour de votre jardin à bouquets. Ses branches non ramifiées, sinueuses, sont parfaites pour donner de l'élan à un bouquet et rompre symétrie et monotonie. Une fois fané, le feuillage bleuté sert à des mélanges aromatiques avec de la lavande et du chèvrefeuille, ou avec des pois de senteur.

Préparation Effeuillez la base des tiges et écrasez-la si elle est très ligneuse.

Culture Le romarin est un peu frileux et demande un coin brûlant, ou l'abri d'un mur ensoleillé, et un sol sec et drainé. Si le gel l'a abîmé, rabattez au printemps jusqu'au bois sain. Il est recommandé, de toute façon, de raccourcir les pousses de moitié à cette saison.
Le romarin se bouture aisément à bois demi-aoûté, en été (voir p. 38-9).

SCILLA et CHIONODOXA

Bulbes Zones : 3-9
Hauteur : 10-15 cm

Variétés à couper Ces deux plantes bulbeuses, très proches d'aspect, portent des étoiles bleu clair parfaites dans les petits bouquets de fin d'hiver (voir p. 93). Préférez aux formes pâles, fades, les formes vives, comme *Scilla sibirica* 'Spring Beauty' et *Chionodoxa forbesii.* On trouve du blanc et du rose, dont *C. f.* 'Pink Giant', à pétales blanc tirant sur le rose.

Pour distinguer ces deux genres, regardez si les pétales sont séparés à la base ; s'ils le sont, c'est un chionodoxa, sinon, il s'agit d'une scille.

Culture Ce sont des bulbes peu coûteux et vite installés. Couvrez-les de 5 à 8 cm de terre, en sol ne desséchant pas en été. Les scilles préfèrent le soleil, sauf *S. sibirica,* qui supporte l'ombre. Les chionodoxas prospèrent au soleil et à mi-ombre. En automne, paillez avec du terreau de feuilles. Propagez scilles et chionodoxas par division en fin d'été et automne.

6 *Muscari armeniacum*
7 8 9 Hybride de *Pulmonaria*
10 *Rosmarinus officinalis* 'Sissinghurst Blue'
11 *Scilla siberica*
12 *Chionodoxa forbesii*

Arbustes, arbres et feuillages pour l'année

Nombre des plantes à feuillage de ces pages sont employées comme charpente de départ dans les bouquets. Mais il y a peu de reines de beauté, comme le callicarpa et les fusains en fruits, à employer pour eux-mêmes. Les persistants sont disponibles toute l'année, mais évitez les verts sinistres, comme les lauriers, employés par certains professionnels.

ACER PLATANOIDES
Erable

Acer platanoides (**1**) et *A. p.* 'Crimson King' (**2**), aux fleurs vert acide, donnent de la fraîcheur avec leurs jeunes feuillages vert vif ou rouge. Associez-les à des bulbes de printemps et des anémones. Le mélange rouge et jaune de *A. p.* 'Crimson King' répond parfaitement aux vives tulipes perroquet (voir p. 59).

AESCULUS HIPPOCASTANUM
Marronnier

Les bourgeons vernissés du marronnier (**3**) éclatent en jeunes feuilles vert frais de leurs fourreaux serrés. Cueillez-en des bractées dont vous observerez l'épanouissement ou mêlez-les à de pittoresques fleurs brillantes comme les tulipes perroquet, qui étalent leurs énormes fleurs frisées à la même époque.

ALNUS
Aulne

En fin d'hiver, les longs chatons brun pourpré et les petits cônes de *Alnus cordata* (**4**) donnent du relief à n'importe quel bouquet de grande taille. Mélangez-en à de somptueuses amaryllis (voir p. 87) ou à un nuage de chatons de saule. Vous découvrirez un matin, au petit-déjeuner, les feuilles fripées vert vif comme issues de nulle part.

CALLICARPA

Les perles violettes de *C. bodinieri* (**5**) ont un éclat et une beauté un peu troubles, comme une médication sulfureuse. Elles donnent toute leur mesure en fin d'automne après la chute des feuilles, quand elles restent seules sur les branches minces. Elles sont belles seules dans un vase contrasté, orange ou turquoise, mais également en compagnie de dahlias cuivrés. Elles tiennent un mois avant de se friper.

CARPINUS BETULUS
Charme

Que vous le cueilliez garni de ses chatons printaniers ou de ses fruits qui, en été,

pendent des branches comme des pagodes renversées (**6**), le charme est une verdure inattendue et pittoresque dans toute composition. Coupez-le court et employez les fruits verts comme fond pour des pavots, lavandes et bleuets, en guirlandes estivales bariolées (voir p. 64 à 67). Ou employez l'élégance de ses grandes branches pour souligner le relief d'un gros vase.

CHOISYA
Oranger du Mexique

Que vous optiez pour le type classique *Choisya ternata* (**8**), vert bouteille brillant, ou pour *C. t.* 'Sundance' (**7**), doré, le feuillage de l'oranger du Mexique a une excellente tenue. Cueillez-en également au printemps, pour profiter des fleurs parfumées.

CORNUS ALBA
Cornouiller

Le cornouiller est irremplaçable au jardin à bouquets. *C. alba* se colore joliment en automne (**10**) et ses vives branches nues sont utilisables aussi en hiver. Le feuillage frais marginé de blanc de *C. a.* 'Elegantissima' (**9**) est remarquable en été comme élément d'un bouquet vert et blanc. Son port dressé donnera de l'élan à votre verdure de fond.

DIPSACUS
Cardère

Les grands épis piquants de la cardère commune, *Dipsacus fullonum* (syn. *D. sylvestris*), encore verts (**11**) ou garnis de leurs couronnes de fleurs mauves (**12**), sont sculpturaux, tout seuls, mais aussi associés à des lis sophistiqués.

ELAEAGNUS
Chalef, olivier de Bohême

Elaeagnus angustifolia et E. *commutata* (**13**), argentés, caducs, sont beaux et élégants dans les bouquets d'été et d'automne. Ils conviennent à merveille à mes bouquets préférés, orange, cramoisis, bleu ciel ou lapis-lazuli.

EUCALYPTUS

On dispose de quantité d'eucalyptus (**1**), qui fournissent de la verdure tout l'hiver. Quelques branches illumineront un bouquet vert et blanc. De grandes branches se suffisent aussi à elles-mêmes.

EUONYMUS
Fusain

Le fusain commun, *Euonymus europaeus*, porte des fruits roses en automne (**2**). Quand ils mûrissent, ils s'ouvrent pour découvrir les graines orange vif enchâssées dans la masse de chair tendre. Faites-en des brassées unies, en jarres, au centre d'une table, et employez-le comme fond pour des bouquets roses et verts.

HEDERA
Lierre

Le raffiné lierre ciselé *Hedera helix* 'Pedata' (**5**) est mon préféré dans le genre. Faites-le courir sur la table d'un dîner d'hiver ou enveloppez de ses méandres un bouquet dense. Les baies noires et luisantes de la forme sauvage d'*H. helix* sont un précieux apport dans les compositions d'automne.

LIGUSTRUM
Troène

Le troène commun est un peu terne, à la différence des formes panachées d'or, tel *Ligustrum ovalifolium* 'Aureum' (**3**), ou d'argent, *L. o* 'Argenteum', qui constitueront le fond de grands bouquets (voir p. 74-75).

MALUS
Pommier

Les fleurs blanc rosé du pommier *Malus* 'Ribston Pippin' (**6**) sont pour moi symbole du printemps. Coupez quelques-unes de ses branches noueuses et contournées, pour elles-mêmes. *M.* 'John Downie' est une autre splendeur, à fleurs blanc pur. En fin d'été et en automne, ces arbres fruitiers ont un deuxième tour, et n'importe lequel, tel 'Golden Hornet' (**7**) ou autre à petites pommes, est un excellent compagnon pour les fleurs de saison.

PITTOSPORUM

Pittosporum tenuifolium, à petites feuilles ondulées vert amande, et *P.* 'Garnettii' (**4**), hybrides aux feuilles marquées de blanc et de rose, sont une source appréciable de verdure durant tout l'hiver. Le cultivar pourpre *P. t.* 'Purpureum' est un fond parfait pour l'orange strident et le vert acide, toute l'année.

PRUNUS
Prunier, cerisier, prunellier

Le *Prunus* 'Taihaku' (**8**), mon chouchou parmi les fleurs printanières, est obligatoire si vous avez de la place. De ses grandes fleurs blanches tombe un nuage de flocons, comme neige au printemps. *P. avium*, sauvage, est un aimable compagnon à petites fleurs (**12**) pour toute autre plante printanière de votre choix (voir p. 63). Le prunellier, *P. spinosa* (**13**), fleurit également dans le style japonais, pour le plaisir de l'œil. Le plaisir est double, en automne, quand les prunelles bleu foncé se mêlent au noir pruiné des épines. Mariez-les au brun chaud, à l'orange et au jaune des rudbeckias, soleils et dahlias.

QUERCUS
Chêne

Le chêne rouge, *Quercus rubra* (**14**), avec ses feuilles colorées de vert, de brun, d'orange et de rouge mêlés, se suffit à lui-même en bouquet d'automne, ou comme fond pour les grands dahlias, sauges et glaïeuls. Les tons cuivre, bruns et ocre de *Q. robur* (**15**) sont sans pareils avec des pommes d'ornement et des soleils, en un mélange élégant et décontracté (voir p. 55).

RHAMNUS

Rhamnus alaternus 'Argenteovariegata' (**9**), persistant, bordé de blanc, supporte étonnamment l'ombre et comble les trous des bouquets hivernaux

RUTA GRAVEOLENS
Rue

La rue (**10**) est presque sans rivale, pour la délicatesse, parmi les plantes à feuillage de morte-saison. Attention : agressive pour les peaux sensibles, elle nécessite le port de gants pour la cueillette et l'installation, surtout par temps chaud.

SORBUS ARIA
Sorbier

Les feuilles nervurées, ciselées, de *Sorbus aria* 'Lutescens' (**16**), argent, illuminent à merveille un bouquet de printemps. Cueillez-les en bourgeons : ils s'ouvriront peu à peu, en déployant leur avers gris et leur revers argenté.

SYMPHORICARPOS ALBUS
Symphorine

La symphorine (**11**), buisson désordonné qu'on trouve d'ordinaire dans les haies et les jardins sauvages, porte des baies blanches souvent ombrées de rose, comme des ballons suspendus à de fines brindilles souples. Cueillez-les tout l'automne et jusqu'en hiver pour adoucir les couleurs plus brûlantes (voir p. 82-83).

Index des plantes

Les numéros de pages en caractères *italiques* renvoient aux illustrations. Les numéros de pages en **caractères gras** renvoient aux entrées principales.

Glossaire

Bouture : partie d'un végétal qui, mise en terre ou sur milieu de culture spécial, est à même de reconstituer le végétal entier dont elle est issue. La bouture peut être de feuille, de tige, de racines, d'écailles de bulbes...
– **aoûtée** : bouture d'un arbre ou arbuste, prise sur une pousse de l'année dont l'écorce a juste durci, en fin de croissance, généralement en été, d'où son nom (syn : bouture ligneuse).
– **à talon** : bouture munie d'un lambeau d'écorce de la branche ou de la souche dont elle est issue.
– **herbacée** : bouture prélevée quand ses tissus sont encore tendres, soit en tout début de végétation (dahlia...), soit en fin de croissance, juste avant que les tissus durcissent (hortensias...)
– **ligneuse** : voir bouture aoûtée.
– **semi-aoûtée** : bouture dont les tissus ont commencé à durcir (écorce, en particulier).

Caïeu : bourgeon apparaissant sur le pourtour des plantes bulbeuses et qui, détaché, donne une plante identique à la mère ; on dit aussi bulbille.

Cépée : ensemble de troncs partant tous de la même souche, au ras du sol.

Châssis froid : coffre muni d'une verrière mobile à une ou deux pentes et permettant d'abriter du vent, de la sécheresse et des forts écarts de température les semis ou plantations délicats.

Collet : point de démarcation entre la partie souterraine (racines...) et la partie aérienne (tiges, troncs...) des végétaux.

Corme : tige atrophiée, renflée, portant à sa base des embryons de racines et, à son sommet, les bourgeons végétatifs du végétal, dont elle constitue les organes de réserve. Souvent confondu avec « bulbe ». Les glaïeuls, les crocus produisent des cormes.

Cultivar : abréviation de *Cultivared Variety* (variété cultivée). Désigne tout végétal, dénommé ou non, obtenu par sélection horticole. La vraie « variété » apparaît spontanément dans la nature.

Drageon : pousse d'un végétal, apparaissant à une distance variable de celui-ci, et capable de s'enraciner ; les drageons issus de porte-greffes, indésirables, sont appelés « gourmands ».

Drainage : technique qui permet à l'eau de mieux s'écouler dans le sol.

Eclaircir : supprimer les plants les plus faibles d'un semis, pour assurer air et espace aux plants conservés.

Gourmand : voir drageon.

Griffer : travailler superficiellement le sol, à l'aide d'un croc, pour l'émietter.

Groupe : ensemble de cultivars possédant des caractéristiques communes (silhouette, forme...) mais variables par un ou deux aspects (nuance, le plus souvent).

Hybride F1 : hybride de première génération ; le plus souvent ses caractères ne sont pas transmissibles et on doit recommencer l'hybridation chaque fois qu'on désire de nouveaux sujets identiques.

Lacinié : découpé finement, dentelé.

Marcottage : opération visant à faire enraciner une tige soit en la couchant en terre, soit en l'entourant d'un manchon empli de substrat léger, humidifié.

Monocarpique : végétal qui meurt après floraison et fructification.

Oïdium : maladie due à des champignons microscopiques, apparaissant par temps chaud, qui déforme feuilles et fleurs en provoquant un feutrage gris caractéristique.

Ombelle : ensemble de fleurs disposées sur un même plan, généralement horizontal, comme dans le fenouil ou la carotte.

Paillis : couverture du sol organique (paille, compost, écorce...) ou inerte (gravier, plastique...) servant à maintenir souplesse et humidité et à faciliter le désherbage.

Palissage : répartition à plat, sur un support vertical, des branches d'une plante sarmenteuse (rosier) ou non (magnolia...).

Panicule : épi terminal de fleurettes groupées, comme chez le lilas, par exemple.

Perlite : sous-produit de roches volcaniques, poreux et léger, destiné à alléger le milieu de culture, en y régularisant l'humidité.

PH (potentiel Hydrogène) : code d'échelle permettant de mesurer l'acidité relative d'un milieu ; pour les sols, le pH peut aller de 5,5 (très acide) à 8 (très alcalin).

Plessage : tressage de bois souples, vivants (osier, noisetier...) et formant des barrières, bordures, arceaux...

Poquet : quelques graines semées dans un même trou ; la technique ne s'applique qu'aux grosses semences (haricots...).

Port : allure générale d'un végétal.

Rabattre : raccourcir l'ensemble d'un végétal, par la taille.

Recéper : ramener un végétal au niveau du sol, par la taille, pour provoquer, en général, l'apparition de pousses vigoureuses en bouquets.

Rejet : voir drageon.

Ruché : fleurons transformés, au cœur d'une fleur composée, et prenant l'aspect des loges d'une ruche ; les reines-marguerites, les dahlias produisent des formes à ruché central.

Spathe : feuille transformée, colorée ou non, formant la partie décorative des inflorescences d'Aracées, en particulier.

Stolon : tige souterraine (muguet) ou aérienne (fraisier) portant des bourgeons aptes à se développer en nouveaux individus.

Surfacer : remplacer la partie superficielle du sol par une terre neuve et riche.

Syrphes : mouches à livrée rayée, butineuses, aux larves consommatrices de pucerons.

Type : modèle d'une plante, pouvant donner naissance à des sous-espèces, variétés ou cultivars.

Subsp : abréviation de *subspecies* (sous-espèce), désignant une variante, naturelle, aux caractères fixes, d'un type (syn : ssp.)